人格犯の理論

川端　博著

刑事法研究　第14巻

成文堂

目　次

収録論稿初出一覧

①「建造物侵入罪の客体としての囲繞地の意義―東大地震研事件―」平野龍一編『刑法判例百選Ⅱ各論』（昭53年・一九七八年）〔第四章第三節第三款〕

②「自由に対する罪」、「私生活の平穏に対する罪」、「名誉および信用に対する罪」高窪貞人・川端博・佐藤芳男・石川才顕・宮野彬『刑法各論』（昭59年・一九八四年）〔第三章および第五章・改題のうえ構成変更〕

③「刑事責任」学校事故法律実務研究会編『問答式学校事故の法律実務』（昭62年・一九八七年）〔第二章第七節・改題のうえ構成変更〕

④「胎児性致死と業務上過失致死罪の成立をめぐって（水俣病刑事事件最高裁決定の検討）」『法律時報』第六〇巻第九号（昭63年・一九八八年）〔第二章第八節第二款・改題のうえ構成変更〕

⑤「住居侵入罪」芝原邦爾・堀内捷三・町野朔・西田典之編『刑法理論の現代的展開―各論』（平8年・一九九六年）〔第四章第三節第一款・改題のうえ構成変更〕

⑥「参考人意見」『第百五十三回国会衆議院法務委員会議事録第九号』（平13年・二〇〇一年）〔第二章第三節第八款・改題〕

⑦「参考人意見」『第百六十二回国会参議院会議録情報第一六二回法務委員会第一三号』（平17年・二〇〇五年）〔第三章第五節・改題〕

⑧「法人に対する侮辱罪」西田典之・山口厚・佐伯仁志編『刑法判例百選Ⅱ各論〔第6版〕』（平20年・二〇〇八年）〔第五章第三節第四款〕

⑨「建造物侵入罪における『侵入』の意義及び偽計業務妨害罪における『妨害』の意義」『研修』第七一八号（平20年・二〇〇八年）〔第四章第三説第二款〕

⑩「自殺予防と法制度」高橋祥友・竹島正編『自殺予防の実際』（平21年・二〇〇九年）〔第二章第一節第七款〕

第一章　人格犯論序説

第一節　人格犯の意義

第一款　「人格犯」の概念の意義と機能

「人格犯」という用語は、一般に使用されているとはいえないと考えられる。つまり、普遍性を有する観念ではないとおもわれる。わたくしとしても、今回、初めて使っている次第である。調べたことがないので、すでに誰かが用いているのかも知れない。それゆえ、これをわたくしの造語であるとの主張はしないことにする。ともあれ、本書においては、これは、「人格に対する罪」に属する種々の犯罪類型を包括する概念として提示するものである。人格犯概念を提示する理由は、従来、個人的法益に対する罪の一種として位置付けられた「人格に対する罪」についてあえて「人格」を強調することによって、それらの犯罪類型の根底に存在する「人格」を理論的に把握するための方法論的技術概念としての側面を明らかにしたいと考えているからにほかならない。このような用語法に関しては、すでに多くの前例がある。たとえば、個人的法益に対する罪に属する「財産に対する罪」を「財産」犯と称し、社会的法益に対する罪に属する「風俗に対する罪」を「風俗」犯と称してそれぞれ把握して、それぞれの共通の基盤を理論的観点から抽出し、それを明確に理論的に解明するという実績が積み重ねられてきているのである。このように、「保護の対象」を犯罪類型の総称として使用することにはメリットがあるので、人格を「保護の対象」とする犯罪類型を「人格犯」と称することも許されるはずである。そうすると、「人格犯」の名称も、後は慣れの問題にすぎないといえるとおもわれる。

第二款　「人格」という語の由来

人格（Person）および人格性（personality, Persönlichkeit）ということばは、周知のとおりラテン語の persona（仮面）に由来するとされている。[1] persona は、さらに per-sona に分解でき、per は「〜を通して」（throgh）を意味し sona は「音、声」を意味する。そうすると、演劇においては、仮面としての persona は、本来、それを使用する人間の顔を隠しその者の声を通す機能を有する「仮」の顔「面」を意味すると解することができるであろう。そのような「仮面」をかぶった者が一定の「人物」を演ずることによって、その人物の「役割」ないし「性格」・「個性」がその仮面に投影され、次第に仮面そのものが当該「人物」の「人格」を示すものとして把握されるようになったと考えられる。その「人物」は、特定の性向を有する「個人」として理解され、その性向こそ当該人物の「性格」（キャラクター・character）ということになる。[2] それは、一貫した人物「特性」として特徴づけられ、「自己同一性」（identity）を内包するものとされることになるであろう。このような自己同一性を有する人間としての特性が「人格」として把握されるものと解されるのである。このように見てくると、「人格」概念は、時間的・空間的な「場」における「演劇」という「約束事」の世界における発展と密接な関係を有するといえるであろう。

わが国においても、演劇で仮面が用いられる。とくに能において「面」が重要な役割を果たしている。そこにおいては、persona とは異なって、人声を通す機能ではなくて、むしろその仮面を使う人の「仕草」を通して、その者が演ずる「人物」の内心的側面を「表」に出すものとして、表情を示すための手段ないし道具として一般に解されているものとおもわれる。それは、仮の面ではなくて、むしろ裏にある心情を表出する外面としての「顔」を意味する「面」(おもて)なのであるとおもわれる。

第三款　心理学的・生物学的視点

「人格」概念は、きわめて多義的であり、学問的考察の対象として検討するばあい、それを確定するに当たって多くの困難に直面する。つとに心理学の領域においては、それが強く意識され、「人格」という語を避けて、「パーソナリティ」という用語を使用するに至っているのである。たとえば、「『人格』、またはパーソナリティ(personality)ということばほど多義的なものは他に類を見ないであろう。日本語の場合、常識的には、『人間の道義的・倫理的品位』とか、『誰もがもっている人間の尊厳の実質または基本的人権』といった価値を付与した意味で使われてきたが、最近では『ラジオの音楽やおしゃべり番組のディスク・ジョッキー、またはタレント』をパーソナリティとよぶマス・コミ的定義がある。しかし、これらとは別に『個人のあるがまま(事実的)の能力・諸性質のまとまり』を意味する心理学的定義があり、その厳密な定義となると研究者によってかなりのニュアンスの差があるものの、まだ混乱はない。

しかし、英語の『パーソナリティ』の定義となると、まさに混乱は免れない」とされる。そして、G.W. オルポートによれば、パーソナリティの定義は50種類もあり、その定義を区分するのに4ないし5つのカテゴリーが必要であるとされる。すなわち、「これはパーソナリティの語源であるラテン語の『ペルソナ』(Persona)の意味として、そもそも少なくとも4通りがあったことによるので、今日用いられてているパーソナリティの意味も、ほとんどすべて4つの意味のいずれかの流れにあるといわれる。その4つとは、①他人にそのように見えている個人の外観、つまり『人がら』、または当人から見て、自分のつけている『仮面』、②人がその生活において演じている『役割』、または『お役目』、③それぞれに内在している個人的性質の総体、つまり『個性』、④個人の尊厳性、つまり『人権』(integrity) である」とされているのである。[3]

前記のように多義的な「人格」の心理学的研究の考察方法として、特性論、因子論、類型論が用いられているが、これらは、いずれも「パーソナリティのある特性や類型の事実に立脚したものであり、理論によって定義の仕方や測定の方法に違いがあるとはいえ、基本的には……それは一義的には特性や類型の事実にだけ着目し、第二義的である。パーソナリティの客観的構造モデルも二義的問題である」とされる。[4]

さらに、「特性論、類型論は、個体の恒常的特性に着目しているという意味で、状況との関係性も一義的には視点に入っていない。極端にいえば、基本的には状況からきりはなされた個人を、静的にとらえることを基本としている。特性論、類型論を人格理解の前面にだすことに対する批判が生ずるゆえんである」とされる。そこで、「人格形成論によって諸特性や類型の形成因を明らかにすること」および「構造論との対応が明らかにされることが今後の人格研究の課題である」が、「現象学の場合と同様、形成因や構造がわからない事実は常に残存する。したがって無前提に現存する特性や類型を、できるだけ明確にすることの必要性は常に残る」とされているのである。[5]

ところで、「人間が生物である以上、パーソナリティも生物学的な個体差を基礎にもっている。前章で述べたクレッチマーの気質類型も、体格という生物学的要因と結びついており、さらにその遺伝的基礎、内分泌的基礎がある程度明らかにされていた」のであり、「生物学的人格形成の問題」として、第一に「遺伝生物学的に明らかにされた事実」、第二に「遺伝以外の生物・生理学的要因」、第三に「遺伝と学習の関係に関する重要な理論（主としてアイゼンクの理論）」が重要な意味を有することになる」とされる[6]。

第四款　社会学的・人類学的視点

パーソナリティは、たんに「物体の構造」として意味を有するのではなく、パーソナリティの総合理解のためには、「社会集団や文化の態様に応じた具体的な人格形成や人格構造」が重要な意味を有するのである。そして、「人格形成に影響を与える要因のうち、とくに社会的要因といわれるものは、ふつう人びとが社会生活を営んでいく上での『現実』としての社会関係（人と人の結合・分離）と、社会集団（人びとのまとまり）とをさす。論理的には社会関係を基礎として、一つの機能的ユニットとしての社会集団が形成されるが、現実的には、この集団として、社会関係が成立する面の方が人格形成的に重視される」のである[7]。

「社会学的・人類学的理論」は、「哲学的人間学に近い理論と同様、狭義の人格心理学の境界線上の問題であり、総合科学的人間学へと発展する契機を含んでいる」のであり、「関係性の面に重点を置き、人間を社会ないし文化という場の一現象としてとらえるときには、当然に社会学的・人類学的理論から出発して、その一つの事象としてパーソナリティをとらえることになるであろう」とされている[8]。

第五款　宗教学的視点

宗教学、とくにキリスト教神学においては、「人格」という語は、重要な意味を有している。すなわち、テルトゥリアヌスは、西方教会の神学用語である「三位一体」trinitas,「位格」persona、「三位一体の一体性」substantia,「経綸」oikonomia などを造り出したのであり、これらは今日まで用いられている。ここにおいては、ペルソナは特異な意味づけがなされている。すなわち、「『ペルソナ』は、今日の“person”という英語、“Person”というドイツ語の源流である。その語はもともと古代演劇の役者が用いた『面』を言ったものであり、“Per”（通して）“sonare”（声を発する）という合成語とされている。しかし、ここでテルトゥリアヌスがこの『ペルソナ』という語を三位一体の「位格」に当てたことは、この語の歴史にとって大きなそして重要な転換をもたらすものとなった。この語が三位一体の神に当てられたことは、『父』なる神、『子』なる神、『聖霊』なる神をそれぞれ“Persona”という言葉によって理解することになる。その三位一体の『神』と『人間』との関係も『人格』的関係として理解されねばならないという帰結は、そこから不可避となるであろう。それが現代においてどう受け入れられたか。たとえば広辞苑では『ペルソナ』の第一の意味を『人、人身、人格』とし、第二にキリスト教的意味を『キリスト教で、智恵と意志とを備えた独立の主体』、第三の意味を美術における『人体像』、そのように規定している。三位一体の教理を確定したニケア会議へと至る論議にはここでは入らないが、この語が世俗の由来をもち、しかもキリスト教神学の中に取り入れられたという事実は注目に値する。われわれは、この『ペルソナ』の言葉の意味を古代的に限定することをあえてとらない。むしろ今日の『人格』（person）へのつながりを見いだし、その連続に目を止める」とされているのである[9]。

さらに、フランクルは、「人格」（ペルゾーン）の語の意味を『識られざる神』において「良心」（conscientia）との関連で次のように説明している。すなわち、「フランクルは良心の声はどこからくるかと問い、良心が声をもっているわけではない。しかし、『人間はこの声をただ聞き取るだけのものであって、この声は人間から発せられるものではないのである。むしろ逆に、良心の超越的性格がはじめて、われわれに人間というものを理解させてくれるのであり、とりわけ人間にもつ人格性〔ドイツ語ではPersönlichkeit〕一般をいっそう深い意味において理解させてくれるのである。すなわち、『ペルゾーン』（人格）という表現は、良心の超越的性格の光に照らされるとき、ひとつの新しい意味を与えられるであろう。というのは、われわれは今や、人間の人格の有する良心を通じて人間の外にある一つの審判者の声が響きわたる（per-sonare）のだということができるのである』（同邦訳書六四ページ）。このようにして「ペルソナ」を超越の声として理解している」とされるのである。[10]

キリスト教において神が「人格」として把握される理由は、アルトゥール・カウフマンによれば、次の点にある。すなわち、「純粋な実体として把握される神というものは、人間にとって手の届かないものである。それは、沈黙せる神、『隠れたる神（deus absconditus）』である。神が、人間に関係して、人間と語るものであるならば、神は、人格でなければならない。三位一体の思弁は、神が人格、それも三つの人格であるとしても、それでもなお彼は実体である、と想定している（三つの人格は、実体として一つである。三二五年のニケアの第一回宗教会議）」とされるのである。そして彼は、「人格は、実に関係である。それは、関係の根本事例、根源的-関係「である」と明言している。さらに、このような「関係の実在性」に関して、「関係的なものの存在論というものは、人格的なものの存在論としてのみ考えられうる。何故ならば、まさに人格は、無条件の関係（relation pura）、関係づけるものと関係づけられるものの構造的統一であるからである」とされている。[11]

第六款　哲学的視点

関係の存在論に関して、アルトゥール・カウフマンは、「すでにカントにおいて、人格は、もはや対象としてのみ把握されてはおらず（ポエティウスは、まだ人格を『理性的本性をもった個別的な実体』として定義していた）、少なくとも関係としても把握されている。とりわけヘーゲルは、（特に法において）物的で実体的な思考を克服し、関係理論的な思考に突き進むことを企てていた。それゆえに、パースが彼の後期に一人でヘーゲルを発見したということは不思議でないし、現在のアメリカ哲学で、まるでヘーゲル復興といったようなことが存在しているということも、それほど驚くべきことでもない」のであり、「ヘーゲルにとって、それ自体としてまだ人格でない個人は、彼の自己意識によってはじめてこの性質を獲得する。自己意識の中に、人格の尊貴性がある。そして、権利能力を包含し、形式的な法の概念と基盤を形成しているものこそ人格性である（人間という主体でいない）。『法の命令は、したがって、次のようである。〔自身が〕人格であれ、そして他者を人格として尊重せよ』。この尊重することと承認することという観点は、人格的思考にとって大きな意義をもつ」と指摘している。[12]

個人と他人との関係における「人格」の特徴は、次の点にある。すなわち、「人格は、決してもっぱら個人からのみ規定されえない。マックス・シェーラーは、『個人的な人格』という概念をまさに形容矛盾（contradictioadiecto）と呼んでいる。人格は、つねに他者によってともに構成されているのであるが、しかし、他者が対象的なものの領域の下に包摂されるという仕方ではなく、ある人格は他の人格の役割から、そして後者は前者の役割から理解されるという仕方においてである」とされるのである。[13]

「人格の意味」について、西田幾多郎博士は、カントの人格概念に即して、次のように述べた。すなわち、「人格の考は早くからキリスト教でいつてゐるが、古い学者の考へ方を引例するよりは諸君の知つてゐるカントの人格についていつてゐる事を考へて見度い。カントの考は人格をよく現はしてゐる。実践理性批判の中有名な考がある。人格を考へるのにカントの倫理学の中では、人格と手段とを区別してゐる。道徳の法則は人格を手段としてはいけぬといふ事である。人格は目的そのものである。個人を自己の欲望の手段に用ふるのが悪であつて、人格をどこまでも人格として見ると云ふのがカントの根本の考である」というのである。そこにおいては、「目的」としての人格が強調されている。「個人」を「自己」の欲望の「手段」として扱ってはならないとされるのである。そのことからさらに、「他人」との関係において「此処で他人を人格として認める事が自己を人格として見る事になる。自己の人格を見る事は他人の人格を人格として見る事である。之がカント の云つた不滅の真理で、目的の王国は人格と人格の結びつきである」としたのである。[14] ここにおいて、人格と人格の「結びつき」が指摘されていることは、きわめて重要であるとおもわれる。なぜならば、このことは、人格概念における「社会的関係」の重要性を意味することになるからにほかならない。この点につき西田博士は、「私が私として人格となるには、汝を汝として人格として認めねばならぬ。私が私となるためには汝を汝として認めねばならぬ。此れは社会的の関係を現はしたものであつて、汝を人格として見る事は私が人格となる事である。カントの此の考はよい考であると思ふ」と述べている。[15] 人格概念において社会的関係が重要であることが、ここで明瞭に指摘されているのである。

そして、西田博士は、人格概念における「自」と「他」に論及したうえで「愛」について述べたのである。すなわち、「人格といふ事は、カントの様に、他人の人格を認める事によつて我の人格を認める、私が汝の人格を認める事によつて私となるのである。他と考へられるものは、何時でも汝といふ意味をもたねばならぬ。さういふ風な事を付け加ふる事により、真の自覚といふものをいひ現はす事が出来る。即ち、他といふ場合の他者は汝といふ意味をもつものである。つめて云へば、私に於て汝を見、汝に於て私を見る。これが真の愛である」とされたのである。[16] 人格と愛の関係は、従来、考えられてこなかったとされる。すなわち、「普通の考では我々の人格が成り立つ根本条件として愛が考へられてゐないのである。例へば人格に対して義務といふ事がカントに於ては人格の成立のための必要の条件となつてゐると云へる。そこには愛が根本の条件とは考へられてゐないが私はさう考へねばならぬと思ふのである」と強調されたのであった。[17] これは、重要な指摘であり、キリスト教における「人格」と「愛」の関係に関する根本的な論点への論及といえる。すなわち、カント哲学において重要な意義を有する「義務」よりも「愛」に優位性が与えられている。

西田博士は、さらに「真の愛」と「義務」との関係について、「自己を欲求的自己として見れば、それを否定する処にかへつて本当の自己を見ることになるので、絶対の他に於て自己を見る、此れが真の愛である。他人に於て自己を見るのが愛であつて、此の時にこそ真の自己を見るのである。義務といふ事は自己を絶対の他に於て見る処に考へられる。義務は絶対の愛を根柢として始めて考へられるのである。我々の人格の根柢は愛といふものである。愛は普通にいふ愛といふ事ではなくて絶対の他に於て見られる愛でなければならぬ。真のキリスト教の愛はかういふ意味のものである」と述べる(18)。ここにおいて、カント思想の中核にある「義務」思想とキリストの「愛」の思想との結びつきが洞察されており、きわめて示唆的であるとおもわれる。

西田博士は、「人格」と「歴史」の関係について次のように述べる。すなわち、「私といふ実在の根柢が人格であるといふのは、絶対に離れたものの結び付きに於て人格があり、歴史に於て人格があると考へるのであ」り、「どういふ風に我々の社会の動きを考へてよいかと云ふと、我々は一つの人格としてその背後には常に絶対の非連続をもつてゐる。こゝに人格の根柢がある。即ち非連続としての歴史といふものに於て人格が成り立つてゐる。歴史を構成してゐる要素が人格である。歴史がどう向いてゆくかといいふ事は個人の人格の構造と同じ様に考へられるのである。個人は一歩一歩絶対自由である。そして個人は絶対の独立として結び付いてゐる。非連続の連続として結び付いてゐる。時といふ形で結びついてゐるのである」と(19)。「非連続の連続」としての人格は、「時」という形で結びついていることになる。ここにおいて、われわれは人格概念と「時」との関係という問題に直面させられる。

「時」については、次のように詳論されている。すなわち、「実在界にあるものは、すべて時の形式にあてはまつたものである。時は実在界を組み立てる形式である。空間的なものでなく、働くものが実在であるが、働くものはすべて時の形式にはいつてくるのである。従つて、時を考へることにより、世界の根本形式を明らかにすることが出来、従つてまた実際問題も明らかになつてくるのである」としたうえで[20]、ギリシア文化と東洋文化との対比において、「ギリシャでは時は直観の対象であり、中世に於ては人格となり、近世に於ては客観視してゐるのである。東洋の文化についてみると、その特色は、永遠の現在に包れてゐることである。永遠の現在に於て時がと絶えるのである。従つて過去も未来もなくなる。時の区分はなくなる。大衆仏教に於ても同様に考へられてゐる。するとギリシャ人の観方とはどこがことなるのであるか。ギリシャ人は時を否定する。離れる。大乗仏教をとつてみると、過去未来が一つの現在につづまる。一日が一切なりと言ふ。現実即永遠なのである。日本人の文化は東洋文化として同じ意味をもつてゐる。芭蕉の俳句なども瞬間をとる。日本人が桜の花の如く散るといふことも同じ意味に基礎づけられる」とされているのである[21]。そして、人格と時との関係について、「人格は独立自由なものである。然し時をはなれた自由ではない。時と結びつき時を限定するものである。物に対してゐるとき、人格はない。他人を認めることによつて自己が認められるのである。自己の底に他を認めるのである。内面的に結びつくのである。他を自分の中に見るといふ、この点に於ても、東洋と西洋とは文化を異にするのである。他を認〔め〕ることによつて人格の成り立つことは何れも同じであるが、然し西洋の人格は個々独立といふ点が強い。限定された個々を人格とする。絵などを見ても人間は個々の人間 individual person と見られてゐる」とされる[22]。「他」をみとめることによって「人格」が成り立つと考える点では、東洋も西洋も同じであるが、次の点で異なるとされている。すなわち、東洋では「他を自分の中に見る」のに対して、西洋では「個々独立」が重視されるのである。「限定された個々を人格とする」西洋の人格概念との対比において、われわれは東洋における人格概念を再検討しなければならないとおもわれる。

この観点からは、自と他の関係について、「東洋では他を主にして、他の立場から見られる。人格には自と他といふ二つのポールが必要であるが、東洋の人格は他を先にする。故に人格は隠れてゐるところに一つの根柢をもつてゐる。西洋に於ては個であるが、他を認めて人格となる。人間が人間であるがためには独立の人間でなければならぬ。然し他を主とするところに人格がなければならない」とされたのは、[23]きわめて示唆的である。

ところで、ヘーゲルにおける人格概念について、西田博士は次のように指摘している。すなわち、「ヘーゲルはカントのやうな抽象的なパーソンと云ふものに反対して、詰り自己と云ふものは客観的精神と云ふものに根拠を持つて居ると云ふやうに考へて居る。所謂普通の自然科学的な自己の考へ方、それからヘーゲルのやうな自己の考へ方、大体三つの考へ方になる。ヘーゲルのは今言つた考を二つ結びつけたやうな訳で、自己と云ふものの根柢は単なる主観的なものでない、実在界を離れた抽象的なものではない、自己と云ふものを実在の根柢に於て見出す。斯う云ふ考へ方である」と。[24]カントが「実在界を離れた抽象的な」パーソンを考えたのに対して、ヘーゲルは、人格を「実在の根柢において自己を見出す」立場に立っているとされたのである。その点において、西田哲学とヘーゲル哲学には近いものがあるといえる。しかし、西田博士は「私のパーソンの考へ方はヘーゲルの考と云ふものに大体近いのであるけれども、併し必ずしもその通りでない」のであり、「自分の中に絶対の他を見ると考へなければならぬ。自分の中に自分が見られた時は、抽象的な自己になつて、本当の客観的な自己と云ふものではなくなる。自分の中に絶対の他を見る。斯う云ふ風になる。そこは自分の中に絶対に否定するものを見ると考へねばならぬ。併し単に否定だと考へれば、又一番先に言つた自然科学的な自己に還る。そのものがどこまでも内である。自分である。又自分の中に絶対の他を見ると同時に絶対の他も自己である。詰りそれは絶対の否定と云ふものに於て絶対の肯定を見る。斯う云ふことを以て本当の自己と云ふものが考へられる」とされたのである。[25]ここで示されている言説には、西田哲学特有の思考が包含されているのであり、それ自体が哲学的考察の対象とされるべきである。ここでは、「人格」概念が哲学的にもきわめて大きな拡がりを有していることに留意する必要があることを指摘するにとどめておこう。

第七款　法学的視点

「人格」の特性と「法」の特性との対比は、次のように特徴づけられる。すなわち、「人格は対象的なものの領域に属していない以上、人格的なものにおいては、主観‐客観‐図式はいかなる妥当性も有しない。というのは、人格は、客観でも主観でもなく、それゆえに、対象的で、静態的で、非歴史的な思考にとって到達できるものでない。人格は関係的で、動態的で、歴史的である。人格は、状態でなく、出来〔しゅったい〕（Ereignis）である。人格は、行為（Akt）である。このことは、法に対してもあてはまる。法は、決して規範の在庫でなく、人格的な『諸関係』において生ずる。法がここで生じないのであれば、恐らくは諸々の法律は存在するであろうが、法は存在しない。法は、行為の中で生成する」とされる。[26]

そして、「人格」と「権利」との関係は、次のように解されている。すなわち、「関係的な考察方法によれば、人間の諸権利は、つねに他人の諸権利と関連してのみ保障される。それはつねに、人格的な諸権利である。人格は一方で、法的な関係の関係項である。それゆえ、少なくとも間接的に人格の権利でないような権利というものは、決して存在しない。他方しかし、人格は関係でもある。正しい関係とは何であるかは、人格としての人間相互に成り立つ多様な関係からのみ、そのつど規定されうる。財産は、この例をいま一度拾い上げるならば、その『本質』からした実体でも金銭的価値でもなく、（一七七三年の断想、『プロメティウス』における）ゲーテによると、『私の実効的活動が充足する領分であって、それ以上でも以下でもない』。財産は行為であり、活動であり、人格の自己実現である。何も自分の物だと言わない者は、完全な意味において人格ではありえない。そのさい警戒すべきは、すべてを等しなみに扱うことである。人間の『実効的な活動が充足する』ものが何であるかは、人間によってきわめてさまざまである。芸術の保護者なら数百万にも値する財をわが物と呼んでも、もっともなことであろうが、成り上がり者はそうはいかない。それゆえに基本権の侵害ののちに残るべき『残余』は、ケースからケースにわたってきわめてさまざまでありうる。それだけに一層、人格としての、尊厳のある生活が人間にはもはや可能でなくなるまでに、人間は人格的な所有物のすべてを決して奪われてはならない」とされるのである。(27)

次に実定法における「人格」の問題を見ることにしよう。近・現代法は、二つの意味の「人格」を措定しているとされる。すなわち、一つはすべての人に予定される「権利能力」(権利主体たりうる地位)があるとされるものであり、もう一つは行為能力あるすべての人に予定される「責任能力」(法的責任を課せられうる地位)である。権利能力としての人格が、「価値には直接関係のない、制度＝技術的概念」であるのに対して、責任能力としての人格は、「行為の自由主体としての(価値的意味をふくむ)人格を想定したもの」である。「現代法は『人格権』を認めることで、この種の人格を正面から確認しているが、より包括的な意味で刑法も責任能力の予定でこのような人格を前提しているといってよい」が、この概念は、「より掘り下げて検討しなければならない根本問題を抱えている」とされている。(28)そこでいうところの「人格」とは何を意味するのか、という「問題は、いうところの『人格』が例えば、カントの究極の価値目的としての人格とか、西田幾太郎が『善の研究』で、善行為の中心に据えた人格――彼はそれを『意識の根本的統一力』だともいっている――などと、果たして・またどこまで重なるものなのか、という問いにもなる。刑事責任の中心に設定される〝人格〟とは恐らく稀有の聖人のみが達しうるような、理想の高みにある価値目標ではないであろう。（そんな高い標準を設定すれば、凡人には及びもつかないだろうから、責任の基準にも基体にもならない）。そうだとすると、人格責任論の想定する人格とは、まさに平均人＝普通人のそれであるということになるが、そういう人格は先の哲学者たちの価値実体ないし目標とした『人格』とどういう関係に立つものだろうか。ここにも、まだ検討を重ねるべき宿題が残されている」とされることになる。(29) これは、これからも考察を続けていなければならない問題であるといえる。

第八款　結　語

右に見てきたように、「人格」概念は非常に大きな「拡がり」と「深さ」をもっており、つねに緻密な検討を必要としている。そのような人格を基盤にして、「人格犯」の理論的分析を進めていかなければならないとおもう。

本書においては、人格犯の犯罪類型を①人格の「生物学的基礎」を成す「生命・身体に対する罪」、②人格の「発現」としての「自由に対する罪」、③人格の「精神的基礎」となる「プライヴァシーに対する罪」、④人格に対する「評価」を人格の「発現」としての経済活動の自由を害する「名誉・信用に対する罪」に分け、それぞれの「人格」関係性を浮き彫りにしつつ、理論的考察を進めて行くことにしたい。

第二節　刑法の立場――人格犯規定の概要

第一款　人格犯と法定刑

刑法は、人格犯として生命・身体に対する罪、自由に対する罪、プライヴァシーに対する罪および名誉・信用に対する罪を規定している。本節において、人格犯としての特質の観点からその概要を見ておくことにしたい。その詳細については、次章以下において論述する。

刑法は、とくに生命に対する罪として殺人罪については、死刑、無期懲役または五年以上の有期懲役という非常に重い法定刑を科している。ここで「法定刑」の意義を見ておく必要がある。すなわち、法定刑が有する意義と当該行為に相応する刑罰の種類と分量を有するかどうか、という「罪刑の均衡」を考察しなければならないのである。法定刑は、形式的には当該犯罪行為に対する「法的効果」としての意義を有し、その意味においては、「制裁」としての色彩が濃いといえる。しかし、法定刑は、実質的には、当該犯罪行為に対する法秩序による「評価」を意味する。つまり、その犯罪行為が有する反価値的性格の質および程度を法定刑の種類と分量によって示すのであり、ここにおいて、法定刑は、当該犯罪行為に対する法秩序による位置づけの指標となるわけである。つまり、法秩序がその法益の保護における優先順位（プライオリティー）を明示するために、法定刑としてより重い刑種を選んだうえでその量刑をより重く規定していると解されるのである。このようにして法定刑は、価値秩序としての法秩序が価値の序列を明示していることになる。

第二款　生命・身体に対する罪

生命・身体に対する罪は、人格の根源をなす人または胎児の生命・身体を侵害し、または危険にする行為を内容とする犯罪であり、殺人の罪（刑法第二編二六章）、傷害の罪（同二七章）、過失傷害の罪（同二八章）、堕胎の罪（同二九章）、遺棄の罪（同三〇章）が、これに当たる。これらの罪のうち、前の三者は主として侵害犯であり、後の二者は主として危険犯である。人格の存在の生物学的基礎として生命および身体はきわめて重要な意義を有する。

一　殺人の罪

生命に対する罪としては、まず殺人の罪がある。殺人の罪は、故意に他人の生命を奪う犯罪であり、その保護法益は「個人の生命」である。過失によって他人の生命を侵害する行為は、過失傷害の罪として規定されている（第二編二八章）。

諸外国の立法例には、行為者の意思、行為態様、客体の性質などによって殺人の罪を類別して処罰に差を設けているものが多い。たとえば、予謀の有無により謀殺と故殺に分け、前者を重く処罰するもの（フランス刑法、ドイツ刑法、英米刑法など）、毒殺をとくに重く処罰するもの（フランス刑法など）、嬰児殺を軽く罰するもの（フランス刑法、イギリス刑法など。ドイツ刑法旧二一七条一項）などがある。

これに対してわが国の刑法は、殺人罪の構成要件を単純化して、前記の諸類型をすべて普通殺人罪（一九九条）に包括させ、特別類型として同意殺人罪（二〇二条）を規定するにとどめている。この立法形式は、殺人罪の犯情がきわめて複雑多様であるので、それぞれの事情に応じて適切な判断をおこない、刑の量定を妥当なものにするために、あらゆる態様の殺人行為を普通殺人罪と減軽類型としての同意殺人罪に包括して法定刑の幅を非常に広いものとして犯行の実状に則した刑の量定を裁判官・裁判員に委ねようとするものである。

なお、平成一六年の刑法の一部改正により従前の下限が「三年以上の懲役」から「五年以上の懲役」に改められた。これは、生命尊重の趣旨を徹底し、当然に刑の執行猶予が可能となることをやめるためである。しかし、法定刑が引き上げられても、情状酌量により減軽のうえ刑の執行猶予に付することができるので、実際上、不都合は生じない。

なお、わが国の旧刑法は、謀殺（二九二条）、故殺（二九四条）、毒殺（二九三条）、惨刻殺（二九五条）、便利殺（二九六条）、誘導殺人（二九七条）、誤殺（二九八条）、尊属殺（三六二条）を区別して規定していた。

刑法は、普通殺人の予備罪（二〇一条）および未遂罪（二〇三条）、自殺関与罪（二〇二条）およびその未遂を処罰している（二〇三条）。

二　傷害の罪

傷害の罪は、人の身体に対する侵害行為を内容とする犯罪類型であり、その保護法益は、身体の安全である。刑法は、傷害の罪として、傷害罪（二〇四条）、傷害致死罪（二〇五条）、現場助勢罪（二〇六条）、暴行罪（二〇八条）および凶器準備集合・結集罪（二〇八条の三）を規定している。

傷害の罪の特別罪として、集団的暴行罪（暴力一条）、常習的傷害・暴行罪（同一条の三）、集団的傷害・暴行請託罪（同三条）、決闘罪（決闘二条、三条）および火炎びん使用罪（火炎びん二条）などが傷害の加重類型として定められている。

なお、危険運転致死傷罪は、危険な運転によって死傷の結果を生じさせたばあいに加重処罰するために平成一三年に新設された犯罪類型である（二〇八条の二）。しかし、本罪は、刑法典から削除され新たな法律による特別罪として規定されるに至っている。

刑法は、傷害の罪の中に種々の態様の犯罪類型を規定している。すなわち、致死のばあいに対して傷害致死罪を規定し、傷害の共犯に類する行為に対して現場助勢罪、同時傷害の特例を規定し、傷害に至らなかったばあいに対しては暴行罪を、傷害などの準備的行為に対して凶器準備集合罪・凶器準備結集罪をそれぞれ規定しているのである。凶器準備集合罪・同結集罪は、身体の安全ばかりでなく、財産の安全や公共の平穏を図ることをも目的としているので、「公共危険罪」としての側面を併せもっている。

三　過失傷害の罪

刑法は、故意犯を原則とし、過失犯を例外的なものとしている（三八条一項）。それというのも、過失犯は、故意犯よりも、犯される頻度が低いので、違法性の程度が低く、また、間接的な規範違反にすぎないので、責任も軽いと解されてきたからにほかならない。従来、道義的責任論の見地から、過失犯は、故意犯よりも責任の中核的基礎である「反道義性」の程度が低いとされたのである。しかし、過失犯は、次の点で故意犯よりも「違法性の程度」および「責任の程度」が低いと解されるべきである。なぜならば、「法益侵害の確実度」において、過失犯は故意犯より程度が低く、責任の実質を成す「法敵対性」ないし「法敵視性」において、過失犯は故意犯よりも程度が低いといえるからである。

高度に産業化された現代社会においては、科学・技術の発展にともない、生命・身体に危害を及ぼす事業が増加し、大規模な産業事故が続発するようになり、さらに交通機関の発達に伴う交通事犯の激増により、過失犯は、実際の犯罪の単なる例外現象とはいえなくなっている。すなわち、従来、故意犯の方に重点がおかれてきたが、最近では、業務上過失致死傷事件（とくに交通事犯）が激増するに及んで、理論上も実際上も過失犯の問題が重視されるようになっているのである。そして、過失犯の本質をめぐって理論的対立が生じ、新旧過失犯論争が展開されている。

過失致死傷罪の成立要件は、①人の死傷という「結果の発生」、②行為と結果との間の「因果関係の存在」および③「注意義務違反」である。注意義務の捉え方に関しては、新旧過失犯論争が影響を及ぼす。注意義務は、結果の予見可能性を前提とする予見義務と、結果回避の可能性を前提とする結果回避義務から成ると解されてきた。これは、旧過失犯論の立場であり、予見可能性と予見義務が注意義務の核心をなすと解するのである。しかし、最近では、結果回避義務に重点をおく新過失犯論が有力に主張されるに至っている。

四　堕胎の罪

堕胎の罪とは、自然の分娩期に先立って人為的に胎児を母体から分離させる犯罪をいい、刑法は、堕胎の罪として自己堕胎罪（二一二条）、同意堕胎罪（二一三条前段）、同意堕胎致死傷罪（同条後段）、業務上堕胎罪（二一四条前段）、業務上堕胎致死傷罪（同条後段）、不同意堕胎罪（二一五条一項）、同未遂罪（同条二項）、不同意堕胎致死傷罪（二一六条）を規定している。胎児は、人格の始源を成すものであり、それ自体が保護の対象となるのである。

堕胎罪の基本犯罪を何れと見るか、に関して、見解の対立がある。この点について通説は、刑法典の規定の順序に従って、自己堕胎罪を基本犯罪と解している。これに対して、堕胎の罪は、殺人罪や傷害罪と同様に、本来、被害者の意思に反してなされる犯罪であるから、不同意堕胎罪を基本とし、その他の罪は刑の加重・減軽事由のあるばあいであると解する見解もある。堕胎罪は、母体の保護をも目的とするのであるから、他人による堕胎、しかも妊婦の同意のない堕胎が基本類型であると解するのが妥当である。

堕胎の罪の保護法益は、第一次的に胎児の生命・身体の安全であり、第二次的に妊婦（母体）の生命・身体の安全であると解する通説の立場が妥当である。その理由は、次のとおりである。すなわち、単純に女子の生命・身体の安全が保護法益であるとすれば、とくに堕胎罪の規定がなくても、殺人罪や傷害罪などの規定でまかない得る。逆に、胎児の生命・身体の安全だけが保護法益であるとするならば、女子を死傷させたばあいを重く処罰している規定（二一三条後段・二一四条後段・二一六条）の存在理由を合理的に説明できない。母親の生命・身体の安全保護も考慮されていることは、第三者がおこなう堕胎を妊婦自身がおこなうばあいより重く処罰している点に表れている。これに対して、学説上、胎児の生命・身体の安全とする説、胎児の生命および母体の安全（生命・身体）とする説や胎児の生命・身体および母体の身体とする説も主張されている。

堕胎を犯罪として処罰すべきかどうかは、立法論上、議論がある。堕胎罪は、非犯罪化論の対象とされる犯罪類型の一つである。たんに性道徳の退廃を防止するために本罪の必要性を説くのは、必ずしも妥当であるとはいえない。むしろ、女性の「産む自由」・「産まない自由」の尊重という観点から議論がなされるべきであろう。しかし、そのばあい、胎児は刑法上、保護に値しないとの立場をとらざるを得なくなるが、そのように割り切ってよいのか、については疑問がないわけではない。

堕胎罪は侵害犯なのか危険犯なのか、が議論されている。この点について、本罪は危険犯であると解するのが妥当である。したがって、胎児または母体の生命・身体に対する侵害の発生を要件とない。これに対して、胎児の生命に対する侵害犯であるとする見解は、「胎児に攻撃を加え、母体内または母体外で死亡させる行為」を堕胎とするが、これでは堕胎罪の成立範囲が狭すぎて不当であるとの批判がある。

堕胎罪を危険犯とする見解も、抽象的危険犯と解する見解と具体的危険犯と解する見解に分かれる。「堕胎」行為の概念中に、胎児ないし母体の生命・身体を危険にさらしたことが含まれていると解し、具体的危険犯と見るのが妥当である。したがって、既遂は、母体内で胎児を殺害した時だけでなく、生きたまま自然の分娩に先立って人為的に母体外に排出させた時にも成立する。

五　遺棄の罪

遺棄の罪は、老人、幼児、病人など他人の扶助を要する者を保護のない状態におくことによって被遺棄者の生命・身体に危険を生じさせる罪である。刑法は、遺棄の罪として単純遺棄罪（二一七条）、保護責任者遺棄罪（二一八条前段）、不保護罪（二一八条後段）およびこれらの罪の結果的加重犯としての遺棄致傷罪（二一九条）を規定している。

遺棄の罪の保護法益については、①生命・身体の安全であるとする判例（大判大四・五・二一刑録二一輯六七〇頁）〔生命身体に対して危険を発生せしむる者（おそれ）〕・通説と②生命の安全であるとする説が対立している。①説は、本罪の規定の位置が傷害罪の後に配置されていること、傷害の発生が結果的加重犯として規定されていること（二一九条）を主たる根拠とする。生命の安全を保護法益とするものと解する②説は、二一八条に「生存に必要な保護」という文言があること、身体の安全を含めると遺棄概念が曖昧になるということを根拠に、本罪を生命に対する罪と解している。

遺棄致死傷罪（二一九条）が、傷害罪と比較して上限・下限ともに重い刑に従うとしているのは、遺棄罪においてその危険から保護する「傷害」が「重大な傷害」であるべきことを意味する。また、身体に対する危険が含まれているといっても、遺棄行為という手段による身体に対する危険は、ナイフで手を傷つけるとか、頭を殴るとかの態様による具体的な傷害の危険ではなくて、一般的な危険なので、それは、生命に対する危険と段階的に分かちがたく結びついている。生命に対する危険を要求しても、限定的に解釈しようと努力したという慰めにしかならないとされる両説の根拠を比較すると、判例・通説の立場が妥当である。

第三款　自由に対する罪

一　意義

自由は、「人格」としての個人にとって生命・身体の次に価値を有するものといえる。自由に対する罪は、「意思決定の自由および身体的活動の自由」という法益を侵害ないし危険にさらす行為を処罰するものであり、脅迫の罪（第2編第32章）、逮捕および監禁の罪（第2編第31章）、略取および誘拐の罪（第2編第33章）から成る。

二　脅迫の罪

脅迫の罪には、脅迫を手段として「生命、身体、自由、名誉または財産」を侵害されるかも知れないという恐怖心を他人にいだかせ、またはその恐怖心をいだかせるに足りる状態を作り出す「脅迫罪」（二二二条）、および、脅迫・暴行を手段として他人の意思決定ないし行動の自由を侵害する「強要罪」（同条二項）の二種類がある。脅迫罪は、意見決定の自由・身体的活動の自由の前提をおびやかす罪であり、強要罪は、意思決定そのものの自由・身体的活動の自由を害する罪である。

三　逮捕および監禁の罪

逮捕および監禁の罪は、逮捕・監禁罪（二二〇条）および逮捕・監禁致死傷罪（二二一条）から成る。逮捕・監禁罪は、不法に人を逮捕し、または監禁する罪である。

逮捕・監禁罪は、逮捕・監禁行為によって人の「身体的行動の自由」を侵害する犯罪である。すなわち、本罪は、身体を直接的または空間的に拘束することによって、場所的移動などの身体的行動の自由を内容とする犯罪である。逮捕と監禁は、同一の構成要件の中の態様の違いにすぎず、法定刑もまったく同一であるので、犯罪類型として両者をあえて区別する実践的意義は乏しいといえる。両者は、一括して逮捕・監禁罪として把握するのが妥当である。したがって、人を逮捕し引き続き監禁したばあいには、包括的に観察して、二二〇条一項の単純一罪が成立する。

逮捕・監禁罪は、身体的活動の自由を拘束する罪であるから、本罪が成立するためには、ある程度の「時間的継続」が必要である。したがって、本罪は「継続犯」である。たんに一時的に身体を束縛するにとどまるばあいは、暴行罪を構成するにすぎず、本罪は成立しない。ここにおいて、本罪にはさらに「時間」的契機がみとめられることになる。つまり、「人格」の表れとしての「活動」には、空間的契機と時間的契機が包含されているのである。これは、重要な視点であるとおもう。

この問題と関連して、本罪が成立するためには、被害者が逮捕・監禁の事実、つまり自由が剝奪されていることを認識することを要するか、が問題となる。行動の自由を「可能的ないし潜在的自由」と解する立場からは、可能的自由が奪われるかぎり、被害者の「現実的な意識」の有無を問うべきではないとされる。したがって、泥酔者や熟睡中の者の部屋に鍵をかける行為は、それらの者がこれを知らなくても監禁罪を構成することになる。しかし、「自由の意識」を欠く者の自由を拘束することはあり得ないので、泥酔者や熟睡中の者の部屋に鍵をかけても監禁罪は成立しないと解すべきである。ここにおいて、「人格」の表れとしての「活動」には、さらに「意識」的契機が包含されていることを指摘しておかなければならない。

四　略取および誘拐の罪

略取および誘拐の罪は、人をその者の従来の生活環境から離脱させて自己または第三者の事実的な支配下におく犯罪である。「略取罪」および「誘拐罪」を一括して「拐取罪」という。本罪は、未成年者拐取罪（二二四条）、営利目的等拐取罪（二二五条）、身の代金目的拐取罪（二二五条の二第一項）、身の代金要求罪（二二五条の二第二項、二二七条四項後段）、所在国外移送目的拐取罪（二二六条）、人身売買罪（二二六条の二）、被拐取者等所在国外移送罪（二二六条の三）、被略取者等引渡等罪（二二七条一項～三項、四項前段）、およびこれらの罪の未遂罪（二二八条）、身代金目的拐取等予備罪（二二八条の三）から成る。

本罪の保護法益は、「被拐取者の自由」であるが、被拐取者が未成年者・精神病者であるばあいには、親権者などの「保護監督権」もまた法益に含まれる。

本罪の保護法益と関連して、本罪は「継続犯」なのか、それとも「状態犯」なのか、が問題となる。本罪は、原則として継続犯であるが、被拐取者がまったく行動の自由を欠く嬰児や高度の精神病者などであるばあいは、もっぱら保護監督権の侵害が考慮されるべきであるから、その限りでは状態犯と解される。しかし、判例は継続犯説をとっている。

五　性的自由に対する罪

性的自由を害する罪として強制わいせつの罪がある。強制わいせつの罪は、暴行または脅迫を用いて、被害者の「性的な意思決定の自由」を侵害する犯罪である。刑法典は、これを「わいせつ、姦淫及び重婚の罪」の章のなかに規定しているので、社会的法益に対する罪として扱っている。しかし、その本質は、個人の「人格」的自由の一種としての「性的自由」を侵害する点にあり、本罪は、個人的法益に対する罪として捉えるべきである。

強制わいせつの罪には、強制わいせつ罪（一七六条）、強姦罪（一七七条）、準強制わいせつ罪・準強姦罪（一七八条）、これらの罪の未遂罪（一七九条）および強制わいせつ等致死傷罪（一八一条）がある。

第四款　プライヴァシーに対する罪

一　意義

「人格」を尊重されるべき「個人」の私事（プライヴァシー）に他人が濫りに介入しないようにしてこそ、はじめて真に落着きのある安定した「精神生活」の基盤が確立されることになる。その基礎となるのが「私生活の平穏」であるから、これは自由と並ぶ「人格的法益」として保護されなければならないのである。刑法上、私生活の平穏を害する罪として、「住居を侵す罪」（一三〇条）および「秘密を侵す罪」（一三三条・一三四条）が規定されている。

二　住居を侵す罪

かつて判例・学説は、本罪の保護法益を「住居権」として把握していた。しかし、住居権という概念は不明瞭であるし、住居権が誰に帰属するのかという困難な問題が生じて議論を紛糾させるばかりでなく、結論的にも妥当性を欠くことになる。そこで通説は、保護法益を住居における平穏と解するに至っている。

しかし、平穏説は、住居という物理的場における共同体構成員の「全員」が形成している平穏そのものを重視して「個々の」構成員の個別的「意思」をまったく見落している点で妥当でなく、家族共同体的思考から「個としての同居者」のプライヴァシーの尊重という新たな思考が強くなっている。その観点から、住居侵入罪の保護法益は、住居権であり、住居権とは、住居その他の建造物を管理する権利の一内容として、これに他人の立入りをみとめるか否かの「自由」をいうと解する「新住居権説」が有力に主張されている。

生活の「場」として住居の「平穏」は、個人のプライヴァシーの保護に役立っているから意味を有するのであり、生活の「場」の実際の侵害は、その「場」を支配・管理していることの侵害であり、それは「人格」の表れとしての「支配意思」・「管理意思」の侵害にほかならず、「自己決定の自由」の侵害なのである。このような支配・管理の自由ないし自己決定の自由を「住居権」と称するか否かは、用語法の問題にすぎない。

現代社会においては、個としての家族構成員の「人格」的独立が広くみとめられているから、その個々人のプライヴァシーないし自己決定権の重要性を直視してこれを法益として的確に把握している新住居権説が妥当である。

三　秘密を侵す罪

個人は、私生活において種々の秘密をもっており、それは、プライヴァシーとして刑法的保護に値するものである。したがって、個人の秘密がみだりに暴露されると、私生活の平穏は大いに害されることになる。そこで、刑法は、秘密を侵す罪として「信書開封罪」（一三三条）および「秘密漏示罪」（一三四条）を規定して、プライヴァシーとしての個人の秘密を保護している。

第五款　名誉および信用に対する罪

一　意義

名誉および信用に対する罪の保護法益は、いずれも個人に対する「社会的評価」である。同じ社会的評価といっても、名誉が個人の「人格」的側面についての評価であるのに対して、信用は個人の「経済」的側面（支払い意思・能力）に関する評価である点で異なる。名誉および信用に対する罪として刑法は、「名誉に対する罪」（二三〇条）と「信用および業務に対する罪」（二三三条ないし二三四条の二）とを規定している。

二　名誉に対する罪

本罪の保護法益は、「名誉」である。名誉には、①「内部的名誉」、つまり客観的に存在する人の「人格価値」そのもの・真価、②「外部的名誉」、つまり人の「人格価値」に対する社会的評価、③「名誉感情」、つまり人の「人格価値」に対する自己評価の意識の三つがあるとされている。内部的名誉は、侵害され得ないので、刑法的保護の対象から外され、通説・判例によると、名誉感情も本罪の保護法益から除外される。

名誉に対する罪として、刑法は、「名誉毀損罪」と「侮辱罪」を規定し、名誉毀損罪については、表現の自由との調和を図って事実証明に関する規定を設けている。

侮辱罪の保護法益については、争いがある。判例・通説は、本罪の保護法益も名誉毀損罪と同じく外部的名誉であると解し、名誉感情をもたない幼児・重度の精神病者・法人・法人格のない団体についても本罪の成立をみとめている。最高裁の判例は、法人に対する侮辱罪の成立を肯定している（最決昭五八・一一・一刑集三七巻九号一三四一頁）。しかし、本罪の法益は、「人格」としての個人が有する名誉感情であると解すべきであり、名誉感情をもち得ない者については侮辱罪の成立を否定するのが妥当であるとおもう。

三　信用および業務に対する罪

信用および業務に対する罪として刑法は、「信用毀損罪」(二三三条前段)、「業務妨害罪」(二三三条後段・二三四条) および「電子計算機損壊等業務妨害罪」(二三四条の二) を規定している。いずれも人の経済生活を保護することを内容とする犯罪である。信用毀損罪は、人の経済的地位、つまり財産上の業務履行に関する社会的評価を保護するものであり、業務妨害罪は、経済生活における活動を直接的に保護するものである。しかし、それぞれの罪質の捉え方については、見解が分かれている。

信用毀損罪については、人の社会的評価の侵害という点において、名誉毀損罪と共通性を有し、その評価が経済面に限られている点において、財産罪と共通性を有する特殊な犯罪(独自の犯罪)と見る説が妥当である。業務妨害罪については、財産犯的性格とともに「人格」犯的性格を併有する罪であるとする説が妥当である。

(1)　Max Müller/Wilhelm Vossenkuhl, Person, in : Handbuch philosophischer Grunbegriffe, herg. von Hermann Krings, Hans Michael Baumgartner und Christoph Wild, Bd. 4, 1973, S. 1064 ff.

(2)　character という語は、ギリシア語の charaktēr (刻み込まれたもの) に由来するといわれる。それは、「印刻・押印の道具」→「印刻、印象」→「表徴、記号」→「性格」の意などに発展したとされる、寺澤芳雄編『英語語源辞典』(平9年・一九九七年) 一二一七頁。

(3)　星野命「人格の概念」星野命・河合隼雄編『心理学4人格』(昭50年・一九七五年) 二頁。若林明雄『パーソナリティとは何か・その概念と理論』(平21年・二〇〇九年) 二頁以下、W・ミッシェル、Y・ショウダ、O・アイダック『パーソナリティ心理学・全体としての人間の理解』黒沢香・原島雅之監訳 (平22年・二〇一〇年) 三頁以下参照。

(4)　水島恵一『パーソナリティ』(昭55年・一九八〇年) 二六頁。なお、若林・前掲注 (3) 八頁以下、ミッシェル等・前掲注 (3) 一〇頁、六〇頁以下参照。

(5)　水島・前掲注 (4) 二六頁。

(6) 水島・前掲注(4)三一頁。なお、若林・前掲注(3)一六頁以下、ミッシェル・前掲注(3)一〇―一頁、一二一頁以下参照。
(7) 水島・前掲注(4)一九九頁。
(8) 水島・前掲注(4)二二五頁。
(9) 大下英夫『人格と人権・キリスト教弁証学としての人間学・上』(平23年・二〇一一年)一四三―四頁。
(10) 大下・前掲注(9)九二―三頁。
(11) アルトゥール・カウフマン『法・人格・正義』上田健二・竹下賢・永尾孝雄・西野基継編訳(平8年・一九九六年)一二五―七頁。
(12) アルトゥール・カウフマン・前掲注(11)一二七―八頁。
(13) アルトゥール・カウフマン・前掲注(11)一二八頁。
(14) 西田幾多郎「実在の根柢としての人格概念」『西田幾多郎全集』第十二巻(平16年・二〇〇四年)二四〇頁。
(15) 西田・前掲注(14)二四三頁。
(16) 西田・前掲注(14)二四三頁。
(17) 西田・前掲注(14)二四三頁。
(18) 西田・前掲注(14)二四三―四頁。
(19) 西田・前掲注(14)二五〇頁。
(20) 西田幾多郎「時と人格」『西田幾多郎全集』第十三巻(平17年・二〇〇五年)一三九頁。
(21) 西田・前掲注(20)一四三頁。
(22) 西田・前掲注(20)一四三頁。
(23) 西田・前掲注(20)一四三頁。
(24) 西田幾多郎「人格について」前掲書注(20)一四六頁。
(25) 西田・前掲注(24)一四六―七頁。
(26) アルトゥール・カウフマン・前掲注(11)一二八―九頁。
(27) アルトゥール・カウフマン・前掲注(11)一二九―一二〇頁。
(28) 小林直樹『法の人間学的考察』(平15年・二〇〇三年)三八〇―一頁。
(29) 小林・前掲注(28)三八二頁。

第二章　生命および身体に対する罪

第一節　総　説

第一款　刑法における生命・身体の保護

社会および国家を構成する成員を人格として取り扱うばあい、自律心をもつ人間を不可侵のものとして保護しなければならない。つまり、人間を目的として扱い、けっして他の手段とされることがあってはならないのである(カント)。人間が人間として尊重されるためには、人間の存在の根本的基礎である「生命」および「身体」が絶対的なものとして保護される必要があることになる。そこで、刑法は、個人的法益の中でもっとも重要なものとして生命・身体をあげている。

第二款　生命侵害の態様と犯罪類型

刑法は、生命の侵害についてその態様に従って、殺人罪(一九九条)・傷害致死罪(二〇五条)・過失致死罪(二一〇条)の三つの類型をみとめている。それらの犯罪類型の特徴は、次の点にある。

殺人罪が死の結果を意図的に実現するものであるのに対して、傷害致死罪は、身体に向けられた加害行為が原因となって、意図しない死の結果が惹起される点に相違がある。さらに過失致死罪は、直接、加害の意図のない行為により、意図しない死の結果が惹起される点で、殺人罪および傷害致死罪と異なる。

第三款　人の意義

生命・身体を保護法益とする犯罪において行為の対象・客体は「人」である。人とは、生きている自然人をいう。

一　人となる時期（始期）

これは、胎児と人との限界時点の問題である。人は出生によって一個の人格として扱われる。民法においては、出生は全部露出説によって確定される。すなわち、民事上、私権の享有主体であることを明確にさせる必要があるので、母体から独立していることが要件とされるのである。

これに対して刑法では、一部露出説が判例（大判大八・一二・一三刑録二五輯一三六七頁）・通説となっている。生命の主体として、母親とは別個独立に侵害の可能性が生ずる時点から、人間としての保護が必要であるので、一部露出説が妥当である。なお、最近、胎児性の傷害の肯否が争われているが、この点については、後で触れることにする。

二　人の終期（死亡時期）

人の終期とは、生命の消滅する時期をいい、死亡の判定基準について見解が分かれる。脈搏終止説は、心臓の鼓動が永久的に〔不可逆的に〕停止したときを「死」とする。呼吸終止説は、呼吸が永久的に停止したときを「死」とする。総合判断説（三徴候説）は、心臓の鼓動と呼吸が永久的に停止したことと瞳孔が開いたこととを総合して「死」

を判断する。脳死説は、脳機能の不可逆的喪失の時期とする。脳死説には、いわゆる全面的脳死説と部分的脳死説があり、前者はさらに全脳死説、大脳死説、脳幹脳死説、脳波終止説に分かれる。

人の死亡時期の問題は、最近の臓器移植の問題と関連して実践的にも重要な意義を有している。人類にとって輝かしい手術として称讃されるのか、それとも殺人罪として道義的にも非難されるのか、の限界線上にある問題である。死の概念は、医学の成果を積極的に取り入れたうえで刑法的観点から、統一的に解する必要がある。つまり、医学的知見を尊重したうえで、刑法上の死を考えるべきである。現時点においても、脳死自体が医学上、明確な基準によって統一的に確定されているとはいえない以上、脳死説をただちに支持するわけにはいかない。死の判定は、生物学的知見を基礎にして医学的に明確になされるべきであると考えられるから、さしあたり、わたくしは通説である総合判断説に従いたい。医学において脳死基準が確立され、医師が明確に脳死を判定できる状況に至れば、脳死説をとるべきである。

第二節　殺人の罪

第一款　殺人行為

殺人行為とは、殺意をもって、自然の死期に先立って他人の生命を奪うことをいう。かりに死期が確実であるとしても、自然死に先んじて死を促進させたばあいも殺人行為に当たる。

総論との関係で安楽死・尊厳死が問題となる。

殺害の方法・時期などに制限はない。それゆえ、謀殺・故殺・嬰児殺も法律上の犯罪類型としては同じである。不作為による殺人もみとめられる。たとえば、養育の義務を負う者が、乳児に食事もろくに与えずに餓死させたばあい（大判大四・二・一〇刑録二一輯九〇頁）がこれに当たる。また、間接正犯による殺人もみとめられる。たとえば、通常の意思能力を欠き、自殺の意味を理解することができず、しかも被告人が命ずることにはなんでも服従する被害者に、それを利用し、縊首の方法を教えて縊首により死亡させたばあい（最決昭二七・二・二一刑集六巻二号二七五頁）や厳寒の深夜、酩酊し、かつ暴行をうけて衰弱している被害者を、脅迫的言動を用いて河川堤防の護岸際まで追いつめ、逃げ場を失った被害者を川に転落させるのやむなきに至らせて溺死させたばあい（最決昭五九・三・二七刑集三八巻五号二〇六四頁）は、被害者自身の行為を利用する間接正犯である。

第二款　犯罪類型

犯罪類型は、①殺人罪（一九九条）・同未遂罪（二〇三条）、②殺人予備罪（二〇一条）、③自殺関与罪（二〇二条前段）・同未遂罪（二〇三条）および④同意殺人罪（二〇二条後段）・同未遂罪（二〇三条）から成る。

第三款　罪　数

本罪の罪数は、被害者の数が標準とされる。生命は一身専属的な法益であるので、主体ごとに独立して評価されるべきであると考えられるからである。それゆえ、一人の人を殺そうとして数回にわたって殺害行為を試み、最終的にその目的を遂げたときには、殺人罪一罪である。これに対して、一個の殺害行為によって二人を同時に殺したばあいには、二個の殺人罪が成立し両者は観念的競合（五四条）となる。

しかし、錯誤理論の適用との関係では、この原則を維持できないばあいがあることに注意しなければならない。

第四款　自殺関与・同意殺人

一　意義

人を教唆して自殺させ、または人が自殺するのを幇助して自殺させる罪が自殺関与罪であり、人をその嘱託を受けまたはその承諾を得て殺す罪が同意殺人罪である。自殺自体は犯罪とはならないが、自殺に関与する教唆・幇助行為および嘱託・承諾による殺人は犯罪となり、処罰される。これは、刑法は、生命が人格の根元であることを重視しその抹殺について本人が同意していてもその同意は無効であるとして、他人が自殺に関与する行為を処罰することにしたのである。自殺自体は犯罪ではないから、自殺に関与する「教唆」または「幇助」は刑法総則における共犯ではなく**独立の犯罪類型**である。同意殺人罪は、法益の主体である被殺者本人が自由な意思決定に基づいて生命を放棄しているのであるから、法益侵害の程度が普通殺人罪より小さいとする趣旨に基づき、普通殺人罪に対する違法減軽類型として別個に規定されていると解する立場が妥当である。

二　自殺関与罪

1　行為

自殺関与罪の行為は、意思決定能力を有する者を教唆して自殺の意思を生じさせて自殺をさせ、または自殺の意思を有する者の自殺を幇助することである。**教唆**とは、自殺意思のない者に、故意に基づいてなんらかの手段を講じ自殺の意思を生じさせ自殺させることをいう。**幇助**とは、すでに自殺を決意している者に対して、その自殺行為を援助し、自殺を容易にさせることをいう。合意に基づく同死、すなわち「心中」のばあいに、そのうちの一人が生き残ったときその者について自殺幇助が成立し得る（大判大一五・一二・三刑集五巻五五八頁。通説）。

2　偽装心中と殺人罪・自殺関与罪

偽装心中とは、追死の意思がないにもかかわらず、あたかもこれがあるかのように相手方を欺いて自殺させることをいう。偽装心中は殺人罪の間接正犯となるのか、それとも自殺教唆罪になるのかが問題となる。一九九条は通常の殺人罪を規定し、二〇二条は被害者の嘱託・承諾があるばあいを自殺関与罪として法定刑を軽くしている。両者の関係は、一九九条が一般規定、二〇二条が特別規定であるとされる。したがって、一般法と特別法の関係にあり、特別法の要件を具備しない事実は一般法の適用をうけることになる。そうすると、偽装心中のばあい、被害者の錯誤に基づく承諾は有効なものとはいえず、特別法たる二〇二条の要件を具備しないので、一般法たる一九九条が適用されると解されるわけである。

積極説は、相手が追死するという事実は、被害者が自殺を決意することにとって本質的な事情であるから、これについて被害者を欺くのは、自殺の決意の自由を奪うものであって自殺教唆の範疇をはみ出す行為として殺人罪を構成すると解する。これは、理論的には、偽装心中のばあい、被害者自身の行為を利用する殺人罪の間接正犯をみとめるものである。これに対して、消極説は、被害者は死の意味を理解しており、自分が死ぬこと自体については錯誤はなく、ただ、その動機・縁由に錯誤があるにすぎないので、被害者の承諾は有効であって二〇二条の要件を具備すると解する。

偽装心中は、被害者が自己の死の意味を理解していることを前提としている（被害者が死の意味を理解していないばあいは、被害者の行為を利用する殺人罪の間接正犯である）。その被害者は、自分が死ぬこと自体についてはなんら錯誤に陥ってはおらず、自殺する動機について錯誤があるにすぎないのである。そうすると、行為者は死ぬことについて被害者の有効な承諾を得ているものと解されるべきであり、自殺教唆罪の成立をみとめる立場が妥当であるとおもう。

偽装心中と殺人罪について最高裁の判例は、「被害者は被告人の欺罔の結果被告人の追死を予期して死を決意したものであり、その決意は真意に添わない重大な瑕疵ある意思であることが明らかである。そしてこのように被告人に追死の意思がないに拘らず被害者を欺罔し被告人の追死を誤信させて自殺させた被告人の所為は通常の殺人罪に該当する」と解している（最判昭三三・一一・二一刑集一二巻一五号三五一九頁）。その事案は、被告人が愛人に「別れ話を持ちかけたが、同女はこれに応ぜず心中を申し出たため困り果て同女の熱意に釣られて渋々心中の相談に乗ったものの、……同女が自己を熱愛し追死してくれるものと信じているのを奇貨とし、同女のみを毒殺しようと企て」、あらかじめ用意してきた青化ソーダを同女に与え服用させ死亡させたというものであった。最高裁の判例と同旨の下級審判例として仙台高判昭和二七年九月二五日（高刑集五巻一二号一八二〇頁）がある。仙台高裁判決は、一九九条と二〇二条との関係につき、「刑法第二百二条後段の犯罪が成立するには其の嘱託又は承諾が被殺者の任意にして且真意に出でたものであることを要すべく、其の嘱託又は承諾と殺害行為とは主要の点において相一致し自殺者又は被殺者において生を絶つことについて責任能力をもち重大なる瑕疵ある意思に基かないものであることを要すると解すべきである。従って然らざる場合には本罪は殺人罪に対し特別罪の関係に立つものであるから普通殺人罪のみが成立する」と判示している。この点について最高裁の判例もまったく同趣旨と見てよい。

三　同意殺人罪

同意殺人の行為は、被殺者の嘱託を受け、またはその承諾を得て殺すことである。被殺者の嘱託・承諾は、同意殺人の共犯となり得るが、不可罰とされている。

嘱託とは、被殺者がその殺害を依頼することをいい、**承諾**とは、被殺者がその殺害の申込みに同意することをいう。この嘱託・承諾は、被害者の同意の法理に準じたものであり、本人が同意している点に着眼して殺人罪の違法性を減軽する事由として類型化されたものであるから、被害者の同意の要件が準用される。したがって、①嘱託・承諾は、被殺者本人の意思によるものでなければならないこと、②通常の弁識能力を有する者の自由かつ真意に基づいてなされたものでなければならないこと、③承諾は黙示的なもので足りるが、嘱託は明示的になされるべきであること、④同意は構成要件要素であるから、本罪が成立するためには、行為時に同意の認識があること、という要件が必要となる。

第五款　尊属殺人罪と憲法論

削除される前の旧規定（二〇〇条）における尊属殺人罪の合憲性について、かつて争われた。同じ人間でありながら尊属を特別扱いする合理的根拠は存在しないので、尊属殺人罪の規定は違憲であると見るのが妥当である。つまり、極端な法定刑だけの問題ではなくて、差別そのものが不合理なのである。これに対して最高裁の判例は、法定刑が苛酷であることを理由にした違憲説の立場に立っていた（最［大］判昭四八・四・四刑集二七巻三号二六五頁）。なお、旧判例は合憲説であった（最［大］判昭二五・一〇・一一刑集四巻一〇号二〇三七頁）。

第六款　殺人予備罪をめぐる問題

一　中止犯規定の適用ないし準用の肯否

判例は、否定説であるが（大判大五・五・四刑録二二輯六八五頁）、学説上、肯定説が通説である。わたくしは、肯定説を支持しているが、この問題は、とくに強盗予備との関連で問題となるので、そこで論ずるのが妥当である。

二　予備の共同正犯

判例は肯定説の立場に立っているが（最決昭三七・一一・八刑集一六巻一一号一五二二頁）、わたくしもこれと同意見である。

第七款　自殺予防と法制度

一　はじめに

従来、わが国の法制度は、自殺予防に関してなんら規定してこなかった。わずかに刑法が自殺関与罪を規定しているにとどまっている。すなわち、刑法二〇二条は、「人を教唆し若しくは幇助して自殺させ、又は人をその嘱託を受け若しくはその承諾を得て殺した者は、六月以上七年以下の懲役または禁錮に処する」と規定しているのである。本条の前段が自殺関与罪の規定であり、後段は同意殺人罪の規定である。自殺関与罪は、他人に自殺することを「教唆」する行為と自殺を決意している他人が自殺することを「幇助」する行為を処罰するものである。この規定は、自殺行為それ自体を防止するために設けられたものではない。つまり、自殺予防を直接、目的としているわけではないのである。これは、他人の「自殺」行為に関与する行為を処罰することによって、間接的に自殺を抑止する機能を有するといえる。したがって、その限度でこれからも自殺予防に対して、一定の意義を有することになる。自殺関与罪の固有の問題点を検討しておくことは、無意味ではないので、後で刑法解釈論上の問題について述べることにする。

近時、自殺の増加に伴い、自殺予防が重大な社会問題となるに至っている。そこで、自殺予防を直接、目的とする法制度の整備が喫緊の課題として浮上してきた。それを推進する市民運動も展開され、自殺予防に関する立法が要請されるようになってきたのである。それを受けて「自殺対策基本法」が、平成一八年に制定され、自殺予防と法制度は新たな段階を迎えたといえる。

本法は「基本法」の形で制定されている。「基本法の一般的内容は、特定分野の施策の理念・基本的事項や国・地方公共団体等の関係者の責務を宣言するにとどまるものが多く、理念は、法律本則中のみならず、前文を付して詳細に述べられるものが相当ある」とされる。[1] 本法においては理念は、法律本則中に規定されている。基本法が議員立法によることが多い理由は、次の点にあるとされる。すなわち、「処理すべき懸案の山積する今日、この種の立法のうち、行政施策の遂行上不可欠とまではいえないものについては、行政府の手が回りきらない面があり、内閣提出に至らないことが多い。この間隙を埋めるものとして、国会による行政監督ともいうべき権能の行使の一手法として、特定の行政分野に関する基本法が議員立法によって相次いで制定された」というのである。[2] 「国会による行政監督ともいうべき権能」との観点は、きわめて重要である。なぜならば、国民主権の下における主権者たる国民の意思を反映する国権の最高機関たる国会が、行政機関の施策の実施・遂行などを監視・督促することによって、民意に則した実践が可能となるからである。自殺防止の施策に関しても、その権能の重要性は高いのであり、本基本法の規定の中にもその権能を実現する制度が盛り込まれている。その内容については、後で個別的に触れることにする。

二　自殺対策基本法

「自殺対策基本法」（平成一八年法律第八五号）は、三章から構成されている。すなわち、第一章総則（第一条～第一〇条まで）、第二章基本的施策（第一一条～第一九条まで）、第三章自殺総合対策会議（第二〇条～第二一条まで）から成る。

自殺対策基本法は、本法の目的を第一条において、「この法律は、近年、我が国において自殺による死亡者数が高い水準で推移していることにかんがみ、自殺対策に関し、基本理念を定め、及び国、他方公共団体等の責務を明らかにするとともに、自殺対策の基本となる事項を定めること等により、自殺対策を総合的に推進して、自殺の防止を図り、あわせて自殺者の親族等に対する支援の充実を図り、もって国民が健康で生きがいを持って暮らすことのできる社会の実現に寄与することを目的とする」と規定している。これは、本法によって、「基本理念」を明確に定め、「国、地方公共団体等の支援」を明らかにし、「自殺対策の基本となる事項を定めること」などによって、「自殺対策を総合的に推進」して、「自殺の防止を図り」、「自殺者の親族等に対する支援の充実を図る」ことが目的として掲記されている。本法がこのような総合的施策を明示したことの意義はきわめて大きいといえる。

本法第二条は、「基本理念」として、次のように規定している。すなわち、

1　自殺対策は、自殺が個人的な問題としてのみとらえられるべきものではなく、その背景に様々な社会的な要因があることを踏まえ、社会的な取組として実施されなければならない。

2　自殺対策は、自殺が多様かつ複合的な原因及び背景を有するものであることを踏まえ、単に精神保健的観点からのみならず、自殺の実態に即して実施されるようにしなければならない。

3　自殺対策は、自殺の事前予防、自殺発生の危機への対応及び自殺が発生した後又は自殺が未遂に終わった後の事後対応の各段階に応じた効果的な施策として実施されなければならない。
4　自殺対策は、国、地方公共団体、医療機関、事業主、学校、自殺の防止等に関する活動を行う民間の団体その他の関係する者の相互の密接な連携の下に実施されなければならない。

とされているのである。

まず第一項において、自殺が個人的な問題としてのみ捉えられるべきものではなくて、「社会的な要因」をも考慮に入れて、自殺対策が「社会的な取組」として実施されるべきことが要求されている。自殺が個人的問題にとどまらず社会的要因を包含する社会的問題であることを看過することなく、適切に自殺対策が講じられるべきことを明らかにしている点は、きわめて重要な意義を有する。第二項においては、自殺対策は、「単に精神保健的観点」からだけではなくて、「自殺の実態に即して」実施されるべきことが要求されている。「自殺の実態」を無視した施策は、実際上、無意味である。自殺対策は、自殺の実態に即して実施されて初めて、その実効性を確保できるのである。第三項において、自殺対策は、①自殺の事前予防、②自殺発生の危機への対応、③自殺が発生した後または自殺未遂後の事後対応の各段階に応じた「効果的な施策」、として実施されるべきであるとされる。自殺には、①自殺行為前、②行為時、③行為後、の三つの段階がある。自殺対策も、それぞれの段階に応じた、①事前対応、②自殺発生の危機への対応、および③事後対応、が必要となる。その際、各段階にとって最も有効適切な施策が実施されなければならない。本項は、そのことを明らかにしたものである。そして第四項は、自殺対策が、国、地方公共団体などの関係する者の「相互の密接な連携の下に」実施されるべきことを要求している。自殺対策は、多数の機関が関与してなされるが、いわゆる縦割行政によりそれぞれ管轄が異なるため、バラバラに実施される恐れがある。それがバラバラに実施されると、実効性が損なわれる。そこで、各機関の相互密接な連携が要請されるのである。

第三条は、「国の責務」として、「国は、前条の基本理念（次条において『基本理念』という。）にのっとり、自殺対策を総合的に策定し、及び実施する責務を有する」と規定している。これは、自殺対策の総合的策定とその実施を国の「責務」として明定し、国の取組みを義務づけるものである。

第四条は、「地方公共団体の責務」として、「地方公共団体は、基本理念にのっとり、自殺対策について、国と協力しつつ、当該地域の状況に応じた施策を策定し、及び実施する責務を有する」と規定している。これは、地方公共団体に、自殺対策について、①国との協力義務、および②当該地域の状況に応じた施策の策定・実施義務を課するものである。これによって地域の特性に対応した肌理の細かい対策が要求されることになる。

第五条は、「事業主の責務」として、「事業主は、国及び地方公共団体が実施する自殺対策に協力するとともに、その雇用する労働者の心の健康の保持を図るため必要な措置を講ずるよう努めるものとする」と規定している。五条および六条は、国および地方公共団体と同様、条文の見出しは、事業主の「責務」および国民の「責務」となっているが、本文は「～よう努めるものとする」と表現されている。これは、努力目標を提示するものといえる。第五条は、事業主が、①国および地方公共団体の自殺対策への協力、②雇用労働者の「心の健康の保持を図るための必要な措置」を講ずるように努めること、を要請するものである。

第六条は、「国民の責務」として、「国民は、自殺対策の重要性に対する関心と理解を深めるよう努めるものとする」と規定している。これは、国民に対して、「自殺対策の重要性」に対する「関心と理解を深める」ことを要請するものである。

第七条は、「名誉及び生活の平穏への配慮」に関して「自殺対策の実施に当たっては、自殺者及び自殺未遂者並びにそれらの者の親族等の名誉及び生活の平穏に十分配慮し、いやしくもこれらを不当に侵害することのないようにしなければならない」と規定している。自殺の原因などについては複雑な要因があり、自殺者・自殺未遂者・その親族などのプライバシーに深くかかわっている。自殺対策の実施に際して、これらの者の名誉・プライバシーなどが不当に侵害されてはならない。本条は、このことを明言している。

第八条は、政府による「施策の大綱」の決定について、「政府は、政府が推進すべき自殺対策の指針として、基本的かつ総合的な自殺対策の大綱を定めなければならない」と規定している。これは、政府が推進すべき「自殺対策の指針」としての「基本的かつ総合的な自殺対策の大綱」の決定を政府に対して義務づけるものである。政府が決定した「自殺対策の大綱」を指針にして自殺対策が有効適切に実施されることが望まれる。

第九条は、「法制上の措置等」について、「政府は、この法律の目的を達成するため、必要な法制上又は財政上の措置その他の措置を講じなければならない」と規定している。これは、本法の目的を達成するために必要な「法制上又は財政上の措置その他の措置」を講ずべき義務を政府に課するものである。法制上の措置および財政上の措置は、自殺対策にとって非常に重要であるから、本条に特別に例示されている。

第一〇条は、国会に対する政府の「年次報告」に関して、「政府は、毎年、国会に、我が国における自殺の概要及び政府が講じた自殺対策の実施の状況に関する報告書を提出しなければならない」と規定している。これは、毎年、「自殺の概要」と政府が講じた「自殺対策の実施状況」に関する「報告書」を国会に提出すべき義務を定めたものである。当該「報告書」の審査は、「国会による行政監督」権能の行使であるから、厳密になされるべきである。

第一一条は、基本的施策の一つとして、国および地方公共団体による「調査研究の推進等」について、「国及び地方公共団体は、自殺の防止等に関し、調査研究を推進し、並びに情報の収集、整理、分析及び提供を行うものとする。国は、前項の施策の効果的かつ効率的な実施に資するための体制の整備を行うものとする」と規定している。これは、国および地方公共団体に対して、自殺予防に関して、①調査研究の推進、②情報の収集・整理・分析および提供をおこなうことを要求するものである。そして、国に対しては、これらの施策の効果的かつ効率的な実施に資するための体制整備を要求している。

第一二条は、国および公共団体に対して、「国民の理解の増進」のために、「国及び地方公共団体は、教育活動、広報活動等を通じて、自殺の防止等に関する国民の理解を深めるよう必要な施策を講ずるものとする」と規定している。これは、教育活動や広報活動などによって自殺の防止等に関する国民の理解を深めさせ、国民規模による自殺防止等を図るための施策を要求するものである。

第一三条は、「人材の確保等」について、「国及び地方公共団体は、自殺の防止等に関する人材の確保、養成及び資質の向上に必要な施策を講ずるものとする」と規定している。自殺の防止等の充実に当たっては、優秀な人材が必要であり、人材の確保・養成・資質の向上が必要不可欠であるから、そのための施策が要請されるのである。

第一四条は、「心の健康の保持に係る体制の整備」について、「国及び地方公共団体は、職域、学校、地域等における国民の心の健康の保持に係る体制の整備に必要な施策を講ずるものとする」と規定して、国民の心の健康の保持にかかわる体制の整備に必要な施策を講ずべきことを要求している。その内容は抽象的であるが、より具体化していく必要があるといえる。

第一五条は、「医療提供体制の整備」に関して、「国及び地方公共団体は、心の健康の保持に支障を生じていることにより自殺のおそれがある者に対し必要な医療が早期かつ適切に提供されるよう、精神疾患を有する者が精神保健に関して学識経験を有する医師（以下この条において「精神科医」という。）の診察を受けやすい環境の整備、身体の傷害又は疾病についての診療の初期の段階における当該診療を行う医師と精神科医との適切な連携の確保、救急医療を行う医師と精神科医との適切な連携の確保等必要な施策を講ずるものとする」と規定している。これは、自殺の恐れのある者に精神科医の診療を受けやすくするなどの施策を国および地方公共団体に要求するものである。

第一六条は、「自殺発生回避のための体制の整備等」について、「国及び地方公共団体は、自殺をする危険性が高い者を早期に発見し、相談その他の自殺の発生を回避するための適切な対処を行う体制の整備及び充実に必要な施策を講ずるものとする」と規定している。ここにおいては、自殺をする危険性の高い者の早期発見・自殺発生の回避のための施策を講ずることが国および地方公共団体に義務づけられている。

第一七条は、「自殺未遂者に対する支援」に関して、「国及び地方公共団体は、自殺未遂者が再び自殺を図ることのないよう、自殺未遂者に対する適切な支援を行うために必要な施策を講ずるものとする」と規定している。自殺未遂者は、精神的に重大なショックを受けており、再度自殺をおこなうことを防止するための支援はきわめて重要であり、そのための適切な施策が要求されるのである。

第一八条は、「自殺者の親族等に対する支援」について、「国及び地方公共団体は、自殺又は自殺未遂が自殺者又は自殺未遂者の親族等に及ぼす深刻な心理的影響が緩和されるよう、当該親族等に対する適切な支援を行うために必要な施策を講ずるものとする」と規定している。自殺者・自殺未遂者の親族等は精神的に重大なショックを受けていることが多いので、深刻な心理的影響を緩和するためのケアが必要である。そのための施策が要求されることになり、本条はそのことを明らかにしている。

第一九条は、「民間団体の活動に対する支援」について、「国及び地方公共団体は、民間の団体が行う自殺の防止等に関する活動を支援するために必要な施策を講ずるものとする」と規定している。これは、国および地方公共団体に民間団体に対する支援を要求するものである。

第三章は、組織に関する規定からなり、「自殺総合対策会議」の設置と所掌事務や組織が規定されている。これらについてはコメントするまでもないので、条文のみを掲記しておく。

第二〇条は、設置および所掌事務に関して、「内閣府に、特別の機関として、自殺総合対策会議（以下「会議」という。）を置く。
2　会議は、次に掲げる事務をつかさどる。
一　第八条の大綱の案を作成すること。
二　自殺対策について必要な関係行政機関相互の調整をすること。
三　前二号に掲げるもののほか、自殺対策に関する重要事項について審議し、及び自殺対策の実施を推進すること」
と規定している。

第二一条は、組織等に関して、「会議は、会長及び委員をもって組織する。
2　会長は、内閣官房長官をもって充てる。
3　委員は、内閣官房長官以外の国務大臣のうちから、内閣総理大臣が指定する者をもって充てる。
4　会議に、幹事を置く。
5　幹事は、関係行政機関の職員のうちから、内閣総理大臣が任命する。
6　幹事は、会議の所掌事務について、会長及び委員を助ける。
7　前各項に定めるもののほか、会議の組織及び運営に関し必要な事項は、政令で定める」と規定している。

三　自殺関与罪

1　自殺の不可罰性の根拠

わが国の刑法上、自殺は犯罪ではなく、不可罰とされている。かつて西欧においては、宗教的理由から自殺は犯罪とされたこともあるが、今日では犯罪とされていない。自殺を不可罰とする理由に関して、学説は、次のように分かれている。すなわち、①自殺者は自己の生命に対する処分権を有するから、自殺は違法でないとする違法性阻却・放任行為説、②自殺は違法であるが、可罰的違法性が阻却されるとする可罰的違法性阻却説、③自殺は違法であるが、期待可能性が欠けるので責任が阻却されるとする責任限却説、が主張されている。②説および③説は、自殺を違法とするが、自殺を違法とする根拠につき、二つの学説がある。第一説は、生命に関する罪は個人の生命を保護法益とするだけでなく、国家的・社会的法益をも同時に法益とするので、個人は自己の生命に対する処分権を有しないとする。第二説は、生命についてはそれを処分する自己決定権を有しないので、違法であるとする。

自殺の不可罰性の根拠について、わたくしは、次のように解すべきであると考えている。すなわち、生命に対する罪が、同時に超個人的法益をも保護しているとする論拠は、他殺の場合については不要であり、自殺の不可罰根拠を説明するために一般論としてこれを展開するのは本末転倒であるといわざるを得ない。また、生命は、自己決定権の基礎をなすものであり､その基礎はいかなる場合にも自ら処分できない至高の極値をもつとするのであれば、その刑罰による保護をも根拠づけることになるはずである。生命の放棄についても、自己決定権がまったく否定されるわけではない。自殺は、自己の法益の処分行為であるから違法でないと解すべきである。

次に、自殺関与の可罰性についてみることにしよう。刑法は、自殺を犯罪としていないが、前述のとおり、自殺に関与する教唆・幇助行為（自殺関与）を処罰している。すなわち、生命はあらゆる価値の根源であるから、本人がその意思に基づいていても、他人が自殺に関与することは生命の保護にとって有害であるとして、それを違法とするのである。

自殺自体は犯罪でないので、刑法上、狭義の共犯（教唆犯・幇助犯）は正犯の存在を前提とすると解する共犯従属性説（判例・通説の立場）の見地からは、自殺の「教唆」または「幇助」は、刑法総則における「共犯」として把握することはできず、独立の犯罪類型として捉えられなければならない。そこで、自殺が不可罰であるにもかかわらず、自殺関与行為が処罰される根拠および刑の減軽の根拠が問題となる。この点については、前述の②説および③説による説明は容易である。すなわち、③責任阻却説によれば、正犯である自殺者の行為は違法であるので、制限従属性説の見地から、これに関与する者は当然に可罰的となる。そして減軽の理由は、自殺せざるを得ない正犯者の状況に同情したものであるから責任非難が減少するという点に求められることになる。②可罰的違法性阻却説によれば、自殺は本来違法であるから、これへの関与行為も違法であり、かつ、この場合は可罰的違法性をみとめてよいとされ、減軽の理由は、違法性の減少に求められる。

①違法性阻却説によれば、自殺は適法であるから、これに関与する行為も不可罰とするのが理論的に一貫しているといえるが、しかし、生命という重大な法益の自己処分については、刑法がパターナリズムの見地から介入し他人の関与を排除することには十分な合理性がある。そして刑の減軽の理由は、被害者の同意による法益性の減少に求められる。

2　自殺関与罪の行為

本罪の行為は、教唆または幇助して自殺させることである。

「教唆」とは、自殺の意思のない者に、故意に基づいて自殺の意思を生じさせ、自殺をおこなわせることをいう。

その方法の如何を問わない。明示的方法だけでなく、暗示的方法でもよい。妻の不貞を邪推した夫が、妻の自殺を予見しながら、これに対して直接・間接の暴行・脅迫を繰り返した結果、ついに妻が自殺したばあいには、自殺教唆罪が成立する（広島高判昭二九・六・三〇高刑集七巻六号九四四頁）。

錯誤に陥れられ、長時間にわたって執拗な自殺慫慂を受けて自殺を決意した事案については、状況認識についての錯誤を重ねたのであり、真意に添わない重大な瑕疵のある意思であるとして殺人罪に当たると判示した判例がある（福岡高宮崎支判平元・三・二四高刑集四二巻二号一〇三頁）。

「幇助」とは、既に自殺を決意している者に対して、自殺行為に援助を与えて自殺を容易に遂行させることをいう。例えば、自殺の方法を教えたり、自殺の用具を提供したりする行為が幇助に当たる。死後、家族の面倒をみてやるというような精神的幇助もこれに含まれる。

合意に基づく同死、すなわち「心中」の一人が生き残ったばあいについて、自殺幇助罪が成立する（大判大一五・一二・三刑集五巻五五八頁）。偽装心中についても、教唆の方法・手段は、自殺の意思を起こさせるに足りるものであればよいので、本罪の成否が問題となる。前述のとおり、それが意思決定の自由を奪う程度の方法・手段であるばあいには、殺人罪の間接正犯となる。

四　おわりに

自殺予防に関する法制度は、「自殺対策基本法」の制定・施行によって新たな段階に入ったが、そのことによって直ちに自殺が劇的に減少するわけではない。地道にその制度を充実させていく必要がある。「仏造って魂入れず」ということにならないようにしなければならない。自殺を減少させるための施策を試行錯誤しながらも実現させていくように努めることがわれわれの責務である。

第三節　傷害および暴行の罪

第一款　傷害罪の保護法益

一　学説

傷害罪の保護法益については、「傷害」の意義との関係において見解の対立がある。これは、結局、暴行との限界の問題である。

第一説は、「身体の完全性」を害することが「傷害」であると解する。ここで、身体の完全性を害することとは、より厳密にいえば、「現状の外観を不良に変更すること」を意味する。

第二説は、「生理的機能に障害を生じさせること」であると解する。すなわち、「身体の機能を害し、または、健康に不良の変更を生じさせること」を意味する。判例によれば、傷害とは、他人の身体に対する暴行により、その生活機能に障害を与えることをいうとされる（最決昭三二・四・二三刑集一一巻四号一三九三頁）。

第三説は、「形体に重要な変化を生じさせること、または、生理的機能に障害を生じさせること」と解する。すなわち、形体に軽微な変化を生じさせただけでは足りず、重要な変化を生じさせたことが必要とされる。わたくしは、第二説を支持する。その理由は、以下のとおりである。すなわち、第一説によると、きわめて軽微な形体の変更をも傷害と解しなければならなくなること、第三説のいう「重大な変更」の基準は必ずしも明確とはいえないこと、日常用語例においては、傷害は生理的機能の侵害と解されていること、傷害と暴行の法定刑を比較したばあい、傷害の上限は一〇年の懲役でその下限は科料であり、暴行の上限は二年の懲役、その下限は科料で両者の限界線はかなり近接しているので、傷害を限定的に解しても、けっして実際上、不都合な結果は生じないことに、理由が求められるのである。

しかし、生理的機能の障害であっても、日常の社会生活において一般に看過される程度のきわめて軽微なものは、傷害罪の予想する「違法類型」に当たらないので、傷害には包含されない。

二　傷害行為の具体的態様

「外傷」の存在は、傷害の要件ではない。傷害行為の具体的態様として、たとえば、疲労倦怠または胸部の疼痛（大判大一一・一〇・二三評論一一刑法四〇〇頁）、めまい、嘔吐（大判昭八・六・五刑集一二巻七三六頁）、湖中に突き落して失神させた行為（大判大八・九・六評論八刑訴二四九頁）、胸部の疼痛（最決昭三二・四・二三刑集一一巻四号一三九三頁）などが挙げられる。

判例は、およそ外傷を生じさせたかぎり、傷害に当たると解しているといえる。すなわち、表皮剥離（大判大一一・一二・一六刑集一巻七九九頁）、顱頂部腫脹（大判明四二・一二・七刑録一五輯一七四九頁）などについて、傷害の成立をみとめている。

三　傷害の方法

傷害は、暴行によると、その他の非有形的方法によるとを問わない。したがって、毒物の使用、身体の接触による病気の感染なども包含される。暴行を手段としない傷害の例として、性病を感染させるおそれのあることを認識しながら、婦女に対して詐言を弄して病毒を感染させる行為（最判昭二五・一一・九刑集四巻一一号二二三九頁）が挙げられる。

第二款　傷害罪における故意

傷害罪の成立につき、どの程度の認識を必要とするか、が問題となっており、これは重要な対立点である。要するに、この見解の対立は、傷害罪をすべて純然たる故意犯と解すべきか（純故意犯説）、それとも暴行罪の結果的加重犯をも含み得ると解するか（結果的加重犯説ないし折衷説）、という問題に帰着する。

結果的加重犯説といえども、当初から傷害の故意を有しておこなった傷害行為を傷害罪から排除するものではないことに注意しなければならない。要するに、暴行の故意でもって傷害の結果を惹起したばあいを傷害罪に包含させるか否かについての争いなのである。

結果的加重犯説ないし折衷説は、傷害罪が成立するには「暴行の故意」があれば足りると解する。この説は、沿革的理由として、旧刑法における殴打創傷の罪は殴打（暴行）の故意で創傷（傷害）するものであり、結局、暴行致傷という結果的加重犯として理解され、現行刑法の傷害罪の実体もこれと同じであるとする。

次に、文理的理由として、暴行罪に関する二〇八条の文言（「暴行を加えた者が人を傷害するに至らなかったとき」）と傷害罪に未遂犯処罰の規定がないこととを挙げ、これらを傷害罪は暴行の結果的加重犯であるとしている。さらに、実質的理由として、純故意犯説によるばあい、法定刑に不均衡が生ずることを挙げている。

判例は、傷害罪は結果犯であるから、その成立には、傷害の原因たる暴行についての意思が存すれば足り、とくに傷害の意思の存在を必要としないと解している（最判昭二五・一一・九刑集四巻一一号二二三九頁）。

純故意犯説は、傷害罪が成立するためには、傷害の故意、すなわち、生理的機能の障害（ないし身体の完全性の欠損または重要な形体の変更）を生じさせることの表象・認容が存在しなければならないとする。この説は、その論拠として、以下のことを挙げている。すなわち、責任主義の見地から、結果的加重犯は「結果責任の遺物的思想」であるから、できるかぎり、否定されるべきであること、暴行の故意に基づく傷害については、暴行罪（二〇八条）と過失傷害罪（二〇九条）との観念的競合を肯定すれば、刑の不均衡はないこと、未必の故意の理論を活用することによって実際上の不都合を回避できること、規定の形式が結果的加重犯の基本型（…し、よって……させた者は…」）とは異なって、故意犯の規定形式をとっていることに、理由が求められているのである。

純故意犯説がいうように、できるかぎり結果責任はみとめない方がよいといえるが、たんに規定の形式を根拠にして結果的加重犯ではないと断定できるものではない。目的論的な解釈が否定されてはならない。問題は、その目的論的解釈の合理性いかんにかかっているのである。

重い結果について予見可能性ないし過失を要求することによって、責任主義との調和を図ることができるので、結果的加重犯をみとめることが、ただちに責任主義に反するわけではない。二〇八条の文理との整合性という観点からは、結果的加重犯説の方が優れているといえる。傷害罪には未遂を処罰する規定がないので、もし、これを不可罰とすると、暴行の故意による暴行と比べて法定刑に不均衡が生ずること、（ただし、未遂処罰は暴行を手段とするばあいにかぎられるべきことは、二〇八条の文理から明らかである。当罰性の観点からもこのように解するのが妥当であろう）、未必的故意の理論によると供述方法の巧拙により結果に差が生ずることに、理由が求められるのである。

第三款　犯罪類型

傷害および暴行の罪の犯罪類型として、①傷害罪（二〇四条）、②傷害致死罪（二〇五条）、③傷害現場助勢罪（二〇六条）、④暴行罪（二〇八条）および⑤凶器準備集合罪・凶器準備結集罪（二〇八条の二）がある。

第四款　傷害行為をめぐる問題点

一　胎児性傷害・致死

胎児性傷害・致死とは、妊婦（母体）に侵害を加えてその胎児に有害作用を及ぼし、その結果として障害を有する子を出生させること、または、その障害のために死に致らしめることをいう。胎児性傷害・致死が人の生命・身体に対する罪を構成するかについて、見解は次のように分かれている。すなわち、①胎児の生命は堕胎罪によって独立に保護されているから、実行行為の時に胎児であったものについては、堕胎の罪以外は成立しないとする否定説、②侵害行為の作用が出生した以後における人に継続して及んでいるばあいにかぎって人に対する罪が成立するとする作用必要説、③胎児は母体の一部であるから母体たる「人」に対する傷害罪が成立するとする母体一部傷害説（最決昭六三・二・二九刑集四二巻二号三一四頁）、④人に傷害・死亡の危険性を有する行為をなし、その結果として人に致死傷を生じさせた以上、その作用が胎児に及んだか人に及んだかとは関係なく人に対する罪が成立するとする作用不問説などが主張されている。

胎児性傷害・致死は、わが国においては水俣病に関して問題となり、いわゆる薬害・公害の当罰性を考慮してその可罰化を図る解釈論として主張されてきた。しかし、現行法は、行為の時点で客体が胎児であるばあい、その生命・身体は堕胎の罪によって保護しているのであるから、胎児を客体とする行為について人の生命・身体に対する罪は成立する余地がないと解するのが妥当であり、胎児性傷害・致死につき人の生命・身体に対する罪が成立すると解する各説をとると、次のような不都合が生ずるとされている。すなわち、①現行法が胎児を母体から独立して堕胎の罪によって保護していることに矛盾すること、②過失によって母体内で胎児を死亡させたときは過失堕胎として不可罰になるのに対して、傷害の程度がそれより軽いために生きたまま出生したときは過失傷害罪、その後死亡したときは過失致死罪として処罰するのは刑の不均衡を生ずること、③妊婦が過失によって転倒したため胎児に傷害を与え、障害をもって出生させたばあいにも過失傷害罪ないし過失致死罪が成立することとなり、処罰範囲が不当に拡張されることなどの不都合が生ずるとされるのである。胎児性傷害・致死の可罰化は立法によらなければならない。

チッソ水俣病事件において、第一審判決は、胎児が母体の胎盤を通じて傷害を受け、そのため脳などに病変が生じ出生後死亡したばあい、過失致死罪の客体である「人」は存在しないが、胎児に障害を生じさせれば出生後「人」となってから致死の結果を生じさせる危険性が存在するから、実行行為の時に「人」が存在しなくても業務上過失致死罪は成立するとして、作用不問説をとった（熊本地判昭五四・三・二二月報一一巻三号一六八頁）。控訴審判決は、「一部露出の時点」まで加害行為が継続していたことを付け加えて作用必要説に立って控訴を棄却した（福岡高判昭五七・九・六高刑集三五巻二号三四五頁）。そして、上告審決定は、「現行刑法上、胎児は、堕胎の罪において独立の行為客体として特別に規定されている場合を除き、母体の一部を構成するものと取り扱われていると解されるから、業務上過失致死罪の成否を論ずるに当たっては、胎児に病変を発生させることは、人である母体の一部に対するものとして、人に病変を発生させることに他ならない。そして胎児が出生し人になった後、右病変に起因して死亡するに至った場合は、結局、人に病変を発生させて人に死の結果をもたらしたことに帰するから、病変の発生時において客体が人であることを要する立場を採ると否とにかかわらず」業務上過失致死罪が成立すると判示し、母体一部傷害説に立って上告を棄却した（前掲最決昭六三・二・二九）。この判旨は、作用必要説をとり、さらに錯誤論に関する法定的符合説的な考え方をとって、作用不問説の結論に至ったものと解されている。

胎児性傷害は、「人（母親）に傷害を加えようとして、人（子供）に傷害の結果を生じさせた」ともいえるが、錯誤論が適用できるのは、実行行為の時に他の客体が人として存在することを要することは明らかであり、上告審の判旨には解釈論として無理があるとする見解を支持する。

二　傷害行為と被害者の承諾

自傷行為が構成要件該当性を欠くこと、傷害罪が個人的法益の侵害であることを理由にして、すべての傷害行為について被害者の承諾があれば、ただちに違法性の阻却がみとめられると解すべきではない。同意に基づく血液の採取（たとえば検査・輸血のための血液採取）などが適法とされる反面、いかに本人の同意があっても、腕・脚などを切断するような「廃疾的な傷害」は違法であると解すべきである。同意が違法性を阻却するか否かの基準は、生理的機能の毀損の程度が通常人に対して期待される社会的活動の妨げとなる程度に達したかどうか、に求められる。この程度を超えたばあいには、被害者の承諾は無効となり、違法性は阻却されないこととなる。

三　傷害行為と治療行為

治療行為の一環として傷害行為がなされるばあいが多い。このばあいの傷害行為をどのように解すべきか。治療行為とは、健康の維持・増進ないし回復のために、手術その他の方法により他人の身体に干渉することをいう。このような行為は、身体の毀損ないし苦痛をともなうとしても、傷害罪とはならない。治療行為が違法性を阻却する根拠を説明する学説として、被害者の承諾説・慣習説・緊急避難説・治療目的説などがある。わたくしは、治療目的説が妥当であると解する。治療というのは、個人の健康を維持し、病気の悪化を防止し、健康の回復をはかることを意味するが、これは、国家的に承認された共同生活の目的に合致するので、治療行為は、この目的達成に適切なものであるかぎり、違法性が阻却されるのである。

　このように治療の目的によって違法性は阻却されるのであるが、法益主体の意思は重要であるので、原則として本人の同意を必要とすると解すべきである。

四　共犯関係

　傷害罪を純故意犯と解するか、暴行罪の結果的加重犯でもあると解するかによって、結論を異にするばあいがある。すなわち、暴行の故意で共同暴行をおこない、その結果として傷害を惹起したばあい、結果的加重犯説をとる判例・通説は、傷害罪の共同正犯と解する（大判大七・四・一七刑録二四輯三二九頁）。これに対して、純故意犯説は、暴行罪と過失傷害罪の共同正犯と解する。ただし、過失犯の共同正犯をみとめ得るかどうかについては、別個の問題がある。

　判例・通説によれば、暴行の共同者は、暴行による傷害のすべての結果について罪責を負うことになるので、二〇七条を適用する余地はない（大判明四四・三・一三刑録一七輯三四五頁）。数名の者が暴行を共謀し、その一部の者の実行によって被害者を傷害したばあいは、暴行に加わらなかった共謀者も、本罪の共同正犯となる（最判昭二三・五・八刑集二巻五号四七八頁）。

　傷害罪の教唆犯の故意について、判例・通説は、暴行教唆の故意で足り、傷害の結果の発生についての表象・認容の有無を問わないとする（大判明四三・一二・九刑録一六輯二一三九頁、大判大一一・一二・一六刑集一巻七九三頁など）。

第五款　傷害致死罪（二〇五条）

一　罪質

　本罪は、身体傷害の結果として人を死亡させる罪である。本罪は、故意による暴行ないし傷害を含む点で過失致死罪（二一〇条）と異なり、死の結果の発生についての表象・認容を欠く点で殺人罪と異なる。本罪が傷害罪の結果的加重犯であることには、疑問の余地がない。

二　傷害と死亡との間の因果関係

1　問題の背景

かつてドイツにおいて、因果関係論がはなばなしく展開されたが、その素材を提供したのが結果的加重犯（とくに傷害致死罪）であったのである。当時、結果的加重犯として処罰するには重い結果につき重い責任を必要としないとするのが支配的見解であった。そして、そこにおいては、基本的行為と重い結果との間に因果関係が存在すれば足りるとされ、しかも条件説が優勢であったのである（ドイツにおいては、現在でも条件説が判例・通説である）。そこで、条件説を適用した結果、因果関係が広範囲にみとめられ、不当な責任追及がおこなわれることとなって、結果的加重犯における因果関係が重大な問題とされたのである。

しかし、今日では、この問題は次の二つの観点から検討されるべきである。すなわち、第一には、因果関係の問題、第二には、結果についての過失ないし予見可能性を必要とすべきであるか否かという問題として考察されなければならない。

2　判例

判例上、傷害と死亡との間に因果関係が肯定されたケースをいくつか見ておこう。

傷害に起因する身体衰弱によって被害者を死亡させた（大判明四三・一〇・三刑録一六輯一五八九頁）。健康者ならば死因とはなり得ない程度の暴行により老衰の被害者が死亡した（大判大二・九・二二刑録一九輯八八四頁）。かねて脳血管硬化症にかかっていた被害者が、暴行ないし反抗闘争による精神の興奮と筋肉の激動のため血圧の上昇をきたし、脳出血を発作して死亡した（大判大一四・一二・二三刑集四巻七八〇頁）。火傷《やけど》を負わされた被害者が水中に跳び込み、急速な体温逸出による心臓マヒのために死亡した（大判昭二・九・九刑集六巻三四三頁）。

被害者が、たまたま高度の脳梅毒にかかっていたため、それ自体としては致命的でない顔面への暴行・創傷により脳組織の崩壊を生じて死亡した（最判昭二五・三・三一刑集四巻三号四六九頁）。頸部扼圧の暴行により、特異体質であり、しかも折から月経中の妻をショック死させた（最判昭三二・二・二六刑集一一巻二号九〇六頁）。被告人らの暴行に耐えかねた被害者がその場から逃走しようとして池に落ち、露出した岩石に頭部を打ったためにクモ膜下出血が生じ、被害者が死亡した（最決昭五九・七・六刑集三八巻八号二七九三頁）。被告人の暴行によって被害者に脳出血が生じ、その後第三者が加えた暴行により脳出血を拡大させ被害者の死期を幾分早めたばあいであっても、被告人の暴行と被害者の死亡との間に因果関係がある（最決平二・一一・二〇刑集四四巻八号八三七頁）。

3　学説

通説は、相当因果関係説をとっているが、さらに判断基底の問題をめぐって主観説・客観説・折衷説に分かれる。結果的加重犯における因果関係の問題は、それ自体としては特殊性はなく、総論における因果関係論に解消されていると見てよい。

三　責任主義との調和

責任主義との調和に関して、見解が分かれている。すなわち、傷害と死亡との間に相当因果関係があれば足りるとする説は、その論拠を次のことに求めている。すなわち、重い結果の基礎には故意行為が存在する点において、純粋の結果責任と異なること、一般の故意犯と法律上、差異がなく、軽傷の故意で重傷を負わせたばあいに、その重い結果について罪責を問われるのと同じであること、過失ないし予見可能性を必要とする成文上の規定が存在しないこと、結果的加重犯においては、類型的事実として重い結果の発生がみとめられるので、客観的予見可能性があり、純粋の結果責任とは明らかに異なること、実質的に見ても、この見解に従っても苛酷な責任追及とはならないことに根拠が求められているのである。

これに対して、結果を予見しなかったことにつき行為者に過失があるとき、あるいは、結果の発生につき予見可能性があるときにのみ、責任を追及できるとする通説は、その論拠を次のことに求めている。すなわち、責任主義を貫徹するために、結果的加重犯の成立を限定すべきであること、因果関係の存在が肯定された後に責任主義・責任原理が問題となるのであり、反対説は、この点を看過しており妥当でないことに、根拠が求められているのである。

わたくしは、通説の立場を支持するものである。

第六款　同時傷害と共犯例（二〇七条）

一　二〇七条の趣旨（存在根拠）

同時犯は、すべての犯罪について可能であり、それぞれの単独犯として処罰すれば足りる。そして、結果犯（実質犯・侵害犯）にあっては、刑事法上の基本的原則である「疑わしきは被告人の利益に」（in dubio pro reo）の法原理に従い、その結果の発生がいずれの行為者によってもたらされたかが明らかでないばあいには、全員が「未遂犯」として処罰されることになる。もちろん、未遂犯を処罰する規定があるばあいに限られる。未遂犯処罰規定がないばあいには、犯罪不成立ということになる。

ところが、二〇七条は、二人以上の者がそれぞれ暴行の故意で意思の連絡なくして同時行為によって人を傷害したばあいに、傷害に軽重があってそのいずれの行為者によって軽傷がもたらされ、いずれの行為者によって重傷が惹起されたかが証明されないとき、または、傷害をさせた者はあるが二人以上の者のうちの誰であるかが証明されないときには、全員を共同正犯者として取り扱うことを定めている。これは、傷害行為についての同時犯に例外をみとめるものである。それは刑法上の大原則に対する重大な例外をなすものであり、「嫌疑刑」をみとめるものであるとの批判も主張されている。

たしかに、この規定は刑法の原則の例外であるが、しかし、まったく合理的根拠はないとはいえない。

二　肯定説の論拠

肯定説は、二〇七条には次のような合理的根拠があるとする。すなわち、第一に、立証の困難を救済する制度としての意義を挙げている。暴行の故意による傷害の同時犯は、実際上、頻繁に生ずる。にもかかわらず、その傷害を生じさせた者、または、各行為者が惹起した傷の軽重を立証するのはきわめて困難であるばあいが多い。これを一般原則どおりに処理すると、現実に傷害の結果が発生しているのに暴行罪の罪責しか問い得ないことになって、具体的妥当性に欠ける。この意味において、本規定は「立証の困難」を救済するための制度としての合理性を有するといえる。

第二に、暴行罪と暴行による傷害罪との間には、一般的近接性がみとめられるので、行為者にとって必ずしも苛酷とはいえないことを挙げている。

立証の困難は、他の犯罪の同時犯についても同様に問題となり得る。たとえば、殺人や強姦致傷などにおいて因果関係の立証は容易ではないばあいがある。しかし、暴行罪と暴行による傷害罪には一般的近接性があり、両罪の故意は、実際問題として判然たる区別をつけ難いばあいが多いので、傷害の結果について暴行者全員に責任を負わせても不当に重く処罰したことにはならないといえる。

三　本規定の法的性格

二〇七条は、「共同して実行した者でなくても、共犯の例による」と定めている。この規定の法的性格の捉え方については見解が分かれている。

①共犯についての「法律上の推定」を定めたものと解する説は、傷害の結果またはその軽重につき法律上の推定をなすものであるとする。「挙証責任の転換」を定めたものと解する説は、②暴行と傷害または傷害の軽重との間の具体的因果関係の不存在の立証責任を被告人に負わせたものと解する。ただし、立証の程度については、「合理的な疑いを容れない」程度と解する立場と「証明の優越」で足りると解する立場とがある。③通説は、傷害の軽重および傷害について挙証責任を転換している点で訴訟法規の性格をもち、擬制によって共同正犯を拡張する点で実体法の性質をもつと解する。この説によれば、暴行と傷害または傷害の軽重との間の具体的因果関係の不存在の挙証責任を被告人に負わせるのは訴訟法上の問題であり、共同正犯でないものを共同正犯として扱うのは実体法上の問題であるとされる。④実体法上の一種の「擬制」を規定したものであると解する説は、本条は、裁判所の職権によっても証明が不可能なばあい、つまり反証の余地がないばあいに適用されるのであるから、推定ではなくて「みなす」規定であるとする。

法律上の推定説は、次の点で不当である。本来、「法律上の推定」は、要証事実そのものの証明を一般的に始めから不必要とするばあいをいい、本条のように証拠調の結果、証明が不可能であるばあいに個々的に立証の困難を救済するのとは異なる。かりに、傷害罪の責任を負わせる点が「法律上の推定」だとしても、それらの者を共同正犯として処断する点は、いかなる意味でも法律上の推定とはいえない。なぜならば、たとえ意思の連絡がなかったことが証明されても、なお共同正犯として処断されるからである。挙証責任の転換説は、傷害罪の責任を負わせる点は説明できるが、共同正犯とする点を説明できない。擬制説は、共同正犯とする点は説明できるが、傷害罪の責任を負わせる点を説明できない。というのは、それは立証不可能のばあいだけを規定しているからである。このように見てくると、本条は実体法としての性格と訴訟法としての性格（挙証責任の転換）を有するものと解するのが妥当であることが分かる。

　したがって、通説の立場が妥当である。

四　本規定の適用範囲

本条は例外規定であるから、その適用範囲については厳格に解釈されるべきであり、安易に拡張的適用をみとめてはならない。

1　暴行行為の時間的・場所的関係

二人以上の者の暴行行為の時間的・場所的関係については、「場所的および時間的に近接していること、ないし、同一機会といえるばあいであること」が必要であると制限的に解すべきである（通説）。

　判例によれば、本条は、二人以上の者が共同行為ではなくて、各別に暴行を加えて他人を傷害し、しかも、傷害の軽重または傷害を生じさせた者を知ることができないばあいについての規定であり、その暴行が同時、同所でおこなわれたかどうかを問わないとされる（大判昭一一・六・二五刑集一五巻八二六頁）。しかし、下級審の判例には、通説と同様に、時間的・場所的接着性または同一機会を要求するものもある（札幌高判昭四五・七・一四高刑集二三巻三号四七九頁）。

2 「人を傷害した場合」の意義

「人を傷害した場合」の意義について見解が分かれる。すなわち、傷害（二〇四条）のばあいに限るべきであるとする説および傷害致死（二〇五条）を含むとする説（判例・通説）が対立しているのである。

判例によれば、二人以上の者が、共謀しないで他人に暴行を加え、傷害致死の結果を生じさせたが、その傷害を生じさせた者を知ることができないばあいには、本条により、ともに傷害致死罪の責任を負うとされる（最判昭二六・九・二〇刑集五巻一〇号一九三七頁）。

本条の立法趣旨からすると、「傷害」のばあいに限る説が妥当であるとおもう。文理上も、「傷害」となっていて「傷害の罪」とはなっていないので、本説のように解するのが妥当であるといえる。

強姦致死傷（一八一条）・強盗致死傷（二四〇条）などのように、傷害が結果的加重犯ないし結合犯の形で構成要件に取り込まれている犯罪については、本条の適用はみとめられない（判例・通説）。判例は、二人以上の者が共謀しないで強姦し、被害者に傷害を与えたが、傷害を与えた者が不明のばあいは、本条の適用はないとする（仙台高判昭三三・三・一三高刑集一一巻四号一三七頁）。

第七款　暴行罪（二〇八条）

一　罪質（法益）

本罪は、人の身体に不法な物理力を行使することによって「身体の安全ないし平穏」を害する犯罪である。社会生活上、他人に物理力を行使する例は多いが、それが身体に対する不法な攻撃としての性質をおびるときに、暴行罪となる。

昭和二二年法一二四号による改正前の刑法においては、その法定刑は「一年以下の懲役若くは科料」であり、親告罪とされていた。改正により、法定刑が重くなり非親告罪となったが、これは、「人格犯」の観点から人の身体に対する攻撃を重要な侵害行為として把握するようになったからである。

二　「暴行」の意義

1　暴行罪における暴行の意義

本罪が「傷害の罪」の章の中に規定されていることから見て、暴行は「人の身体」に向けられたものに限られる。したがって、本罪の暴行の意義を定義すると、「人の身体に対する有形力ないし物理力の不法な行使」ということになる。

人の身体に向けられたものであるかぎり、その物理力が直接、身体に加わらなくても、暴行となる。たとえば、他人をめがけて投石したが、その石が当たらなかったばあいでも、暴行罪は成立するのである。

2　刑法における「暴行」の意義

刑法上、「暴行」という言葉が随所で使用されており、しかも、それは一義的ではない。それを包括的に見ておく必要があるので、便宜上、ここでその内容を整理しておくことにする。

(1)　最広義の暴行

最広義の暴行とは、「人または物に対する有形力ないし物理力の不法な行使」をいう。すなわち、人に対すると物に対するとを問わない有形力の行使である。たとえば、騒乱罪（一〇六条）・多衆不解散罪（一〇七条）における「暴行」

がこれに当たる。このばあいには、建造物に向かって石を投げたり、建造物や器物を破壊したり、物品を略奪したりする行為それ自体で、「暴行」とされるわけである。内乱罪（七七条）における「暴動」も内容的にはこれとほとんど同じであると見てよい。

騒乱罪における暴行が最広義の暴行に当たるとされるのは、このような有形力の行使でなければ騒乱罪の保護法益である「一地方の社会生活の平穏」を侵害できないからである。

(2)　広義の暴行

広義の暴行とは、「人に向けられた有形力ないし物理力の不法な行使」をいう。すなわち、人に向けられていれば足り、必ずしも人の身体に対して有形力が加えられることを要しない。直接的には物に対して有形力が加えられても、その物との関連において特定の人を目標とするようなばあいをも含む。たとえば、公務執行妨害罪・職務強要罪（九五条第一・二項）、加重逃走罪（九八条）、逃走援助罪（一〇〇条第二項）、強要罪（二二三条第一項）などにおける「暴行」がこれに当たる。

判例によれば、公務員が令状によって適法に押収して積み込んだ煙草（タバコ）をその公務員の面前でトラックから投げすてる行為は、公務員に対する暴行であるとされる（最判昭二六・三・二〇刑集五巻五号七九四頁）。

公務執行妨害罪・職務強要罪や逃走罪のばあい、国権の任に当たっている者（公務員）に対して有形力を行使することによって、その国権作用を害することができる。強要罪のばあいも行動の自由が侵害される点に重要性があるので、被害者に対する有形力の行使があれば足りる。つまり、これらの犯罪の保護法益は、広義の暴行によって侵害され得るのである。

(3)　狭義の暴行

狭義の暴行とは、「人の身体に対する有形力ないし物理力の不法な行使」を意味する。たとえば、特別公務員暴行陵虐罪（一九五条）・同時傷害の特例（二〇七条）・暴行罪（二〇八条）における暴行がこれに当たる。

これらの犯罪の保護法益は「身体の安全性ないし平穏」であるから、身体に向けられた不法な有形力によって侵害され得るのである。

(4)　最狭義の暴行

最狭義の暴行とは、「人の有体に向けられ、しかも人の反抗を抑圧し、または、人の反抗を著しく困難にする程度の有形力の不法な行使」をいう。たとえば、強制わいせつ罪（一七六条）・強姦《かん》罪（一七七条）・強盗罪（二三六条）・事後強盗罪（二三八条）における暴行がこれに当たる。かつて通説は、これらすべてについて相手方の反抗を抑圧する程度の有形力の行使を必要とすると解した。しかし、現在の通説・判例は、強姦罪・強制わいせつ罪における暴行は反抗を著しく困難にするものであれば足りるとして、意思の制圧の程度を緩和している。

判例は、強姦《かん》罪における暴行は「被害者の抗拒をいちじるしく困難ならしめる程度のものであることをもって足り」るとし、（最判昭二四・五・一〇刑集三巻六号七一一頁）、強制わいせつ罪における暴行は「正当の理由なく他人の意思に反して其の身体髪膚《はつぷ》に力を加ふるの謂《いい》にして、固《もと》より其の力の大小強弱を問ふことを要するものに非ず」とする（大判大一三・一〇・二二刑集三巻七四九頁）。

強盗罪については恐喝罪との区別が必要であるが、強制わいせつ罪・強姦《かん》罪については他罪との区別の必要性はないので、保護法益である「性的自由」を侵害するに足りる有形力の行使があればよい。したがって、現在の通説・判例のように、強姦《かん》罪・強制わいせつ罪においては、意思抑圧の程度を緩和するのが妥当である。

三　暴行罪の暴行に当たるか

暴行罪の暴行に当たるかどうかは、有形力・物理力の概念内容の把握いかんにかかっている。この点について、有形力を狭く解する立場は、打撲・加圧・組付き・引っ張りなど力学的作用によるものに限定する。これに対して、有形力を広く解する立場は、有形力を広義の物理力と解し、力学的作用のほか、音響の作用・光・熱・電気・臭気などのエネルギー作用および病原菌・毒物・腐敗物・麻酔薬などによる化学的・生理的作用をも含める。

争われる事例として、まず、催眠術の施用がある。この点について、挙動による物理的作用として捉えて有形力の行使と解する立場と物理的エネルギーだけを作用させるのではなくて、心理的作用を内容とするので、有形力の行使とはいえないとする立場が対立している。心理作用に主眼があり、言葉による暗示力が重要であるので、後説が妥当であると解する。

次に、詐称誘導がある。この点について、被害者の行為を利用した暴行罪の間接正犯と解する説とこのばあい有形力の行使はないとする説とが対立している。被害者の行為を物理的作用と捉えるのは形式的にすぎるので、後説が妥当であると解する。

さらに、有形力が直接、他人の身体に触れることの要否が争われている。客観的に見て相手方の身体に作用する危険がきわめて大きく、かつ、作用したばあいの生理的苦痛がきわめて大きいと予想されるので、被攻撃者に著しい恐怖心を起こさせるような物理力の行使は暴行に当たる。したがって、身辺に向けられた投石や狙撃であっても、身体から離れていて、通常、相手方に恐怖を感じさせないものは、暴行ではない。自動車でことさらに人の身体に接触しそうにかすめて通るのは、暴行である。

四　判例において暴行罪における暴行に当たるとされた事例

暴行に当たるとされた行為として、手で他人の肩を押して土間に転落させる行為(大判大一一・一・二四評論一一刑法九頁)、人の着衣をつかんで引っ張り、またはとり囲んで自由を拘束し、電車に乗るのを妨げる行為(大判昭八・四・一五刑集一二巻四二七頁)、室内において他人の身辺で太鼓や鉦《かね》を連打して意識を朦朧《もうろう》とさせる行為(最判昭二九・八・二〇刑集八巻八号一二七七頁)、労働争議に際し、組合員数十名でスクラムを組み、非組合員である女子五名をとり囲んで、労働歌を高唱し掛声で気勢をあげながら、約20分間にわたって、押し・体当りを加える行為(最判昭三二・四・二五刑集一一巻四号一四三一頁)や狭い室内で人を脅すために日本刀の抜き身を振り回す行為(最決昭三九・一・二八刑集一八巻一号三一頁)などがある。

五　他罪との関係

1　性質上、暴行に当たるべき行為について他の特別規定があるときは、その規定が適用される(たとえば、逮捕行為)。ただし、その規定を充足しない未遂行為は、暴行罪となり得る。すなわち、逮捕罪は継続犯であるので、人の身体の自由を侵害することが多少の時間、継続する必要があるため、一瞬時の拘束は、即成犯としての暴行罪を構成するのである(大判昭七・二・二九刑集一一巻一四一頁)。不法監禁の状態を維持・存続させるために、つまり、逃亡を防ぐ手段としてなされた暴行は、監禁罪に吸収されるが、別個の動機・原因からなされたものであるばあいには、暴行罪が別に成立する(最判昭二八・一一・二七刑集七巻一一号二三四四頁)。

2　暴行を構成要件要素に包含する犯罪のばあい、本条(二〇八条)の暴行に当たる行為が手段としておこなわれたときは、つねにその暴行は吸収される。たとえば、暴行を手段とする公務執行妨害罪は、二〇八条の暴行罪を吸収する(大判昭二・二・二七評論一六刑法二六頁)。

3　団体または多衆の威力を背景とする暴行、凶器を示す暴行、数人共同しておこなう暴行、常習的暴行は、「暴力行為等処罰ニ関スル法律」によって刑が加重される。

第八款　危険運転致死傷罪（二〇八条の二）

一　罪質

本条は、平成一三年一一月に刑法の一部改正（法一三八号）により新設された。業務上過失致死傷罪は、道交法違反罪との併合罪加重をしても上限は懲役七・五年でしか対処できなかったので、①飲酒運転や無謀な高速度運転などによる悪質・重大な交通事犯が頻発していること、②故意に危険運転行為をおこなっている実態は、過失犯よりもむしろ暴行による傷害・傷害致死罪に準ずる犯罪とすることが適当であること、③被害者感情や一般予防の観点から一定の重罰化が要求される社会的要請があることなどを立法理由として改正法が成立したのである。このような観点から、本条は、業務上過失致死傷罪（二一一条）の中にではなく、二〇八条の二として傷害の罪の章中に位置づけられているのである。

危険運転行為は、暴行に準ずるものとして捉えられているため、致死罪の法定刑の下限は二〇五条よりは低く、一年以上の有期懲役とされている。

本条の罪は、故意の危険運転行為を「基本行為」として致死傷という「重い結果」を発生させたばあいに重く処罰する「結果的加重犯」である。通常の結果的加重犯においては、基本行為は刑法典の別個の条文に規定されているが、本条のばあいには、基本行為それ自体が本条に規定されている点に本罪の特徴があるのである。本条に規定されている基本行為は、①酩酊運転、②制御困難運転、③未熟運転（以上一項）、④妨害運転、⑤信号無視運転（以上二項）であり、これらに対応する道交法上の犯罪としては、①酒気帯び運転、②最高速度違反、③無免許運転、④割り込み禁止、⑤信号無視を挙げることができるので、本条の罪は、形式的には、これらの道交法違反の罪の結果的加重犯であるともいえる。しかし、本条の罪が前提としている基本犯は、これらの道交法違反行為のうちでも高度に危険な故意の違反行為であるから、実質的には異なるのである。

二〇八条の二第一項の罪は、運転者の意思によっては的確に自動車の進行を制御することが困難な状態でなされる危険運転行為による致死傷罪について、①酩酊運転致死傷罪、②制御困難運転致死傷罪および未熟運転致死傷罪の三つの犯罪類型を規定している。本条二項は、運転者による自動車の進行の制御自体に問題はないが、特定の相手方や特定の場所・状況との関係において危険性の高い危険運転行為による致死傷罪の二つの犯罪類型を規定している。

二　酩酊運転致死傷罪

本罪は、アルコールまたは薬物の影響により正常な運転が困難な状態で自動車を走行させ、よって、人を死傷させる罪である。薬物とは、麻薬、覚せい剤等の規制薬物に限らず、シンナーや睡眠薬など「正常な運転が困難な状態」を生じさせる薬理作用のあるものをいう。道交法上の酒酔い運転罪にいう「正常な運転ができないおそれのある状態」では足りず、酩酊の影響により、現実に、前方注視やハンドル、ブレーキの操作が困難な心身の状態となることが必要である。本罪の基本行為は故意行為であるから、自己が「正常な運転が困難な状態」であることを認識する必要がある。

三　制御困難運転致死傷罪

本罪は、進行を制御することが困難な高速度で自動車を走行させ、よって、人を死傷させる罪である。「進行を制御することが困難な高速度」とは、速度が速すぎるため、道路の状況に応じて進行することが困難なことをいう。たとえば、急カーブ、幅員が狭い等の道路の状況、車の性能、過積載等の車の状況により、わずかな操作ミスによって自己の車を進路から逸脱させて事故を生じさせるような速度での走行をいう。

四　未熟運転致死傷罪

本罪は、進行を制御する技能を有しないで自動車を走行させ、よって、人を死傷させる罪である。「進行を制御する技能を有しない」とは、基本的な自動車操作の技能を有しないことをいう。それは、無免許であることを意味するのではなくて、要するに、運転技術の欠如を意味するのである。

五　妨害運転致死傷罪

本罪は、人または車の通行を妨害する目的で、通行中の人または車に著しく接近し、かつ、重大な交通の危険を生じさせる速度で自動車を運転し、よって、人を死傷させる罪である。「走行中の自動車の直前に進入し」とは例示であり、割り込み、幅寄せ、あおり、対向車線へのはみ出し行為などによって、他車のハンドル操作を誤らせて死傷事故を起こすような事態を意味する。「妨害する目的」とは、相手方に衝突を避けるための急な回避措置をさらせるなど、相手方の自由かつ安全な通行の妨害を積極的に意図することをいう。したがって、なんらかの事情でやむなく割り込み、相手方の通行を妨害することを認識しているばあいはこれに含まれない。「重大な交通の危険を生じさせる速度」とは、妨害行為の結果、相手方と接触すれば大きな事故を生じることとなるような速度をいう。

六　信号無視運転致死傷罪

本罪は、赤色信号またはこれに相当する信号（道交法六条一項、同法施行令四条・五条参照）を殊更に無視し、かつ、重大な交通の危険を生じさせる速度で自動車を運転し、よって、人を死傷させる罪である。「殊更に無視し」とは、およそ赤色信号に従う意思のないばあいをいう（最決平二〇・一〇・一六刑集六二巻九号二七九七頁）。赤色信号であることを見落したばあいや、信号の替り際で赤色信号であることを未必的に認識しているばあいは含まれない。「重大な交通の危険を生じさせる速度」については、上に述べたことを参照されたい。

七　罪数

危険運転行為が道交法に違反するばあい（たとえば、酒酔い運転）、道交法違反の部分は本罪に吸収される。本条一項前段の酩酊運転の結果、居眠り運転をして前方不注視となり、本条二項後段の赤色信号を無視して死傷事故を起こしたばあいには、本条の包括一罪が成立する。ただし、同時に、無免許運転でもあったばあいには、道交法違反の罪とは併合罪となる。危険運転行為につき暴行罪が成立するばあい、本条は、二〇四条、二〇五条の特別類型であるから、本条が成立する。

八　危険運転致死傷罪新設に関する参考人意見陳述

本項は、平成一三年一一月七日午前九時三十分開催の第百五十三回国会衆議院法務委員会における意見陳述を収録したものである（法務委員会議録第九号）。

○**保利委員長**　これより会議を開きます。

内閣提出、刑法の一部を改正する法律案を議題といたします。

本日は、本案審査のため、参考人として、全国交通事故遺族の会会長井手渉君、明治大学法学部教授川端博君、弁護士高井康行君、以上三名の方々に御出席をいただいております。

この際、参考人各位に委員会を代表して一言ごあいさつを申し上げます。

参考人におかれましては、御多用中のところ本委員会に御出席をいただきまして、まことにありがとうございます。それぞれのお立場から忌憚のない御意見をお聞かせいただき、審査の参考にいたしたいと存じますので、よろしくお願いいたします。

次に、議事の順序について申し上げます。

まず、井手参考人、川端参考人、高井参考人の順に、各十五分程度御意見をお述べいただき、その後、委員の質疑に対してお答えをいただきたいと存じます。

なお、念のため申し上げますが、発言の際は委員長の許可を得ることになっております。また、参考人は委員に対して質疑をすることができないことになっておりますので、あらかじめ御承知おきいただきたいと存じます。

それでは、まず井手参考人にお願いいたします。〔以下、省略〕。

○**保利委員長**　ありがとうございました。

次に、川端参考人にお願いいたします。

○**川端参考人**　私は、刑法、刑事訴訟法を専門に研究している者でございます。本日は、この法案に関しまして参考人として意見を述べさせていただくことを非常に光栄に存じております。それと同時に、研究者の立場から意見を申し上げて、御参考に供させていただきたいと存じます。

危険運転致死傷罪を刑法典の中に規定することの意義ということが、まず、研究者としては非常に関心のあるところでございます。

本罪を特別法ではなくて基本法である刑法典に規定するのは、重大な犯罪として国民一般にこれを知らしめる、そういうことで、法体系のあり方として非常に望ましい、私はそのように考えております。そういった意味で非常に大きな意味を持っていると思います。これは、刑法が行為規範あるいは行動規範として現実に作用するということに対する大きな作用をもたらすものであります。

それから、従来、刑法学、刑法理論は、被害者の立場に対して必ずしも十分な配慮がなされてきていないという現状がございます。今回の法案は、この被害者の立場を考慮するべきことを要求する国民意識を反映したものとして高く評価されるものだ、このように考えております。国会の場において国民意識を基礎にこういう形での立法がなされることを、私は研究者の一人として切望しているものでございます。

本法案の特徴でございますが、二点ございます。一つは、本罪を特殊な結果的加重犯という犯罪類型として規定していることであります。それから第二点は、業務上過失致傷罪のうち自動車運転による軽傷事犯について刑の裁量的免除を認めようとしている点でございます。そこで、これらの問題に絞ってお話をさせていただきたいと存じます。

まず、結果的加重犯としての問題点でございますが、従来、刑法におきましては責任主義という強い原則がございまして、それに従って、できるだけ行為者の行為責任という観点から責任追及をする、こういう規定が設けられてきております。

行為責任と申しますのは、行為者が自分の意思に基づいて行動して、それによって発生した結果に対して責任を追及するのだ、こういう原理原則でございます。これは近代刑法学の大原則となっておりまして、諸外国でもそういう原則が刑法典を貫いております。

結果的加重犯と申しますのは、発生した結果が重いから刑罰を重くしよう、こういう犯罪類型でございます。そうしますと、今言った責任主義という観点からするとかなり疑問が出てくるということで、刑法学会でもかなり反対意見が強うございます。そういったことから、刑法典におきましては、結果的加重犯というのは例外的にこれを認める、こういう立場をとってきております。

ですから、刑法典の中で結果的加重犯規定というのは非常に少のうございます。その典型例として、イメージとして思い起こしていただきますとわかりやすいと思いますが、傷害致死罪がございます。傷害行為、これが原因となって死亡という重い結果を生じさせたから、それを理由にして非常に重く処罰しております。

そういったことからいたしますと、今回、この危険運転致死傷罪というのを刑法典に規定するということは、ある意味で極めて例外的な犯罪類型をここに規定する、立法するということになりますので、刑法学の観点でも非常に大きな関心と、それと同時に反対意見ももちろん強うございます。

そういったことがありますけれども、私としては、合理的な理由がある限りにおいて、これを刑法典に規定するのは極めて有意義である、このように考えております。

そこで、この合理的理由としてまず挙げられます点は、基本行為としての危険運転行為が極めて悪質である、こういう場合であります。今回の立法案で規定されている危険行為、これは極めて悪質なものが選別されて規定されております。

それから、事故によって発生する結果が重大であるということであります。これは運転行為によって重大な死傷という結果が生じた場面でございますので、この点でも十分な理由がある、このように考えます。

それから、業務上過失致死傷罪として処罰することによって、従来、刑の不均衡が生じてきております。どんなに結果が重くても、これはあくまでも過失犯ですから、過失犯として処罰する以上は重くはできない、こういう配慮のもとで現行法が規定されております。そういったことで、どんなに重くても、併合罪加重をいたしましても七年という形で処罰することしかできない、こういうことがございまして、今回の立法の背景として大きな意味を持ってきたわけでございます。そういった処罰の不均衡、刑が軽過ぎるということを考慮した上で今回この法案として提出されたということで、非常に合理性を持ったものである、このように考えております。

それから、先ほど、特殊な結果的加重犯規定だということを申し上げましたけれども、本来の刑法典における結果的加重犯といいますのは、基本行為が既に刑法典の中で処罰されている行為類型で、それに基づいて重い結果が発生した場合に重く処罰する、こういう形をとっております。傷害罪につきましても、暴行、傷害というのが既に刑法典で処罰されていて、それによって死亡という結果が生じた、こういう場合に、その重い結果を理由にして重く処罰する、こういうことでございます。

ところが、今回の危険運転致死傷罪の場合には、危険運転行為それ自体は刑法典には規定がございません。それに類するのは道交法に幾つかありますが、今回の立法案におきましては、道交法のそれぞれの行為をそのまま取り入れたのではなくて、その中でもさらに悪質なものという形で、刑法典の中に入れるに当たって基本行為を絞り込んでおります。そういった特徴がございます。

本罪における危険運転行為でございますが、そういったことで、極めて悪質な、そして構成要件としても絞り込まれた形で取り込んでいるということで、先ほど、結果的加重犯というのが例外的な性格を有するということを申し上げたわけですが、それに適合する規定の仕方である、こういうように評価することが可能であろうと考えられます。

それから、構成要件を明確にするという点でございますが、これは、刑法の大原則であります罪刑法定主義というものがございまして、これによって認められている構成要件の明確化という要請がございます。犯罪行為につきましては、できるだけ国民一般がわかりやすいようにその内容をより明確に規定する、こういう要請がございます。これを構成要件の明確化という形で言っておりますが、その要請にも合致するものだというように考えます。したがいまして、こういった点で、構成要件の明確化という要請ということにも十分配慮がなされているという評価が可能だと思います。

さらに具体的に申しますと、「運転が困難な状態で」ということで、これは、道交法の場合よりもアルコールあるいは薬物の影響というものがより明確化されております。「正常な運転が困難」という形でこれが示されております。それから、「進行を制御することが困難な高速度で」ということもまた、明確化するという要請に合致するものでございます。それは単なる高速度というのではなくて、車の進行を制御できないような状態という形でその中身を明らかにするという工夫がなされております。それから、「進行を制御する技能を有しないで」ということでございますが、これは単に無免許ということではございません。その進行の制御に関する能力ということをここで具体化していることになるわけでありま す。

それから、「通行を妨害する目的で」ということで、これは目的犯の規定として案が提示されております。この目的犯というのは、確かに主観面を考慮に入れますから問題はないわけではないのですが、その目的があったかどうかということで犯行を絞り込むということで、刑法の立法に当たっては重要な意味を持つものと理解されております。そういった点でも評価できるだろうと思います。

それから、法定刑の適正化の問題がございます。

傷害致死罪と傷害罪との対比で申し上げますと、これは資料にも出ておりますが、死亡の場合には一年以上の懲役ということでございます。これは一年以上十五年以下ということになります。かなり重くなっているということになります。傷害致死の場合では二年以上ということで、傷害致死に比べて下限の方は一年低くしておりますが、上限は同じ十五年ということで、かなり重い法定刑だということが言えるかと存じます。

それから、傷害の場合ですが、傷害罪の場合には十年以下の懲役と三十万円以下の罰金または科料ということになっておりますが、本罪につきましては罰金、科料の部分が排除されております。したがいまして、懲役刑だけでございます。そういったことでもかなり重く規定されている、こういうことが言えるわけでございます。

そういったいろいろな点を考慮いたしますと、この結果的加重犯としての規定につきましては、私は研究者として、適正なものである、こういうように考えている次第でございます。

それから第二点、刑の裁量的免除の点についてでございます。

この刑の免除と申しますのは、もう御案内のとおり、法的性格といたしましては有罪判決の一種であります。したがいまして、犯罪性の認定はできるわけであります。そして、これが犯罪であるということは、明らかに有罪判決の一種として肯定することが可能になる性格のものでございます。そして、実際上意味を持ちますのは、これは実務上、不起訴処分をするに当たっての理由の重要な目安となるということがございます。

なぜ自動車運転による業務上過失致傷罪に限定するのかという点が問題になってまいります。これは二百十一条の第二項という形で規定する案でございます。

業務上過失致傷というのは、いろいろな犯罪類型がございまして、いろいろな生活場面で生じてくる致傷罪を処罰の対象にしております。これに対しまして、自動車事故につきましては、かなり数が多うございますし、それから行為類型、行為態様、そういった類型化が可能な部分がかなりございます。そういったことで、ほかの業務上過失致傷罪とはかなり性格が違うという点がございます。

それから、自動車運転が日常化しているということで、我々のかなりの生活場面において交通事故が発生する危険が多くなっておりまして、先ほどもお話がございましたように、我々は加害者となると同時に被害者となる可能性というのを非常に多く秘めているわけでございます。そういった中で、加害者が交通事故を起こして、結果が軽いという場面での対応をどうするかという点がここで重要な問題となってまいるわけでございます。

傷害の程度が軽いということが理由で刑の免除を認める場合でございますが、これは当然に免除されるべきだということではございませんで、要件として、「情状により」という要件が加わっております。この「情状により」というのはかなり厳しい要件でございます。ただ傷害の程度が軽いというだけではなくて、いろいろな観点から情状というのを考慮しなければならない、こういうことになります。

それで、刑の免除というのを認めるに当たっては、この情状ということがかなり重要な意味を持ってまいります。

そこで、まず考えられますのは、過失の程度が重い場合、こういった場合にはこの適用を認められないということになります。

この適用が認められないという場合をほかに考えてみますと、悪質な行為態様ということで、いわゆる意図的な信号無視とか無理な追い越し、こういった場合ですね。

先ほどの過失の程度が軽くないという場合ですが、これはいわゆる交通三悪でございます。飲酒、無免許、著しい速度超過を伴う事故、こういったものは当然排除されることになります。

それから、行為後の事情として、ひき逃げ行為が加わったり、犯行の隠ぺい工作、それから反省の色がないとか、そういったような状況が加わった場合にも当然適用が排除される、こういうことになります。

それから、被害者との対応関係におきまして、真摯な対応をしたかどうか、それから被害者が強い処罰要求の意思を持っているかどうか、こういうことが適用排除という場面で強く作用するものと考えられます。

刑の免除の刑法理論的な観点からの基礎をどう考えるかという点について若干説明させていただきます。

まず、ここでは「傷害が軽いときは」ということと「情状により」という条件が示されているわけですが、これは刑法理論上どういう意味を持つのかという点についてお話しさせていただきます。

まず、違法性の次元ですが、ここで法益侵害というのが決定的な意義を有するわけでございます。理論の中心的な要素として、現在、刑法学会その他でも、実務判例もそうでございますが、結果の重大性というのが極めて違法性の程度に影響を及ぼすということでございます。そういった観点から、この場合には傷害の程度が低いということで実質的違法性の程度が低くなっているということが言えます。

それから、違法性の次元で、行為態様ということがまた重要な意味を持ちます。これは判例通説の立場でございますが、行為態様というのも重要視すべきだ、こういうことになっております。

それから、責任の段階ですが、責任の段階でも重要な意味を持ちますのは、行為者の真摯な行動というものが責任非難の程度を弱めていく、低めていく、こういうことがございます。そういった意味で、この非難可能性を弱めるものとして、改悛の情を示しているかどうかとか、あるいは真摯な示談交渉に及んでいるか、それから被害者に対する思いやりを示しているかどうか、こういったような諸事情がございます。情状として言う場合には、これらを総合的に判断することになります。したがいまして、捜査の段階におきましても、こういった諸事情については十分な捜査が必要である、こういうように考えております。

時間でございますので、終わらせていただきます。（拍手）［発言がそのまま再現されて公開されているので、加筆修正はしないことにした］。

○保利委員長　ありがとうございました。

次に、高井参考人にお願いいたします。［以下、省略］。

第九款　凶器準備集合罪（二〇八条の二）

一　立法趣旨

本罪は、いわゆる暴力団犯罪対策の一環として昭和三三年に新設されたものである。当時、暴力団などの勢力争いに付随しておこなわれた、いわゆる殴り込みのために相当数の員数が集合して、人心に著しい不安の念を抱かせ、治安上憂慮すべき事態が多く発生したにもかかわらず、その段階でこれに対処すべき法規が欠けていた。そのため、事後に予想される殺傷事犯などを未然に防止することが不可能であったのである。このような暴力団の行動に対処するために新設された本規定ではあるが、適用される主体に関してまったく制限がつけられていないので、いわゆる過激派学生などの政治的暴力事件に対して多く適用されており、いわゆる「治安刑法」としての役割を果たしていることに注意しなければならない。

二　保護法益（罪質）

凶器準備集合罪は、直接的な加害行為の前段階である集合行為を禁圧して生命・身体・財産を保護しようとするものである。したがって、個人的法益としての殺人罪・傷害罪・建造物損壊罪・器物損壊罪などの予備罪的性格をもつとともに、公共的な社会生活の平穏を侵害するという公共危険罪的性格をもっている。

このように種々の法益を本罪が包含していることはみとめられているが、そのいずれに重点をおくべきかということについては争いがある。

①個人的法益説は、犯罪としての本質は、個人的法益である生命・身体・財産を保護する点にあり、騒乱罪・多衆不解散罪などのような社会生活の平穏を侵害する犯罪とは罪質を異にすると解する。したがって、治安上の必要とか政策的考慮とかを理由にして、本罪を、あたかも社会生活の平穏を害する犯罪であるかのように解釈・運用してはならないとされる。②社会的法益説は、本罪の性質は、「暴力行為等処罰ニ関スル法律」違反の罪に近いので、むしろ社会的法益に対する罪の色彩が濃いとする。立法当時と異なり、過激な街頭集団行動の鎮圧・取締りにしばしば本条の罪が適用されている今日では、社会的法益に重点がおかれているとされる。③折衷説（通説）は、本罪が、「傷害の罪」の章の中に規定されていることを考慮し、さらに立法趣旨を考え合わせると、第一次的な保護法益は個人の生命・身体・財産という個人的法益であり、第二次的な保護法益は公共的な社会生活の平穏という社会的法益であると解する。このように見解が分かれているが、わたくしは、通説と同様に解している。

三　構成要件

1　構成要件的行為

集合罪（第一項）の構成要件的行為は、二人以上の者が、生命・身体または財産に対して共同して害を加える目的で集合したばあいに、凶器をみずから準備し、または、他にその準備のあることを知って集合することである。結集罪（第二項）の構成要件的行為は、第一項における目的をもって集合したばあいに、みずから凶器を準備し、または、他にその準備のあることを知って、人を集合させることである。

2　共同加害の目的

(1)　加害の対象

本罪は、目的犯の一種であり、加害の目的の対象は生命・身体または財産である。これは制限的列挙と解すべきであるから、自由・名誉などは含まれない。また、無体財産権その他財産上の無形の利益も、本罪の行為の性質（有形的侵害行為）から見て、ここにいう「財産」に含まれない。しかし、生命・身体・財産に対するものであるかぎり、個人的法益に対する罪でなくてもよい。たとえば、公務執行妨害罪や放火罪のように、国家または公共の法益に対する加害の目的をもつ罪でもよい（通説）。

(2)　共同加害の意義

「共同して害を加える」目的とは、共同実行の形で加害行為を遂行する意図を意味する（通説）。したがって、数人の者が加害行為を共謀し、その中の一人に実行させるような共謀共同正犯の形態のばあいは除かれる。積極的に攻撃を加える意図をもっているばあいはもとより、万一、攻撃を受けたときには共同してこれに応戦・反撃する意図をもっているばあいも包含される（最決昭三七・三・二七刑集一六巻三号三二六頁）。いわゆる迎撃形態の本罪において、行為者が相手方の襲撃の蓋然性ないし切迫性を認識していなくても、襲撃があり得ることを予想し、襲撃があった際には迎撃して相手方の生命、身体または財産に対して共同して害を加える意思があれば、共同加害目的がある（最判昭五八・一一・二二刑集三七巻九号一五〇七頁）。

3　集合行為

(1)　共同加害の目的をもって集合すること

集合するとは、二人以上の者が、共同加害の目的をもって、時および場所を同じくして集まることを意味する。その際、他人もまた自己と共通の目的を有することを認識して集合しなければならない。しかし、凶器の準備についてまで相互認識を必要とするものではないとされる。集合行為は、自発的なものでも、他人の誘いに応ずる形のものであっても、差支えない。

(2) 凶器を準備して集合すること、または、凶器の準備があることを知って集合すること

「凶器の準備」とは、凶器を必要に応じていつでも本罪の加害行為に使用することができる状態におくことをいい、必ずしも凶器を把持または携帯する必要はない。使用できる状態にあれば足りるから、準備の場所と集合の場所または加害行為の場所とが同一である必要はない。判例によれば、すでに一定の場所に集まっている二人以上の者が、その場で凶器を準備し、またはその準備のあることを知ったうえ、他人の生命、身体または財産に対し共同して害を加える目的を有するに至ったばあいは、本条にいう集合に当たるとされる（最決昭四五・一二・三刑集二四巻一三号一七〇七頁）。

4　凶器の意義

(1) 意義

凶器とは、人を殺傷することができる特性を有する器具をいう。凶器には「性質上の凶器」と「用法上の凶器」とがある。性質上の凶器とは、銃砲刀剣類のように、その本来の性置上、凶器と考えられるものをいう。用法上の凶器とは、鎌や棍棒などのように、本来の性質上は凶器ではないが、用法によっては凶器としての性質をもつものをいう。

(2) 本条にいう凶器に当たるか

性質上の凶器が本条にいう凶器に当たることはもちろんである。用法上の凶器のすべてがこれに当たると解すべきかは問題である。判例は、人を殺傷する可能性を有する器具であっても、「社会の通念に照らし人の視聴上、直ちに危険の感を抱かしむるに足るもの」でなければ凶器に当たらないとする（大判大一四・五・二六刑集四巻三二五頁。旧衆議院議員選挙法九三条第一項［公選法二三一条第一項に類似する規定］に関する事案）。判

例のこのような限定は、凶器概念が不当に拡大するのを防止するものとして妥当なものであると考える。このような観点からすると、縄・バンド・手拭《ぬぐ》いないしタオル。ステッキなどは、視聴上ただちに危険の感を抱かせるものとはいい難いので、凶器には当たらないことになる。

下級審の判例は、用法上の凶器として、玉突の棒、洋傘《がさ》の芯棒《しんぼう》、くり小刀、バット、アイスピックなどをみとめてきている。最高裁の判例は、長さ一メートル前後の角棒は凶器に当たるが（最判昭四五・一二・三刑集二四巻一三号一七〇七頁）、他人を殺傷する用具として利用する意図のもとに準備されたダンプカーは、他人を殺傷する用具として利用される外観を呈しておらず、社会通念に照らしてただちに他人に危険感を抱かせるに足りないときは、凶器に当たらないとしている（最決昭四七・三・一四刑集二六巻二号一八七頁）。

5　結集行為

(1)　意義

結集とは、凶器を準備し、または、凶器のあることを知って集合させることをいう。「集合させる」とは、他人に働きかけて集合罪における集合という状態を作り出すことを意味する。

(2)　結集罪と集合罪の教唆との関係

結集罪は集合状態を作り出すことであるから、集合罪の教唆となり得るばあいがあり、両者の関係を明らかにしておく必要がある。集合する者が凶器を準備し、または凶器の準備のあることを知っていなくても、集合させる者につき結集罪の成立を妨げないので、相手（集合する者）に集合罪の実行の決意を生じさせたり、これを実行させたりすることは、本罪の成立要件ではない。したがって、結集罪は、集合罪の教唆からはみ出る行為をも包含するとされる。

結集罪は集合罪より重く処罰されているので、集合行為につきとくに主導的な役割を演ずる者に対して、結集罪の成立をみとめるべきである。このような地位にない者が個々的に集合を誘うのは、たんに集合罪の教唆となるにすぎないとされる。

四　他罪との関係

集団が現実に人の生命・身体・財産に対する共同加害行為を開始したばあいに、その罪に本罪が吸収されるかどうかが問題とされる。これを段階的に考えると、次のようになる。

1　集合の段階

集合の段階では、共同加害の対象が何であるかによって、殺人予備（二〇一条）または放火の予備（一一三条）などが成立し、これらは観念的競合となる。なぜならば、本罪は公共危険罪的性格を併せもつ独立の犯罪であるからである。

本罪は継続犯であると解すべきであるから、集合状態が存続しているかぎり、現行犯として逮捕できるし、公訴時効も進行しない。

2　加害行為の実行段階

本罪が成立した後、加害行為が実行の段階に至ったとき、本罪はなお継続するか。この点につき、判例は、「兇器準備集合罪は、個人の生命、身体または財産ばかりでなく、公共的な社会生活の平穏をも保護法益とするものであるから、右『集合』の状態が継続するかぎり、同罪は継続して成立しているものと解するのが相当である」とする（最決昭四五・一二・三刑集二四巻一三号一七〇七頁）。

このばあい、加害行為と本罪との関係につき、これを牽連犯と解する立場と併合罪と解する立場とがある。主観的にも客観的にも目的・手段ないし手段・結果の関係がみとめられるので、牽連犯と解するのが妥当である。

なお、銃砲刀剣類所持等取締法・爆発物取締罰則・火薬類取締法違反の罪と本罪とは併合罪であるとされる（最判昭二六・二・二七刑集五巻三号四六六頁）。

第四節　過失傷害の罪

第一款　罪　質

過失犯は、刑法上、例外的に処罰される（三八条第一項）。法定刑も故意犯に比べて著しく軽い。従来、道義的責任論の見地から、過失犯は故意犯よりも「反道義性」が少ないとされたからである。しかし、私見によれば、過失犯は故意犯よりも違法性の程度および責任の程度が低いので、その法定刑は故意犯よりも軽くされているのである。すなわち、**法益侵害の確実度**という点において、過失犯は故意犯より程度が低く、責任の実質をなす「**法敵対性**」ないし「法敵視性」という点において過失犯は故意犯より程度が低いといえる。

従来、故意犯の方に重点がおかれてきたが、最近、業務上過失致死傷事件（とくに交通事犯）が激増するに及んで、理論上も実際上も過失犯の問題が重視されるようになってきている。

過失致死傷罪の成立要件は、①人の死傷という結果の発生、②行為と結果との間の因果関係の存在、③注意義務違反である。

第二款　犯罪類型

過失傷害の罪の犯罪類型は、過失傷害罪（二〇九条）、過失致死罪（二一〇条）、業務上過失致死傷罪（二一一条前段）および重過失致死傷罪（二一一条後段）、自動車運転過失致死罪（二一一条二項）から成る。

第三款　過失傷害罪

本罪が成立するためには、傷害の結果・暴行の点について表象または認容のなかったことが必要である。傷害について表象・認容があれば傷害罪が成立する。暴行の点について表象・認容があれば、暴行罪の結果的加重犯としての傷害罪が成立する（判例・通説）。

第四款　過失致死罪

本罪を過失傷害罪の結果的加重犯でもあると解することも不可能ではないが、そのような理解は一般的でない。本罪の典型的事例として、母親が乳児に授乳中に眠ってしまい、乳房でその乳児を圧迫して窒息死させるばあい（大判昭二・一〇・一六刑集六巻四一三頁）が挙げられる。

判例上、製造元も性質も不明のアルコールを飲用として譲渡しようとする者は、確実な方法によってそれを飲用しても差支えないことを確かめる注意義務があるとされる（最判昭二三・一一・二五刑集二巻一二号一六三八頁）。また、多量に飲酒すると病的酩酊に陥り、心神喪失の状態で他人に害悪を及ぼす危険のある素質を自覚する者は、その原因となる飲酒を抑止または制限するなど、危険の発生を未然に防止すべき注意義務があるとされる（最［大］判昭二六・一・一七刑集五巻一号二〇頁）。

第五款　業務上過失致死傷罪

一　総説

業務上過失致死傷事件の発生数が、増加してきている。その原因の一つは、いわゆるモータリゼイションの急成長による**交通事故の激増**である。ほかの一つは、産業技術の発展にともなう**工場災害の多発**である。このような原因による業務上過失致死傷事件の増大は、従来の過失犯論に大きな影響を与え、過失犯の理論的な捉え直しを迫っている。これをうけて、現在、刑法学において**新旧過失犯論争**が展開されているが、わたくしは新過失犯論を支持している。

業務上過失致死傷罪（二一一条）は、過失致死傷罪（二〇九条・二一〇条）の加重類型である。それは、「業務上必要な注意」を怠ったことを理由に、「通常、必要とされる注意」を怠ったばあい（軽過失）に比べて、刑が加重されているのである。

なぜ、業務上の注意を怠ると刑が加重されるのであろうか。この問題を考察する前に、ここにいう「業務」の意義を明らかにしておく必要がある。なお、刑法上、「業務」という言葉は、ほかでも使用されているが、それぞれ意味・内容に違いがある。それは、その規定の目的論的解釈によって決定される。つまり、保護法益の侵害との関連で定まるのである。

二　「業務」の意義

判例は、文理から離れて、かなり拡張的に「業務」の意義を理解している。すなわち、判例によれば、「人が社会生活上の地位に基き反覆継続して行う行為であつて、かつ、その行為は他人の生命、身体等に危害を加える虞《おそれ》あることを要するけれども、行為者の目的がこれによつて収入を得るにあるとその他の欲望を充たすにあるとは問わないと解すべきである」とされる（最判昭三三・四・一八刑集一二巻六号一〇九〇頁）。事案は、狩猟免許をもっている者が、娯楽のためにおこなった狩猟行為の際に、他人に傷害を負わせたというものである。

判例は、大審院時代に、業務が社会生活上の地位に基づいて反覆継続しておこなわれるものであることを、すでに明らかにしていた（大判大八・一一・一三刑録二五輯一〇八一頁、大判大一二・八・一刑集二巻九号六七三頁、大判昭一〇・一一・一六刑集一四巻一八号一一一四頁など）。しかし、そのばあい、業務といえるためには主事務との密接な関係を要するとしていたのであるが、徐々にその関係の程度を緩和してきたのである。そして、前記の最高裁の判決によって、その関係は不要とされ、その代り、社会生活上の地位に基づく行為であることが必要とされることとなった。そこで、まず、判例のあげる諸要件を分析的に見ていくことにする。

1　社会生活上の地位に基づくこと

「社会生活上の地位」という表現は、本来、社会生活上の活動である職業・営業・職務などをほかから区別するために使用されたものであるが、この要件をかなりゆるやかに解するのが判例の一般的傾向である。学説もこれを追認する傾向にあるが、疑問なしとしない。

2　危険性のある事務であること

業務上過失致死傷罪の業務が、生命、身体に対して危険を及ぼすおそれのある事務であることを要するということは、学説によって早くから指摘されてきた。危険な事務は、行為が、それ自体として直接、生命・身体に危険を生じさせる性質のものばかりでなく、危険を生じやすい生活関係において、予想される危険の発生を防止することを期待される地位（保護者・物の管理者などの地位）に基づいてある仕事をしているばあいをも含むとされている。

危険事務の例をいくつか見ておくことにしよう。まず①交通関係として、電車・船舶の運行、運行のための車両などの整備・点検、軌道その他の運転施設・保安機構の管理・運営に関する事務、②医療関係においては、医療行為として医師のおこなう手術・投薬、看護婦が医師の指示に従っておこなう注射などの補助的行為、③薬品・医薬部外品の販売、④土木工事その他の保安機構の運営、⑤各種危険物の製造、保管、販売、運搬、⑥旅館・飲食店などにおける食品の製造、保管、販売、運搬など保護者的地位に基づく事務の例、⑦乳児院・保育園・幼稚園・学校などにおける児童・生徒に対する教育・監護の事務が挙げられる。

3　反復継続性

反復継続性とは、客観的に、同種の行為が相当回数くり返されており、かつ、それが当該行為をくり返しておこなう意思に基づいてなされていることをいう。将来、当該行為をくり返しておこなう意思のもとに、ある行為を開始したとみとめられるかぎり、ただ一回であっても、反復継続の意思をもってなしたものと解されている。

本来の事務と関係のない娯楽のために行為するばあい、短い期間に頻繁にくり返されるということはあまり考えられないので、とくに反復継続性の有無が問題となる。この点について、判例は、娯楽の目的で免許を受けた者が銃で猟をおこなうことも業務であるが（最判昭三三・四・一八刑集一二巻六号一〇九〇頁）、平素は自転車やスクーターを使って注文取りや商品の配達などをしていた者が、たまたま正月休みに、友人から借りた乗用自動車を運転することは業務に当たらないとする（東京高判昭三五・一二・一二高刑集一三巻九号六四八頁）。

三　通常の過失犯より刑が加重される理由

業務上過失致死傷罪は、通常の過失致死傷罪よりも法定刑が重くなっている。なぜ、このような刑の加重がなされるのであろうか。この点について、学説・判例上、次のように、見解の対立がある。すなわち、①業務者には特別に高度な注意義務が課せられているからであるとする通説・判例（大判大三・四・二四刑録二〇輯六一九頁、最決昭二六・六・七刑集五巻七号一二三六頁）、②この種の犯罪にあっては、被害法益が重大であるか、または、被害者が多数であることが多いので、違法性の程度が高いからであるとする説、③業務者は、通常人よりも広い範囲にわたって結果を認識・予見する能力をもっているので、結果の発生に対して責任が重いからであるとする説および④業務者一般に警戒させるため、つまり一般予防の見地から加重がなされるとする説（政策説）が主張されているのである。

法益侵害の危険を有する事務に継続的・反覆的に従事する者は、法益侵害の結果を惹起しやすい立場にあるので、不注意による法益侵害の結果を防止するために、そのような業務者に特別に高度の注意義務が課され通常人よりも重い責任が課されていると解すべきである。このようにして、わたくしは、通説・判例を支持する。

第六款　重過失致死傷罪

重過失とは、注意義務の重大な懈怠をいう。すなわち、わずかな注意を払えば事実を認識することができ、かつ、結果の発生を回避することができたにもかかわらず、このような注意義務を怠ることである（東京高判昭三九・三・一八東時一五巻三号四〇頁参照）。判例によれば、無免許、酩酊運転をして人の雑踏する場所に自動車を乗り入れ、しかも、前方注視を怠ったばあいには、重大な過失があるものというべきであるとされる（最決昭二九・四・一裁判集刑九四号四九頁）。

第七款　自動車運転過失致死傷罪

本罪は、自動車の運転上必要な注意を怠り、よって人を死傷させる罪である。法定刑は七年以下の懲役もしくは禁錮または一〇〇万円以下の罰金。ただし、その傷害が軽いときは、情状により、その刑を免除することができる（二一一条二項）。

一　意義

本罪は、従来、業務上過失致死傷罪として扱われてきた犯罪類型を自動車運転の領域に特化して規定された特殊類型である。すなわち、二一一条二項は、平成一九年の刑法の一部改正（法律第五四号）によって自動車運転過失致死傷罪として新設されたものなのである。これは、自動車運転による死傷事故の事案の実態に即した適正な科刑を実現するために、自動車の運転上必要な注意を怠って人を死傷させた者に対する罰則を強化することを目的として新設されたものであるとされている。

二　保護法益

本罪の保護法益は、人の生命・身体の安全である。本罪は、自動車運転による過失致死傷だけを対象とするものであり、過失致死傷罪の加重類型である。

三　加重処罰の根拠

自動車運転者の過失が、とくに重く処罰される根拠は、次の点に求められている。すなわち、①自動車運転による過失致死傷事犯について、その量刑や法定刑が「国民の規範意識」に合致しないとして罰則の強化を求める意見が強くなっており、法定刑や処断刑の上限近くで量刑される事案が増加していること、②他の車両、歩行者などが往来する道路などにおける自動車の運転は、「自動車の性状、形状」などからすると、人の生命・身体を侵害する危険性が類型的に高いことに加え、鉄道事故などと比べて事故防止には、機械化され組織化された安全確保システムよりは、むしろ基本的に運転者個人の注意力に依存するところが大きいことに求められているのである。そのため自動車運転者にはとくに重い注意義務が課せられることになったわけである。

四　本条の適用範囲

本条は、運転が「業務」であるかどうかを問わず適用される。すなわち、自動車の運転上必要な注意を怠り、人を死傷させた者については、運転が業務に当たらないばあいであっても、本条により重く処罰されるのである。

五　行為

本罪の行為は、自動車の運転上必要な注意を怠り、よって人を死傷させることである。

「自動車」とは、原動機によりレールまたは架線を用いないで走行する車両をいう。具体的には道交法上の自動車と原動機付自転車を指す。

「運転」とは、自動車を動かす行為をいう（二〇八条の二における運転と同義である）。すなわち、それは、自動車の運転者が、自動車の各種装置を操作し、そのコントロール下において自動車を動かす行為を意味し、発進に始まり、停止で終わる。

道交法上「運転」は、道路において車両等をその本来の用法に従って用いることをいうが（同法二条一七号）、本条は、道路上の事故に限定されず適用される。このような違いが生ずるのは、道交法が道路における危険を防止することなどを目的とする法律である（同法第一条）のに対して、本罪は人の生命・身体の安全を保護法益とする犯罪であり、両者はその趣旨を異にしていることに由来する。

「自動車の運転上必要な注意」とは、自動車の運転者が、自動車の各種装置を操作し、そのコントロール下において自動車を動かすうえで必要とされる「注意義務」を意味する。

注意義務の具体的内容は、業務上過失致死傷罪などのその他の過失犯と同様に、個別具体的な事案に即して認定されるが、これまで自動車運転による過失致死傷事犯として業務上過失致死傷罪によって処理されてきたものは、「業務上必要な注意」、すなわち、自動車運転という業務をおこなううえで必要とされる注意義務を怠り、人を死傷させたものであるから、一般的に、「自動車の運転上必要な注意を怠り、よって人を死傷させた者」として、本罪に当たることになる。

本罪が成立するばあいには、業務上過失致死傷罪は成立しない。なぜならば、両者は特別法と一般法の関係にあるからである。酒酔い運転または酒気帯運転中に本罪を犯したばあいには、本罪と道交法違反の罪との併合罪となる。

六　自動車による軽い致傷のばあいの刑の免除（二一一条二項ただし書き）

平成一三年の刑法改正により、自動車運転過失致傷罪について、「傷害が軽いときは、情状により、その刑を免除することができる」とする規定（二一一条二項）が新設された。

自動車の普及にともなって、国民の日常生活において自動車運転過失致傷事犯が増加し、多くの国民が加害者となる可能性も増大している。そのような状況の下において、軽微な事案についても刑罰を科することは、多くの国民に過大な負担を強いることとなりかねない。そこで、「傷害が軽いとき」には、裁量的な「刑の免除」をみとめ、科刑からの解放の道を開いたのである。軽傷事犯は、検察官の訴追裁量によって起訴猶予とされることが多いであるから、本項ただし書きは、実際に適用されることはあまりないと考えられるが、起訴猶予処分に「実体法上の根拠」を与える機能を有すると解されている。

この規定は、自動車過失致傷罪の新設にともない二一一条二項ただし書きとして維持されることとなったのである。

第五節　堕胎の罪

第一款　罪質（保護法益）および犯罪類型

堕胎罪における保護法益は、第一次的には胎児の生命・身体の安全であり、第二次的には母体の生命・身体の安全である。たんに婦女の生命・身体の安全が保護法益であるとすれば、とくに堕胎罪の規定がなくても、殺人罪や傷害罪などの規定でまかない得る。逆に、胎児の生命・身体の安全が保護法益であるとするならば、婦女を死傷に致したばあいを重く処罰している規定（二一三条後段・二一四条後段・二一六条）の存在理由を合理的に説明できないことになる。

堕胎を犯罪として処罰すべきかどうかは、立法論上、問題がある。すなわち、本罪は、非犯罪化論の対象とされる犯罪類型なのである。たんに性道徳の頽廃《たいはい》を防止するために本罪の必要性を説くのは、必ずしも妥当ではあるまい。むしろ、女性の「産む自由」・「産まない自由」の尊重という観点から議論がなされるべきであろう。しかし、そのばあい、胎児は刑法上、保護に値しないとの立場をとらざるを得なくなる。はたして、そこまでドラスティックに割り切ってよいのか、疑問なしとしないといえる。

堕胎の罪の犯罪類型は、堕胎罪（二一二条）、同意堕胎罪・同意堕胎致死傷罪（二一三条）、業務上堕胎罪・業務上堕胎致死傷罪（二一四条）および不同意堕胎罪・不同意堕胎未遂罪・不同意堕胎致死傷罪（二一五条・二一六条）から成る。

第二款　堕胎行為

堕胎とは、自然の分娩期に先立って人為的に胎児を母体から分離することをいい、その結果、胎児が死亡したか否かを問わない（大判明四四・一二・八刑録一七輯二二八二頁）。通説もこれと同旨である。堕胎罪の成立には胎児の発育の程度を問わず（大判昭二・六・一七刑集六巻二〇八頁）、妊娠一ケ月位の胎児でも堕胎罪の対象となり得る（大判昭七・二・一刑集一一巻一五頁）。堕胎の方法には制限がない。したがって、薬物を使用しようとその他の方法によろうと差支えない。

人工的に胎児を母体外に排出するばあい、排出された時に堕胎は既遂となる。

堕胎により胎児が死なずに生まれたばあいに、これを殺害すると、堕胎罪と殺人罪の併合罪となる（大判大一一・一一・二八刑集一巻七〇五頁）。

第三款　堕胎罪と母体保護法による妊娠中絶

一　母体保護法一四条

次のばあいの一つに該当する者に対して医師が本人および配偶者の同意を得て「人工妊娠中絶」をおこなうことは、是認されている。

1　妊娠の継続または分娩《ぶんべん》が身体的または経済的理由により母体の健康を著しく害するおそれのあるもの

2　暴行もしくは脅迫によってまたは抵抗もしくは拒絶することができない間に姦淫されて妊娠したもの

二　母体保護法上の「人工妊娠中絶」の意義

母体保護法上の「人工妊娠中絶」とは、「胎児が、母体外において、生命を保続することのできない時期に、人工的に、胎児及びその付属物を母体外に排出すること」をいう（二条二項）。

これは、刑法上の堕胎に含まれる。堕胎の方が概念としては広い（なぜならば、時期の制限がないからである）。

三　人工妊娠中絶の種類

人工妊娠中絶の種類には、医学的適応による人工妊娠中絶（前掲1のうち身体的理由によるもの）、経済的適応による人工妊娠中絶（前掲1のうち経済的理由によるもの）および倫理的適応による人工妊娠中絶（前掲2）がある。

四　人工妊娠中絶の法的効果

法令による行為（三五条）として違法性が阻却される。実際においては、経済的適応による人工妊娠中絶が圧倒的に多く、堕胎罪処罰が有名無実になっているといわれる位である。

第四款　自己堕胎罪

本罪の主体は、「妊娠中の女子」、つまり、妊婦に限られる。したがって、本罪は身分犯であり、妊婦であることによって基本犯である不同意堕胎罪より刑が減軽されているので、不真正身分犯である。

妊婦が他人に承諾を与え、または嘱託して堕胎してもらったばあい、その妊婦につき本罪が成立する。

第五款　同意堕胎罪

本罪の主体に限定はない。本罪が成立するためには、妊婦の嘱託・承諾の存在が必要である。これは、不真正身分である。

第六款　業務上堕胎罪

本罪の主体は、医師、助産婦、薬剤師、医薬品販売業者に限られる。これは、不真正身分である。本罪についても、妊婦の嘱託・承諾の存在が必要である。

第七款　不同意堕胎罪

本罪においては、妊婦の嘱託・承諾のないことが必要とされている点で、他の堕胎罪の構成要件と異なる。業務上堕胎罪の主体に当たるべき者が、妊婦の嘱託・承諾なしに堕胎をおこなえば、本罪が成立するのであって、業務上堕胎罪が成立することとなるのではない。

第六節　遺棄の罪

第一款　罪　質

遺棄罪は、老年者・幼年者・身体障害者・病者が生活に必要な行動をみずからおこをうことに不自由であるために保護を必要とするにもかかわらず、これらの者を無保護の状態におくことによって、その生命・身体に危険を生じさせる罪である。

本罪は抽象的危険犯であるのか具体的危険犯であるのか、が争われている。抽象的危険犯説は、本罪は、扶助を要する老年者、幼年者、身体障害者または病者を遺棄することによってただちに成立し、現実に被遺棄者の生命、身体に対する危険を発生させたことを要しないとする（大判大四・五・二一刑録二一輯六七〇頁）。これに対して具体的危険犯説は、本罪が成立するためには、被遺棄者の生命・身体を害する具体的危険の発生が必要であるとする。わたくしは、人格犯としての特性を重視する観点から具体的危険犯説を支持している。

第二款　犯罪類型

遺棄の罪の犯罪類型は、単純遺棄罪（一般遺棄罪）（二一七条）、保護責任者遺棄罪（二一八条）および遺棄致死傷罪（二一九条）から成る。

第三款　客　体

本罪の客体は、老年、幼年、身体障害または疾病のため扶助を必要とする者である。「扶助を必要とする者」とは、他人の助けを借りなければ、みずから日常生活をいとなむのに必要な動作をおこなうことが不可能ないし著しく困難であるために、自己の生命・身体に対して生ずる危険を回避できない人をいう。これは、単なる経済的困窮者を含まない。

判例によれば、扶助を要すべき者とは、老年、幼年、身体障害または疾病によって精神上または身体上の欠陥があり、他人の扶持助力がなければ、みずから日常の生活をいとなむべき動作をすることができない者をいう（大判大四・五・二一刑録二一輯六七〇頁）。

要扶助状態の原因は、老年、幼年、身体障害または疾病によるばあいに限定される。したがって、これは、制限列挙である。疾病は、その原因を問わない。負傷・妊娠・飢餓・疲労・飲酒・麻薬使用などがその例である。判例は、高度の酩酊者も、病者に当たるとする（最決昭四三・一一・七判時五四一号八三頁）。

第四款　遺棄行為

一　「遺棄」概念

次のように見解が分かれている。

通説は、狭義の遺棄とは、要扶助者を場所的に移転すること（移置）をいい、広義の遺棄とは、移置のほかに、要扶助者を従来の場所に置いたままで立ち去ること（置き去り）やその他の方法で要扶助者の生命・身体に危険を生じさせることをいうと解している。これに対して、反対説は、狭義の遺棄とは、みずからの作為によって被遺棄者の従来の状態を、その生命・身体にとって危険にするように積極的に変更することをいい、広義の遺棄とは、行為者と要扶助者との間に場所的離隔を生じさせ、要扶助者の生命・身体にとって危険な状態を作り出すことをいうと解している。わたくしは、通説を支持する。

二　単純遺棄罪および保護責任者遺棄罪における「遺棄」行為

単純遺棄罪の遺棄行為は狭義の遺棄であり、保護責任者遺棄罪の遺棄行為は広義の遺棄である。

保護責任者遺棄罪における遺棄行為が広くなるのは、行為者に保護義務があるばあいには、たんに要扶助者を保護のある状態から無保護状態に変更することによって、生命・身体に対する危険を生じさせることができるからである。これに対して通説は、狭義の遺棄以外の遺棄をすべて不作為と解し、保護責任者に対してのみ不作為の成立をみとめる。

第五款　保護責任遺棄罪（二一八条）

保護責任者遺棄罪は、保護責任を有する者が遺棄をおこなう犯罪であり、行為者に保護責任があるために単純遺棄罪よりも刑が加重される。したがって、本罪は、不真正身分犯である。

保護責任の発生根拠として次のものがあげられる。すなわち、まず①「法令に基づくもの」であり、その例として親権者の監護義務（民八二〇条）、親族の扶養義務（民八七七条以下）、警察官の保護義務（警察官職務執行法三条）などが挙げられる。次に②「契約・事務管理に基づくもの」であり、その例として子守契約などのように保護ないし監護を内容とする契約が挙げられ、判例によれば、幼児を養子として貰《もら》いうけ、自宅に引き取った者は、養子縁組に関する法律上の手続きを履行したかどうかを問わず、その幼児を保護すべき責任を負う（大判大五・二・一二刑録二二輯一三四頁）。「事務管理に基づくもの」の例として病者を引き取り、自宅に同居させたばあい（大判大一五・九・二八刑集五巻三八七頁）などが挙げられる。

最後に③「一般慣行・慣習ないし条理に基づくもの」であり、その例として、先行行為によって生ずるばあいが挙げられる。判例は、自動車運転者が、過失によって通行人に歩行不能の重傷を負わせたときは、病者を保護すべき責任がある、とする（最判昭三四・七・二四刑集一三巻八号一一六三頁）。しかし、この点は「ひき逃げ」との関係でさらに検討が必要である。

第六款　生存に必要な保護（二一八条）

生存に必要な保護をしないとは、場所的離隔をともなわずに要扶助者の日常生活における行動に必要な保護を与えないことをいう。保護をしないこととは不作為を意味するから、本罪は真正不作為犯であり、また、保護責任者についてのみ成立するので、本罪は真正身分犯である。

第七款　遺棄致死傷罪（二一九条）

本罪は、二一七条および二一八条の罪の結果的加重犯である。本罪における故意について、判例は、本罪の成立には、要扶助者に対して必要な保護をしないことの認識があれば足り、その生命・身体に危害を加えるという意思があることは必要でないとする（大判昭三・四・六刑集七巻二九一頁）。被遺棄者・要扶助者の生命・身体に対する危害の発生を表象・認容したばあいは、殺人罪または傷害罪が成立し得る（通説・判例、大判大四・二・一〇刑録二一輯九〇頁）。

判例によれば、産婦人科医師が、妊婦の依頼を受け、みずから開業する医院で妊娠第二六週に入った胎児の堕胎をおこない、右堕胎により出生した未熟児に保育器などの未熟児医療設備の整った病院の医療を受けさせれば、園児が生育する可能性のあることを認識し、かつ、右の医療を受けさせるための措置をとることが迅速容易にできたにもかかわらず、同児を保育器もない自己の医院内に放置したまま、生存に必要な処置をとらなかった結果、同児を死亡させたばあい、業務上堕胎罪のほかに保護責任者遺棄致死罪が成立する(最決昭六三・一・一九刑集四二巻一号一頁)。

第七節　学校事故における教師の刑事責任に関する問答

第一款　序　説

学校事故とは、通常は、学校の構内で発生した事故を意味する。ここでは、学校の敷地や構築物等の施設の内外を問わず、学校の行事や教師の教育等に関連してなされた教師の行為に起因する各種事故を学校事故として広く解することにする。各種事故をこのような学校事故に関連して生じた生徒等の生命・身体に対する侵害をめぐって、教師の罪責について具体的な質問に答えるという形で、解説を加える。その際、できるだけ分かりやすくするために、口語体で叙述し、具体的に把握するように努め、その内容についての解説も平易な表現になるように努めた。

学校事故において生徒の生命・身体を侵害する罪に関して教師の罪責が問題となる犯罪類型は、主として暴行罪、傷害罪、傷害致死罪や業務上過失致死傷罪である。具体的な行為態様や行為状況、行為者の意思内容等でどの犯罪類型に当たるかが決まるし(構成要件該当性)、事情によっては違法性や責任(有責性)が阻却されて犯罪の成立がみとめられず、罪責を負わないばあいがあり得る。この点については、刑法総論の観点からの問題があるので、この点についてもその都度触れることにする。

第二款　傷害の罪の成否

一　度の過ぎた体罰で児童に傷害を負わせた教諭の刑事責任はどうなるか

質問

市立小学校六年生の教室で、教諭に告げ口をする級友を仲間はずれにする申合せをした児童四人に対し、担任教諭が、平手で顔面を殴打し、箱入りの書籍や木製定規で頭や背中を殴打し、さらに床に押し倒してその頭髪をつかんで床板に頭を打ちつけるなどの暴行を加え、それぞれ全治三日から一週間の傷害を負わせました。このようなばあい担任教諭は当然刑事責任を問われると思いますが、いかがでしょうか。

回答

1　担任教諭が教育的配慮の下に、担任の児童四名に暴行を加えたとしても、その教諭は傷害罪（刑二〇四条）の罪責を負います。

2　担任教諭が、平手で児童の顔面を殴打し、箱入り書籍や木製定規で顔や背中を殴打し、さらに床に押し倒してその頭髪をつかんで床板に頭を打ちつけるなどの暴行を加えて、それぞれ全治三日から一週間の傷害を負わせるなどということは、懲戒行為としての枠を明らかに踏みはずすものであり、とうてい刑事罰を免れるはずはありません。

裁判事例（長野地判昭五八・三・二九＝公立小学校体罰事件）

事実関係

教諭Aは、

①　担任クラスの教室内において、社会科の授業を実施中、児童Xが隣席の児童を見て笑顔を見せたことに憤激し、同女に対し、平手でその顔面を数回殴打し、箱入りの書籍や木製定規でその頭部や背部を数回殴打したうえ、同女を床上に押し倒してその頭髪を手でつかんでその頭部を床板に二、三回打ちつけるなどの暴行を加え、よって、同女に対し、全治約一週間の頭部打撲傷の傷害を負わせ、

②　学級会を開催中、児童Yらから、同女らが同組の児童Bを仲間はずれにする申合せに参加していたことを聞き出して憤激し、平手でYの顔面を十数回殴打したり、その前髪をつかんだままその頭部をその場にあった児童用机に二、三回押しつけるなどの暴行を加え、よって、同女に対し、全治約五日間の頭部・顔面打撲の傷害を負わせ、

③　引き続き、Yから前記申合せに同組の児童Zが加わっていたことを聞き出すや、前同様憤激し、平手でZの顔面を二〇回位殴打する暴行を加え、よって、同女に対し、全治約三日間の鼻出血を伴う頭部・顔面打撲の傷害を負わせ、

④　さらに続いて、同組の児童Wが前記申合せに加わっていた旨申し出るや、前同様憤激し、手拳でWの顔面を数回殴打してその場に転倒させるなどの暴行を加え、よって、同人に対し、全治約五日間の鼻出血を伴う頭部・顔面打撲の傷害を負わせた。

暴行の原因

「本件被害児童のうち、Xは、前判示のように、授業中級友に対し笑いかけたというにすぎないのであり、しかも、その笑った理由はいかにも子どもらしいたわいのないものであって、被告人が同児童の真意について誤解するところがあったことを考慮に入れても、被告人の所為はいかにも短慮、粗暴に失するものといわなければならない」。

体罰の必要性なし―口頭による注意・指導で十分

「また、その他の被害児童三名に対する暴力行為は、先生にいわゆる告げ口をする級友を不快に思った右被害者らが右級友を仲間はずれにする旨申し合わせたという子ども社会にありがちな言動を理由とするものであって、さほど重大視すべきほどのものではなく、仮に右被害者らの言動が非行につながるおそれのある一面を具有していたとしても、それは口頭による注意、指導で十分足りたものと思われるのであって、右児童らに対する被告人の所為もまた著しく短慮、粗暴であるとのそしりを免れないものである」。

暴行の程度―無分別かつ残忍

「被告人は、全く無抵抗のこれら四名の児童に対して有無をいわせず、やにわに本件暴行に及んでいるのであり、その手口も、女子二名を含む三名の児童に対してそれぞれその両手を他の児童に取り押さえさせたうえでその顔面を平手または手拳で殴打したり、或いは、女子児童の頭（髪）をつかんで床に押しあてたり、あるいはまた、前記仲間はずれの申し合わせに参加したことを自ら正直に告白した児童に対してまでも容赦ない鉄拳制裁に及んでいるなど教師にあるまじきまことに無分別かつ残忍なものであって、成育途上にある被害児童らに与えた教育的悪影響には必らずしも軽視し難いものがある」。

体罰と学校教育法・正当な懲戒行為

「いわゆる体罰問題については、教育界の内外において、種々の論議がなされているが、わが国の学校教育法はこれを全面的に禁止しているのであり、本件におけるような、正当な懲戒行為の範囲を著しくこえる体罰は、当然、刑法上の処罰の対象となるものであって、このような所為が学校教育の特殊性ということをかくれみのとして、司法のらち外に置かれたまま放置されていることは許されない」。

体罰と一般の暴力事犯とは異質

「ただ、しかし、被告人は、その当否は暫く置くとして、少くとも主観的には、当該児童に対する一応の教育的配慮を含めて本件暴力行為に及んだものと認められるのであって、被告人の本件各所為が、真の学校教育という見地からして決して有益ではなく、むしろ却って悪影響をもたらすという結果を残したものであったとしても、本件が、およそ学校教育とは全く無関係になされた、市井の暴力事犯と全く同一のものであるとまで断ずるのは必ずしも相当ではない」。

裁判所の結論—傷害罪の成立を肯定

裁判所は、教諭Aの行為は傷害罪を構成するとして、Aの刑事責任を肯定している。

解説

懲戒行為と暴行罪

判例は、教諭が懲戒行為として生徒を殴打したばあい、原則的に暴行罪の成立をみとめています。しかし、軽微な殴打行為については、懲戒行為として刑法上、違法性が阻却されて暴行罪を構成しないと解する余地を残しております。それではご質問のような暴行行為はどうなるのかを考えてみましょう。

暴行罪と傷害罪との関係―結果的加重犯

裁判事例において、担任教諭Aに傷害罪の成立がみとめられていますが、これは、暴行罪の結果的加重犯として傷害罪の成立を肯定したものです。すなわち、まず、Aの行為は、刑法二〇八条にいう「暴行」に当たり、その違法性が阻却されないと判断されていることになります。もし仮に、暴行行為の違法性が否定されたとしますと、その行為を原因として傷害の結果が発生したとしても、刑法二〇四条の傷害罪は成立しません。そのばあいは、過失傷害罪（刑二〇九条）となります。このように、基本となる違法行為が原因となって、それよりも重い結果を引き起こしたことを理由にして重い刑罰が科せられる犯罪類型を結果的加重犯といいます。最初から生徒に傷を負わせる意思をもたずに生徒を殴打して、その結果として傷を負わせたばあいであっても、暴行罪ではなくて傷害罪の罪責を問われるのは、右の理由に基づいていています。

懲戒行為の要件

担任教諭の行為は懲戒行為として相当なものであったか否かを見ていくことにしましょう。懲戒行為は、懲戒の目的をもってなされなければなりません。そこで、まず、担任教諭の行為の動機・目的を検討する必要があります。担任教諭Aは、憤激して生徒を殴打していますが、憤激していたからといって、ただちに懲戒の目的がなかったと速断すべきではないでしょう。といいますのは、教育的観点から憤激することがあり得るわけで、憤激と懲戒目的は併存し得るからです。Aが憤激した理由は、生徒Xが授業中に笑ったこと、生徒Y・Z・Wが級友Bを仲間はずれにする申合せに参加していたこと、にあります。一般的にいえば、授業中に授業と無関係に笑うのは妥当でなく、何らかの注意を受けて然るべき行為であります。また、級友を仲間はずれにする申合せに参加するのは、現在、教育の現場で非常に問題になっている「いじめ」にほかならず、これについても教諭としては、何らかの教育上の措置をとる必要があります。そうしますと、このような行為を原因として懲戒がなされても、けっして不当ではないことになります。しかし、裁判事例に掲げた判例は、Xは笑いかけたにすぎず、その理由も「子供らしいたわいないもの」であるから、Aが暴行に及んだのは「いかにも短慮、粗暴に失する」としています。また、級友を仲間はずれにする申合せは、「子供社会にありがちな言動」で「重大視すべきほどのものではな（い）」と判断しております。仲間はずれにする申合せを重大視する必要はないとする判断には、おそらく異論が出てくることとおもいます。その点は、これから大いに議論される必要があるでしょう。

懲戒行為の必要性

しかし、判例は、右のばあいには「口頭による注意、指導で十分に足りた」と解しています。わたくしもこれと同様に考えております。これは、懲戒行為の必要性の問題です。懲戒の理由が存在していても、具体的場合には、それをおこなう必要がないことがあります。すなわち、口頭で注意をするだけで十分であるのに、懲戒を加えたばかりに、逆に反抗されて教育効果を損うばあいも多いわけです。したがって、懲戒の理由があるからといって、かならずしもつねにその必要があるとはいえないことになります。

懲戒行為の相当性

つぎに、懲戒行為を理由に行為の違法性が阻却されるためには、懲戒行為として「相当な」ものでなければなりません。一般的には、体罰は許されるべきではないとされています。裁判事例は、この点につき「正当な懲戒行為の範囲を著しくこえる体罰は、当然、刑法上の処罰の対象となる」と判示していますが、これは、正当な懲戒行為の範囲内にあるとみとめられる体罰は違法性が阻却されることを前提にしています。つまり、懲戒行為としての相当性があれば、体罰も許されると解していることになります。ところが、ご質問においては、顔面を平手または手拳で殴打したり、頭髪をつかんで床板に頭を打ちつけたりするといった暴行行為がなされています。これは、明らかに懲戒行為として度を超しており、相当性がないとされるべきものであります。判例がいうように、これは「教師にあるまじきまことに無分別かつ残忍なもの」です。したがって、懲戒行為として是認されるべきではない体罰ということになります。それゆえ、Aの違法な暴行行為によって生徒X・Y・Z・Wにそれぞれ傷を負わせているので、傷害罪が成立します。

一般の暴力事犯との違い

このように教諭Aの行為は傷害罪を構成するわけですが、しかし、これは、一般の暴力事犯とは質を異にしています。すなわち、主観的にはあくまでも教育的配慮の下に暴力行為に及んでいますので、まったく教育とは無関係になされた暴力行為とは次元が違うといえます。裁判事例も、このことをみとめて量刑を通常の傷害事件より軽くしており、二〇万円の罰金に処しています。

参考判例

○小学校長及び教諭が児童に対して懲戒権をおこなうに当たっては、その職務上周到な注意を用い児童の身体を傷つけ健康を害うようなことのないよう注意する義務がある（大判大五・六・一五刑録二二輯一一一一頁）。

二　授業中、注意されて教室から逃げ出した生徒が、連れ戻される際に小発作を起こして失神したが、追跡連行した教諭に責任が及ぶか

質問

A教諭は、授業中に失笑するなど態度の悪い生徒を職員室に連行して注意しようとしたところ、生徒がこれを嫌って校舎外に逃げ出したのでこれを追跡し、連れ戻そうとしました。この時、生徒が興奮して抵抗し、小発作を起こして失神してしまいましたが、このばあい、A教諭には責任が及ぶでしょうか。

回答

A教諭の右の行為は、刑法上、傷害罪の構成要件に該当しますが、正当な業務行為に基づくものとしてその違法性が阻却されます。つまり、授業中に校舎外に逃走した生徒を連れ戻すのは、教諭としての正当な業務行為の一環をなすものであり、適法な行為とされるわけです。したがって、それに付随して生じた生徒の失神について罪責を

問われないことになります。

裁判事例（旭川地判昭三二・七・二七判時一二五号二八頁）

事実関係

保健科担当のA教諭は、授業中、生徒Xが、同級生Yの眼鏡をかけた姿を見て滑稽を感じて失笑したので、Xの学習態度は不謹慎であるとし、校長の面前で訓戒しようとして、職員室に連行しようとした。ところが、Xがこれを拒んで校舎外に逃避したので、Aは、これを追跡し、帰校を促したが、Xが路上に横臥して肯じないことから激昂し、Xの左手をつかんで引きずり、Xに対し、右前示連行、追跡等により生じさせた精神的興奮により脳神経症（ヒステリー発作）を発作させて、意識不明の状態に陥れた。

暴行と発作との因果関係あり
正当業務行為による違法阻却

Xの発作は、「Xの特異の体質に基因するヒステリー小発作で、その原因は被告人の前記暴行（足蹴）によるものでなく、これは、教室から逃げ出したXを教室に連れ戻そうとするための追跡、さらには、連行に応じない同人を抱き起したり、手を引張ったりした被告人の行為……から生じた精神的興奮、ショックによるものと認められる。しかして被告人の右の一連の行為が何等刑事責任を問わるべきものでなく、学校教師として、まさに、なすべき正当の業務によるものであることはまことに、弁護人所論のとおり違法性を欠き、暴行を以て論ずべきでなく、ひいて、Xの失神を被告人の責に帰せしめることはできない」。

特異体質の認識の有無―証拠不十分

「もっとも、右の場合、被告人において、Xの特異体質を認識（過失によって認識しなかったという点をも含め）していたらその責任はどうかという問題もあろうが、被告人においてその認識のあったということについては何の証拠もないので、あえて、これには触れない」。

裁判所の結論―教諭には刑事責任はない

裁判所は、生徒の失神は教諭が追跡・連行しようとした際に、生徒の特異体質に基づいて生じたものであり、追跡・連行は教諭としての正当業務行為に当たるため、違法性がなく、したがって、傷害罪を構成しないとした。

解説

問題の所在

裁判事例では、授業中に注意されて教室から逃げ出した生徒を教諭が追跡して連れ戻そうとした際に、その生徒が興奮して発作を起こして失神したことについて傷害罪が成立するかどうか、が争われました。検察官は、A教諭は、Xの左大腿部および左背部を足蹴にしてXに暴行を加えた事実もある旨を主張しましたが、裁判所は、この事実をみとめるに足りる証明がないとして、その存在を否定しております。そこで問題となるのは、教室から逃げ出したXを追跡し、さらに連行に応じないXを抱き起こしたり手を引張ったりする行為が暴行罪にいう暴行に当たるのか、暴行に当たるとしたばあい、Xが失神した点について傷害罪の罪責を負うことになるのか、という点です。

暴行罪の「暴行」に当たるか

まず、暴行罪（刑二〇八条）にいう暴行に当たるかどうかを見ていくことにしましょう。暴行罪における「暴行」は、判例・学説上、有形力・物理力を行使することを意味します。そうしますと、Aが、路上に横臥して反抗するXを連れ戻すために抱き起こしたり、手を引張ったりした行為は、まさしく有形力・物理力の行使といえますから、暴行に当たることになります。

失神は傷害罪にいう「傷害」に当たるか

ところで、失神状態を引き起こしたばあい、人の生理的機能に障害を生じさせたこととなって傷害罪（刑二〇四条）が成立します。傷害罪は、最初から傷害の故意をもって人を傷害したばあいのほか、暴行が原因となって傷害の結果を生じさせたばあいをも含むという点について、判例・学説は一致しております。つまり、傷害罪は暴行罪の結果的加重犯でもあるわけです。そこで、ご質問においてAの暴行行為とXの失神との間に因果関係があるかどうか、が問題となってきます。もし因果関係が存在しないとすれば、傷害（失神）はAの行為によるものとはいえないので、傷害罪の成立を考えるまでもないことになります。この点につき、裁判事例は、Xの発作はXの特異な体質に起因するヒステリー小発作であり、その原因は、連行に応じないXを抱き起こしたり、手を引張ったりしたAの行為にあるとみとめております。したがって、裁判事例は、Aの行為について傷害罪の構成要件該当性を肯定するものであると解すべきことになります。

暴行の違法性阻却

ところが、構成要件に該当する行為であっても「違法性」がなければ犯罪としては成立しません。暴行罪の結果的加重犯としての傷害罪についていいますと、基本行為としての暴行が違法でないとされたばあい、その行為から生じた傷害の結果も違法でないとされることになります。そこで、AがXに対しておこなった右の暴行が違法かどうか、がここで重要な問題点として浮かび上がってくるわけです。この点について、本判決は、次のように判示してAの行為の違法性を否定しています。すなわち、「被告人の右の一連の行為が何等刑事責任を問わるべきものでなく、学校教師として、まさに、なすべき正当の業務によるものであることはまことに、弁護人所論のとおり違法性を欠き、暴行を以て論ずべきでなく、ひいて、Xの失神を被告人の責に帰せしめることはできない」とされているのです。これは、Aの右の行為は教諭としての正当な業務行為であるから、刑法三五条によって違法性が阻却され、その結果、Xの失神の点についても違法性が阻却されて、傷害罪は成立しないということを意味するものです。この点について、さらに説明を加えることにしましょう。

正当業務行為による違法性阻却

刑法三五条は、「法令又は正当な業務による行為は、罰しない」と規定しています。法文上は「正当な業務」による行為と規定されていますが、判例・学説上、これは広義に解されています。すなわち、これは、狭義の業務上の行為だけではなく、一般に社会通念上「正当」とみとめられる行為を含むものと解されているわけです。そうしますと、刑法三五条は、法令に基づく行為と社会通念上「正当」とみとめられる行為は、構成要件に該当するが違法性がないとする旨を定めていることになります。Aの行為が、学校教育法上、みとめられている「懲戒権」の行使としてなされているのであれば、それは法令に基づく行為として違法性が阻却されます。しかし、裁判事例では、これを懲戒権の行使の問題として扱ってはおりません。あくまでも「正当業務行為」の問題と見ているのです。

正当な業務行為に当たるか

それでは、どういう意味においてＡの行為は正当業務行為と解されることになるのでしょうか。裁判事例において、Ａは、授業中に態度の悪い生徒Ｘを職員室に連れて行き校長の面前で訓戒しようとしましたが、Ｘが校舎外に逃げ出してしまったのでした。このばあい、Ｘを校長の面前で訓戒しようとしたことが、教諭として妥当な措置であったかどうかについて、教育効果上の観点からは異論はあるかもしれませんが、しかし、必ずしも不当であったとは考えられません。校舎外に逃走した生徒ＸをＡが追跡するのは、教諭として当然の行動であるといえます。生徒が授業中に校舎外に出て行くのを放置すべきでないからです。Ａは、教諭としてＸを学校内に連れ戻して訓戒を与えた後、学習活動に復帰させなければならない立場にあります。そうしますと、そのためになされたＡのＸに対する有形力の行使は、暴行罪の構成要件に該当しますが、教諭の正当な業務行為の一環としてその違法性が否定されなければならないことになります。言い換えますと、ＡがＸを連行するために、Ｘを抱き起こしたり手を引張ったりした行為は適法でありますから、それによってＸの失神がもたらされたとしても、それについて傷害罪の罪責を問われないということになります。

ところで、暴行罪ないし傷害罪の罪責を問われないにしても、理論上、なお業務上過失傷害罪（刑二一一条）が成立する可能性はあります。すなわち、ＡがＸの特異体質を認識していなかったばあい、これを認識していてもＡの行為によって失神するとは考えていなかったときに、過失があれば業務上過失傷害罪が成立し得るわけです。また、

Aが X の特異体質を認識し失神の結果が発生してもよいと考えていたばあい、つまり、Aに傷害罪の故意があるばあいにも、違法性が阻却されるかは、別個の問題となります。このばあいには、傷害という重い結果を伴う行為を正当業務行為としてみとめるのが妥当か、について疑問が出てくるからです。しかし、裁判事例では、これらの点については何ら証拠がないので触れないと判示しています。

三　担任クラスを指導中、他クラスの生徒が外で騒いだことに憤激して一生徒を殴打したところ、生徒が死亡したばあい、教諭の責任はどうなるか

質問

A教諭は、学期末試験に関し担任クラスの生徒に注意を与えていたところ、先に授業を終えた他クラスの生徒が窓を開けて覗いたり騒いだりしたことに憤激し、そのうちの一人をつかまえて顔面を手拳で五回程殴打しました。このため生徒は、硬脳膜下出血および蜘網膜下腔出血の傷害を受け死亡してしまいましたが、A教諭の責任はどうなるのでしょうか。

回答

1　A教諭の右の行為について、違法性を阻却すべき事由がみとめられませんので、Aは傷害致死罪の刑事責任を問われることになります。

2　Aの行為は、教諭としての正当な業務行為ともいえませんし、懲戒権の行使ともいえないわけで、Aは、憤激の余り、生徒を殴打して死亡させたこととなり、通常の傷害致死事件の犯人と同様の扱いを受けるのです。

裁判事例　（東京地判昭三三・五・二八判時一五九号五〇頁＝私立中学校生徒殴殺事件）

行為の態様と結果

Ａ教諭は、自分が担任しているＢ組の教室において、翌日からおこなわれる学期末試験に関し、組内でカンニング行為を二度としないように訓戒中、生徒が早く帰してくれと騒いだので反省のため黙禱をさせていた。既に授業を終えた隣のＣ組の生徒ら十数名が、数回にわたりＢ組のガラス戸を開閉して室内を覗き友人を呼ぶなど騒がしくなったので、Ａは、右生徒等に対して静止するよう再三注意していた折柄、Ｃ組の生徒Ｘが突如右ガラス戸を音高く開け放ったまま、他の生徒等とともに逃げ去ったのを目撃して、憤激の余り追尾し北側階段上で、「今やったのは誰だ」と怒鳴ったところ、右Ｘが階段の中程から「僕です」と答え、Ａの前面に現われるや、「他人の家の戸を黙ってあけて覗いていいのか」と詰問するとともに、手拳でＸの顔面を五回位殴打して暴行を加えてＸに対し硬脳膜下出血および蜘網膜下腔出血の傷害を与え、翌日、Ｘを前記傷害によって引き起こされた脳機能障害により死亡させた。

裁判所の結論―傷害致死罪の成立を肯定

裁判所は、Ａについて、傷害致死罪の成立をみとめた。

解説

問題の所在

裁判事例は、保健・体育担当の中学校教諭が、自己の担任するクラスの生徒を訓戒中に、他のクラスの生徒たちが覗いたり騒いだりしたことに憤激して、生徒一名を殴打して死亡させ、傷害致死罪に問われたものです。裁判事例において、法律問題としてとくに争われた論点はなく、当然のことのように傷害致死罪の成立がみとめられています。事件当時、暴力教諭による生徒殴打事件とセンセーションを巻き起こしたようですが、教諭Aが事件を起こした背景について、判決は次のように述べています。すなわち、地方出身のAは「保健、体育の両課目を担当し生徒の訓育に当たっていたものであるが、担任生徒のうち、都会生活に不慣れな新任の被告人を揶揄し、或は反抗するが如き言動を示し素直に被告人の指示に従わない者があり、生来短気のため、右生徒に対し、穏やかに説諭することなく直ちに殴打する等の挙動に出たこともあった」とされています。つまり、Aは、非常に短気であったので、本件のような挙に出たものであると判断されているわけです。それではAの行為は、単なる傷害致死事件として扱われるべきなのでしょうか。それとも、教育現場における事件として特別の考慮が払われるべきなのでしょうか。この点を検討することにします。

行為の背景と傷害致死罪の構成要件該当性

Aが X を殴打したのは、次のような事情があったからにほかなりません。Aが学期末試験に関して担任クラスの生徒にカンニング行為を二度としないように訓戒中に、生徒が騒いだので、反省のために黙禱させていた際、授業を終えた隣のクラスの生徒たちが来て、ガラス戸を開閉して室内を覗き友人を呼んだりして騒々しくしたのでした。そこで、Aは、その生徒たちに静止するように再三にわたって注意していたわけです。しかし、C組の生徒Xがガラス戸を音高く開け放って他の生徒とともに逃げ去りました。これを見てAは、憤激してXを追いかけ、「他人の家の戸を黙ってあけて覗いていいのか」と詰問するとともに、手拳でXの顔面を五回位殴打したのでした。この殴打行為は、刑法二〇八条の暴行罪における「暴行」に当たりますので、Aの行為は暴行罪の構成要件に該当することになります。さらに右暴行によってXは脳機能傷害を起こして死亡しています。このばあい、Aの行為は、刑法二〇五条の傷害致死罪の構成要件に該当することになります。つまり、もはや暴行罪ではなくて傷害罪の成否が問題となるわけです。このことは、要するに、傷害致死罪が暴行罪の結果的加重犯でもあることを意味するのです。そこで、裁判事例ではAは傷害致死罪のかどで起訴されております。

行為の違法性阻却の肯否

ところで、Aの暴行行為が適法であれば、Xの死亡の点について傷害致死罪の罪責を問われることはありません。そこで、暴行の違法性が阻却されるかどうかを検討することにしましょう。Aは、Xを詰問するとともにその顔面を殴打しているわけですが、このばあい、一応、詰問は教育的観点からなされていると見ることができます。言い換えますと、それは、訓戒と解され得る余地があるわけです。それで訓戒を目的として暴行を加えているのであれば、その行為は体罰ということになります。体罰は、原則として暴行罪を構成します。裁判事例のように、手拳で顔面を五回位殴打するのは、体罰としてまったく許されるべきものではないとされます。また、体罰が問題となるのは、主観的にも懲戒の目的があるばあいなのです。裁判事例において、Aは、どちらかというと、憤激した結果、Xを殴打していると見るのが実体に合うといえるでしょう。たしかに、詰問の内容は、一応、教育的配慮に基づくものと解することはできますが、しかし、Aの主観的事情としては憤激の余り殴打したものと解されるべきです。Xたちの行動には目に余るものがあり、再三注意したにもかかわらず、なおその注意を無視していたわけですから、Aが憤激するに至ったのは、無理からぬことであったといえるでしょう。しかし、そのことと、憤激の余り生徒を殴打することとは厳格に区別されなければなりません。Aは、教諭として訓戒に努めるべきであって、安易に殴打行為に走ってはならないのです。そうしますと、Aの殴打行為については、違法性は阻却され得ないことになります。したがって、右の暴行が原因となって引き起こされたXの死亡は、傷害致死罪を成立させることになります。このように、Aの暴行によるXの死亡という結果は、教育現場で引き起こされたものですが、何ら違法性を阻却されるべき事情がないので、傷害致死罪を構成するわけです。

四　懲戒行為としておこなう殴打でも暴行になるか

質問

教諭が生徒に対しておこなう懲戒行為は、そのすべてが生徒に対する愛情に基づくものとおもいます。したがって、このばあいは暴行罪が成立する余地はないものとおもいますが、いかがでしょうか。

回答

1　教諭が懲戒として生徒を殴打したばあい、原則として暴行罪が成立します。その懲戒行為が生徒に対する愛情に基づくものであっても、暴行罪の成立に影響を及ぼしません。

2　例外的に、きわめて軽微な殴打行為について暴行罪の違法性が失われて不可罰となるばあいがあるにすぎません。

裁判事例

殴打の態様と「暴行」　（大阪高判昭三〇・五・一六高刑集八巻四号五四五頁）

教諭である被告人が、生徒の「頭部を手で殴打したことは原判決挙示の証拠によって優にこれを認定するに足り、原審の取調にかかる他の証拠及び当審取調の各証拠によっても、所論のように形式的に軽くノックしたに止まるという程度のものであったとはとうてい認められないのである。もっとも、右殴打はこれによって傷害の結果を生ぜしめるような意思を以てなされたものではなく、またそのような強度のものではなかったことは推察できるけれども、しかしそれがために右殴打行為が刑法第二〇八条にいわゆる暴行に該当しないとする理由にはならない」。

懲戒行為としての暴行行為の違法性の肯否と学校教育法一一条

「所論は、右は教員たる各被告人が学校教育上の必要に基づいて生徒に対してした懲戒行為であるから、刑法の右法条を適用すべきではないと主張するけれども、学校教育法第一一条は『校長及び教員は教育上必要があると認めるときは、監督官庁の定めるところにより、学生、生徒及び児童に懲戒を加えることができる。但し、体罰を加えることはできない。』と規定しており、これを、基本的人権尊重を基調とし暴力を否定する日本国憲法の趣旨及び右趣旨に則り刑法暴行罪の規定を特に改めて刑を加重すると共にこれを非親告罪として被害者の私的処分に任さないものとしたことなどに鑑みるときは、殴打のような暴行行為は、たとえ教育上必要があるとする懲戒行為としてでも、その理由によって犯罪の成立上違法性を阻却せしめるというような法意であるとは、とうてい解されないのである。学校教育法が、同法第一一条違反行為に対して直接罰則を規定していないこと及び右違反者に対して監督官庁が監督権の発動その他行政上の措置をとり得ることは所論のとおりであるけれども、このこととその違反行為が他面において刑罰法規に触れることとは互に相排斥するものではない」。

殴打の動機

被告人の「殴打の動機が子女に対する愛情に基づくとか、またそれが全国的に現に広く行われている一例にすぎないとかいうことは、とうてい右の解釈を左右するに足る実質的理由とはならない」。

子に対する親の懲戒権との対比

「所論は親の子に対する懲戒権に関する大審院判例及びいわゆる一厘事件に対する同院判例を援用するけれども、前者の援用は主として親という血縁に基づいて教育のほか監護の権利と義務がある親権の場合と教育の場でつながるにすぎない本件の場合とには本質的に差異のあることを看過してこれを混同するものであり、後者の援用は具体的事案を抽象的に類型化せんとするに帰着し、ともに適切ではない」。

裁判所の結論―教諭につき暴行罪の成立を肯定

教諭が生徒に対して行う殴打は、懲戒のためになされたものであっても、つねに暴行罪を構成する。

解説

殴打行為と暴行罪にいう「暴行」

刑法二〇八条の暴行罪にいう「暴行」が不法な有形力・物理力を行使することを意味するという点では、判例・

学説は一致しています。殴打行為は、まさしく物理力を用いるものでありますから、通常、暴行に当たります。頭部をゲンコツで打ったり、頬を平手で打ったりするのは明らかに暴行罪を構成します。けがを負わせると、もはや暴行罪ではなくて傷害罪（刑二〇四条）となります。そのばあい、けがを負わせる意思をもたずに殴打していても、傷害の結果を生じさせた以上、傷害罪に当たるとするのが、判例・通説の立場です（このことを、刑法学上、傷害罪は暴行罪の「結果的加重犯」であるといいます。）。このようにして教諭が生徒を殴打する行為は、暴行罪にいう暴行に当たることになります。

父母の懲戒権と教諭の懲戒権の相違

教諭が生徒を殴打することが暴行罪にいう暴行に当たるとしても、それが懲戒のためになされているばあいでも、違法とされなければならないのでしょうか。判例は、父母が懲戒のためにその子を殴打しても暴行罪は成立しないと解しております。これは、親権の効力として民法上みとめられている懲戒権（民八二二条）の行使に当たるので、行為の違法性が阻却されることを意味します。そうしますと、教諭も教育上必要とみとめられるばあいには、懲戒のために生徒を殴打してもよいのではないか、という考えが出てきます。つまり、親が子を思う愛情から懲戒として子どもを殴打しても暴行罪が成立しないのであれば、教諭が生徒を愛しみ、その生徒の将来を思って教育的観点から懲戒のために殴打するのも、親のばあいと同じように評価されるべきであって、やはり暴行罪は成立しないと解すべきではないか、とされるわけです。しかし、この点について、先に掲げた裁判事例は、親権の内容としての懲戒権と教諭の懲戒権とは本質的に異なると解しています。つまり、親権のばあいは、血縁に基づいて教育のほかに監護の権利と義務があるのに対して、教諭のばあいにはたんに教育の場でしかつながりがないので、両者を同等に取り扱うわけにはいかないとされているのです。

学校教育法一一条と違法性の存否

さらに、学校教育法一一条は「校長及び教員は教育上必要と認めるときは、監督官庁の定めるところにより、学生、生徒及び児童に懲戒を加えることができる。但し、体罰を加えることはできない。」と規定しています。そこで、この規定が暴行罪の違法性の存否にどのような影響を及ぼすか、ということが改めて問題となってきます。この条文の但し書は明らかに体罰である殴打行為は懲戒行為としてなされてはならないことを規定しています。しかし、これに違反する行為に対しては罰則規定は設けられておりません。このことは何を意味するのでしょうか。これは、刑法上の違法性と特別法上の違法性は同じでなければならないのかどうか、という根本問題に関連します。

法令行為による違法阻却と体罰

刑法三五条は、法令又は正当な業務による行為は違法性が阻却される旨を規定しています。それゆえ、教諭が生徒に対して懲戒のためにおこなった行為は、刑法の規定する犯罪の構成要件にあてはまるばあいでも、法令による行為としてその違法性が阻却されることになります。例えば、制裁のために生徒を廊下に立たせるのは、強要罪にいう「義務のないことを行わせた」強要行為に当たります（刑二二三条）。あるいは、生徒を体育館に一定の時間閉じ込めておくのは、監禁罪にいう監禁行為に当たります（刑二二〇条）。しかし、これらは、いずれも法令に基づく行為として違法性が阻却されるので、強要罪・監禁罪は成立しないことになるのです。

ところが、体罰についてはそうはいかないというのが、学校教育法一一条但し書の規定です。この規定を文言通りに解釈しますと、体罰はいかなるばあいであっても適法な懲戒行為とはなり得ないことになります。学校教育法がこのような規定を設けたのは、「戦前の軍国主義的な教育のひとつのあらわれとしての体罰を無反省に加えた教育姿勢に対する深刻な反省に基づくもの」であり、「無反省な体罰が、個人の人格の尊重を基本原理とする教育の場においてふさわしくないことはもちろんであり、教育としても、体罰による威嚇を用いずに、教師の人格の力によって学校の秩序を保つことを第一に優先させるべきである」とされています（藤木英雄『刑法演習講座（新版）』七七―八頁）。民主主義の下における教育は、有無をいわせぬ暴力的な体罰を課することによってではなくて、あくまでも言葉による説得と人格的感化力によって、生徒に影響を及ぼすものでなければならないわけです。体罰は、生徒の人格を大いに傷つけますから、懲戒のためであっても、それを用いてはならないとされたのです。

有形力の行使はいっさい許されないのか

裁判事例は、教諭による殴打行為は懲戒のためになされたばあいであっても、違法性が阻却されず、暴行罪が成立すると解しています。もっとも、この判例は、懲戒行為としてなされた必ずしもすべての有形力の行使について暴行罪の成立をみとめたものではないとする見解もあります。すなわち、裁判事例は「頭部を殴打した事案であるから、この判例によっていっさいの有形力の行使が許されない『体罰』にあたるとまではいえないであろう」と主張されているわけです（内藤謙『刑法講義総論㊥』四七四頁）。

体罰の違法阻却を肯定する見解

判例の立場に対する有力な反対意見があります。体罰を用いるのは好ましくないのは当然であるが、「しかし、現実の問題としては、最小限度の体罰を用いることはやむを得ない措置として是認されなければならないような事例も否定しがたいと考えられる。すくなくとも刑法上の責任を問うについては、体罰禁止にふれる行為が直ちに刑法三五条の適用を排除されるものではないことを認め、そこであらためて具体的な体罰が社会通念上相当な範囲内にあるかどうかを論ずるのが妥当な解決である」と主張されています（藤木・前掲七八頁）。これは、社会的相当性の理論によって懲戒行為としての体罰の違法性を阻却しようとするものです。

軽微な有形力の行使と違法性阻却

体罰を是認すべきかどうかは、きわめて重大な問題です。一般論としては、体罰は否認されるべきです。しかし、現実の問題としては、何が体罰と見られるべきか、ということが重要となります。たしかに、有形力の行使という概念を形式的に解しますと、どんなささいな行為であっても、相手方の身体に向けられるかぎり、これに当たることになります。例えば、人差指で軽く生徒をこづくのも暴行ということになってしまいます。これは明らかに行き過ぎです。身体的苦痛を伴わない程度の有形力の行使は、暴行罪を構成しないと解すべきであるとおもいます。最近の判例も、平手および軽く握った右手の拳で生徒の頭部を数回軽くたたいた行為は「外形的には……身体に対する有形力の行使ではあるけれども……教師に認められた正当な懲戒権の行使として許容された限度内の行為」であり、「法令によりなされた正当な行為として」違法性が阻却されると解しています（東京高判昭五六・四・一判時一〇〇七号一三三頁）。

参考判例

○およそ親権を行う者は、その子の悪癖等を矯正するため殴る、捻るなど適宜の手段方法を用いて、その身体に対し或程度の有形力を行使する等の措置に出ることは、法が親権者に懲戒権を認めた趣旨に鑑みて許されるものと解すべきである。しかし、その手段方法や程度は、その親子の境遇、子の年齢、性格、体質、悪癖の種類及び態様等個々の具体的事情に依拠して、社会通念上相当と認められる範囲のものでなければならない。……理由もなくめそめそ泣きだしてやまないからといって、当時僅か満四歳になったばかりの身体虚弱児に対し、その悪癖等を矯正するためとはいえ、……頭部に加えられた手拳による三、四回にわたる殴打行為は、正当な懲戒権行使としての範囲を逸脱したものと認めるのが相当である。したがって、被告人の本件行為が刑法上違法性を有することは明白といわなければならない（京都地判昭四七・一・二六刑月四巻一号一八九頁、判時六七六号一〇五頁、判タ二七七号三六六頁）。

第三款　過失傷害の罪の成否

一　教材用古式銃の暴発によって生徒が負傷したばあい、教諭は過失責任を問われるか

質問

市立中学校で教諭が自ら教材用の古式銃の火門に紙火薬を当てて試射しようとしたところ、先ごめ装てんされていた火薬に引火爆発し、散弾が発射されて前方を歩行中の生徒四人に命中し負傷しました。この教諭は、銃に火薬および銃弾が装てんしてあることを確認せず、また、銃口を水平にしたまま試射したものですが、刑事責任はどうなるのでしょうか。

回答

中学校で教諭が教材用の古式銃の火門に紙火薬を当てて試射しようとするばあいには、まず、その銃に火薬およ

び銃弾が装てんしてあるかどうかを確認する必要があります。また、銃口を上空または直前の地上に向けて撃鉄を引くようにしなければなりません。このような注意を怠って、前方を歩行中の生徒四名に散弾を命中させて負傷させた教諭は、業務上過失傷害罪（刑二一一条）の罪責を負うことになります。

裁判事例（越谷簡判昭四三・一一・一八＝公立中学校教材用古式銃暴発事件）

注意義務の内容と注意義務違反

被告人は「春日部市立H中学校旧校舎玄関先において同校に保管中の教材用の先ごめ式古式銃の火門に紙火薬を当てて試射しようとしたが、このような場合右銃に火薬及び弾丸が先ごめ装てんしてあるか否かを確認したうえ銃口を上空又は直前の地上に向け、もって不測の事故の発生を未然に防止すべき注意義務があるにかかわらずこれを怠り弾丸等の装てんの確認をせず、数名の生徒の往来している校門方面に銃口を水平に向け漫然撃鉄を引いた重大な過失により、たまたま右、銃に装てんされてあった火薬に前記紙火薬が爆発引火し、装てんされてあった散弾が発射し、約四三米前方の同校々門付近を歩行中のA、B、C、Dの四名の各頸部等にその散弾が命中し、よって同人らにそれぞれ全治約一週間を要する銃弾瘡を負わせた」。

裁判所の結論―教諭の過失責任を肯定

裁判所は、教諭について、弾丸等の装てんの確認をせず、数名の生徒が往来している校門方面に銃口を水平に向けて撃鉄を引いた点に過失をみとめ、業務上過失傷害罪の成立を肯定したのである。

解説

問題の所在

裁判事例の事案は、市立中学校の教諭Xが、教材用古式銃を試射しようとした際に、装てんされてあった火薬に引火爆発し、装てんされてあった散弾が発射して、前方を歩行中の生徒四名に命中し、それぞれ傷害を負わせたというものです。Xは、業務上過失傷害罪のかどで起訴されました。裁判事例では、業務上過失傷害罪における注意義務の内容が問題とされ、Xについて業務上過失があったとされて、Xは罰金五、〇〇〇円の有罪判決を受けています。

業務上過失傷害罪における「業務」

業務上過失傷害罪（型二一一条）が成立するためには、まず行為者たるXに「業務」性がみとめられなければなりません。裁判事例では、これについては何も触れられておりませんが、それは、教諭Xには当然、業務性があるとされたからにほかなりません。刑法二一一条にいう「業務」は、人が社会生活上の地位に基づいて反覆継続しておこなう行為であり、かつ、他人の生命・身体に危害を加えるおそれのあるものであることを必要とします（最判昭三三・四・一八刑集一二巻六号一〇九〇）。この観点から見てみますと、Xは、授業に当たって反覆継続して教材の古式銃を操作するわけであり、古式銃は殺傷能力を有する危険な器具ですので、その操作を誤ると他人の生命・身体に危害を加えるおそれがあるといえることになります。したがって、Xは、刑法二一一条にいう「業務」に従事する者に当たるわけです。

注意義務の内容

①　火薬の弾丸の装てん確認

それではXは、業務上、いかなる注意義務を負うことになるのでしょうか。この点について本判決は、次のように判示しています。すなわち、教材用の先ごめ式古式銃の火門に紙火薬を当てて試射しようとするばあいには、「右銃に火薬及び弾丸が先ごめ装てんしてあるか否かを確認したうえ銃口を上空又は直前の地上に向け、もって不測の事故の発生を未然に防止すべき注意義務」がある、とされております。このばあい、注意義務の内容が二つ指摘されています。一つは、火薬および弾丸が先ごめ装てんされてあるかどうかを確認すべきことであり、もう一つは、銃口を上空または直前の地上に向けるべきことであります。まず、第一の確認義務ですが、火薬および弾丸が装てんされていれば、火門に紙火薬に引火爆発し弾丸が発射することになります。したがって、その際には、弾丸が発射するという事態を当然に予想して、その対応策をあらかじめ講じておかなければなりません。危険な器具を操作するばあいには、つねに他人の生命・身体に対する危害が発生し得る事態を予見・予測する必要があるのです。銃で弾丸を発射するばあい、その銃に火薬および弾丸が装てんされているかどうかを確認することは、まず最初におこなうべきことであるといえるでしょう。これは銃操作のイロハに相当すると言っても、けっして過言ではないと考えられます。えてして、何度も同じことをおこなっていると、最も肝心な初歩的手順を忘れがちとなります。しかし、他人の生命・身体に危害を及ぼす可能性をもっている業務に従事している者は、つねに安全確認義務を負っていますので、安易に惰性的な行動をしてはなりません。

注意義務の内容

②　銃口の方向

つぎに、危険回避措置として、銃口の向け方が重要となります。古式銃によって弾丸を発射するばあい、これを見ている生徒やその弾丸の射程範囲内にいる生徒などに弾丸が当たらないようにする必要があります。生徒たちに注意を呼びかけるのは当然のことであり、さらに銃口をどこに向けるかについても注意する必要があるのです。銃口の先に人がいれば、弾丸がその人に当たる蓋然性はきわめて高いことになります。したがって、その危険を避けるためには、銃口は人のいない所に向けなければなりません。これは、異論の余地のない、きわめて当然のことなのですが、やはり注意義務の内容として強調しておく必要があるのです。危険回避措置として当然に予想されることをおこなっていれば、事故は起こらないのが普通です。それでも事故が起こったとすれば、それは不可抗力によるものであって、もはや行為者の責任を追及するまでもないことになります。裁判事例のばあい、このような危険回避措置としては、銃口を上空または直前の地上に向けるべきことが挙げられています。これは、一般論としては妥当であるといえます。銃口を上空に向けたばあい、弾丸が他人に当たるという事態はほとんどないといえるでしょう。しかし、事情いかんによっては、上空に発射した弾丸が落下して地上にいる人に当たるばあいもあり得ると考えられます。したがって、四囲の状況をよく確認したうえで、銃口を上空に向ける必要があります。つまり、銃口を上空に向けてさえすればよい、というわけではありません。あくまでも、他人に弾丸が当たらないようにする必要があるという点が重要なのです。つぎに、銃口を直前の地上に向けるべきであるという点ですが、これも一般論としていえば、他人に弾丸が当たらないようにするための措置として妥当であると解されます。このようにすれば、弾丸が地中に入り込み、他人に当たる蓋然性がきわめて低いといえるからです。しかし、このようなばあいであっても、事情いかんによっては、地面に当たった弾丸がはねて近くにいる者に当たってしまうという事態も生じないとは限りません。それは、銃口を地上に向ける角度や地面の固さなどの条件にかかっていますので、行為者は、これらの条件をよく吟味する必要があります。このばあいも、銃口を地上に向けさえすれば注意義務が尽くされたということにはなりません。やはり事故発生を回避するために適切な措置であったかどうか、が重要なのです。大抵のばあい、直前の地上に銃口を向けていれば、弾丸がはね返るということはないと考えられますので、そのようにしているばあいには、注意義務違反はないとされることが多いといえるでしょう。

注意義務違反

裁判事例において、Xにはどういう注意義務違反があるとされたのでしょうか。まず、第一の確認義務違反の点をみてみますと、Xは、火薬および弾丸が装てんされているかどうかを確認しておりません。Xとしては、しっかり確認してから紙火薬を当てるようにすべきであったのに、その確認をしていないのです。これは、古式銃の操作をする者としては、はなはだ軽率であったといわなければなりません。Xとしては、弾丸が装てんされているとは考えていなかったわけですから、銃口を上空または直前の地上に向けるなどの措置もとっていません。Xは、漫然と、校門方面に銃口を水平に向けて撃鉄を引いています。その際、校門付近は数名の生徒が往来していたのであり、この生徒たちに発射した散弾が当たって銃弾瘡の傷害を負わせているわけです。これは、明らかにXの業務上過失によるものといわざるを得ません。したがって、Xについて業務上過失傷害罪が成立するのは当然であるということになります。

二　中学校の教育キャンプで川下り中、三名の生徒が溺死した事故について校長は刑事責任を問われるか

質　問

町立中学校が国営キャンプ場で実施した教育キャンプ中、渓流で生徒と引率教諭が着衣のまま川下りをしていて三名の生徒が溺死しました。このばあい、キャンプを実施した校長は刑事責任を問われることになるのでしょうか。

回　答

1　中学校の教育キャンプを実施するばあい、校長は、責任者として次のような措置をとらなければなりません。すなわち、校長は、引率教諭を指導して事前に十分実地踏査をさせて危険個所をチェックし、生徒らが安全に通過できるコースを選定し、口頭や標識などにより参加生徒全員に危険個所や安全コースを周知徹底させ、監視員を配置して生徒が危険個所に近づくことを防止すること、さらに着衣のまま泳ぎ出したり深みに近づく者を見つけたばあいには、それを制止することです。

2　校長が右のような措置をとっていなければ、業務上過失致死罪の罪責を負うことになります。

裁判事例（青森地判昭五五・六・四＝公立中学校キャンプ川下り生徒溺死事件）

行為状況

青森県下北郡大間町立X中学校長Aは、校長として、「同校の教育活動の計画実施をするに際し、同校職員を指揮監督し、生徒を安全に監督しながら教育を行う業務に従事していた」が、昭和五三年「八月五日から同月七日までの間、国営薬研キャンプ場において同校三年生の生徒八七名に対して教育キャンプを実施することとし、自らも野

営長としてこれに参加し、その際同月六日に……葉色山国有林一六二林班と、赤滝山国有林五八林班の境界に所在する大畑川（通称薬研渓流）において、川上から川下に約二、三〇〇メートルにわたり、生徒と教諭の全員で運動靴と運動着のまま渓流を徒歩で下るいわゆる川下りを企画した際、……同河川には水深四メートルに達する深みや急流等の危険な場所があり、大勢の者の歩行によって水がにごり水深が不明となって徒行者が深みに転落したり、生徒が着衣のまま深みで水泳をして溺れたりして生命の危険が生ずることは容易に予見し得た」。

注意義務の内容

したがって、「被告人としては、引率教諭らを指導し、事前に十分実地踏査をさせて危険個所を把握したうえ、生徒らが安全に通過できるコースを選定するとともに、参加生徒全員に危険個所や安全コースを周知徹底させ、さらに実施にあたっても危険個所に標識等を設置したり監視員を配置したりして生徒の危険個所に対する接近を防ぎ、生徒の各組班ごとに引率教諭を配置して常時人員を把握し、組斑単位に隊列を整えさせて進行し、いやしくも着衣のまま泳ぎ出したり、列外に出て深みに近づくようなことがないように厳重に注意し、また着衣のまま泳ぎ出すような生徒を現認した場合にはこれを速やかに制止し隊列に復帰させるなど、水難事故の発生を未然に防止すべき業務上の注意義務がある」。

注意義務違反

右のような注意義務があるにもかかわらず、「被告人はこれを怠り、引率教諭らに実施計画を委ね、さきにY中学校が本件現場で行った川下りを見学させたり、実地踏査を行なわせたりしたが危険個所に対する正確な認識を欠いたため、生徒らに危険個所と危険防止の対策を周知徹底させず、着衣のまま泳ぐことを禁止する対策も講ぜず、また、危険個所に対する標識設置等の対策もとらないまま右川下りを開始し、しかも同日午前一〇時五〇分頃、前記大畑川において隊列を乱した生徒らが運動着や運動靴または手袋を着用したまま深みに入って泳ぎ出したのを目のあたりにみながらこれを制止せず、写真撮影するなどして黙認した過失により、間もなく同所において同校生徒……三名を溺れさせ、同日午後〇時一〇分までの間に右三名を溺死するにいたらしめたものである」。

解説

問題の所在

町立中学校が国営キャンプ場で実施した教育キャンプ中、渓流でいわゆる「川下り」がおこなわれ、その際に生徒三名が溺死したというのが、ご質問の概要です。川下りというのは、生徒と教諭が全員で、川上から川下に約一、三〇〇メートルにわたって運動靴と運動着のまま渓流を徒歩で下ることを意味します。裁判事例では、自らも野営長として教育キャンプに参加していた校長は業務上過失致死罪の罪責を負うかどうか、が問題となりました。そして判決は、これを肯定し、校長を禁錮一年の刑に処しております（ただし、執行猶予二年間）。

いったい校長にはどういう過失があったとされたのでしょうか。つまり、校長は、教育キャンプの責任者としていかなる内容の注意義務を負うとされたのでしょうか。これを詳しく見ていくことにしましょう。

注意義務の内容

①　危険個所の把握

まず、校長には、「引率教諭らを指導し、事前に十分実地踏査をさせて危険個所を把握」する義務があります。川下りをするに当たって溺死の危険を未然に防止するには、まずもって川下りをする渓流の状況を正確に知っておく必要があるのです。とくに裁判事例のように、水深四メートルに達する深みや急流などの危険な場所があることも多いわけですから、十分に事前調査がなされなければなりません。

注意義務の内容

②　安全なコースの選定と危険個所の周知徹底

そして、右の調査に基づいて「生徒らが安全に通過できるコースを選定する」義務があります。生徒全員を無事に川下りさせることが最も大切なことですから、コースの選定には細心の注意が必要です。もっとも、多少危険の伴うコースを選び、より教育効果を高めるということもあり得ると考えられますし、そのこと自体はけっして悪いことではありません。しかし、そのばあいでも、あくまでも安全確実に川下りが遂行されることが目標とされなければなりません。そのためには、「参加生徒全員に危険個所や安全コースを周知徹底させ」る必要があります。危険個所を口頭で説明したり、地図などで示したりして、その周知方を図るべきであります。さらに標識などを使って危険個所が認識しやすいように努める必要があります。

注意義務の内容

③　危険個所への接近防止と水泳の制止

危険個所が生徒に周知されたとしても、現実に川下りがなされる際に、そこで、さらに校長としては、「監視員を配置したりして生徒の危険個所に対する接近を防」ぐ必要が出てきます。ただ、口頭で「危険区域に近づくな」と一般的・抽象的に注意しても、生徒がふざけたり面白半分でこれを無視したりするという事態もよく生じますので、川下りの実施の際には、教諭に監視をさせるべきでしょう。本判決は、さらに、生徒の各組班ごとに引率教諭を配置して、常時人員を把握し、隊列を整えて進行させる必要を強調しています。そして、「いやしくも着衣のまま泳ぎ出したり、列外に出て深みに近づくようなことがないように厳重に注意」しなければならないとしております。もし「着衣のまま泳ぎ出すような生徒を現認した場合にはこれを速やかに制止し隊列に復帰させるなど、水難事故の発生を未然に防止すべき業務上の注意義務がある」とされています。

このように、川下りに当たっては、事前の十分な調査と危険個所の周知徹底、実施の際の危険防止措置など、かなり細心な注意が必要とされるわけです。川下りには危険が隣り合わせになっていますので、このような注意義務が課せられるのです。

右のような注意義務があるとしても、校長が、これを十分に践みおこなっていれば、業務上過失致死罪の罪責を問われることはありません。ところが、裁判事例では、校長に注意義務違反があるとされています。どのようにして注意義務違反がなされているのでしょうか。その点を次に見ていくことにしましょう。

注意義務違反

① 事前調査不十分

まず、事前調査の点ですが、校長Aは、引率教諭らに教育キャンプの実施計画を委ね、他校の川下りを見学させたり、実地踏査をおこなわせたりしています。しかし、それは十分でなく、危険個所に対する正確な認識を欠いたものであったとされています。実施責任者としてAは、引率教諭に対して、もっと精密に危険個所の存在についての調査をさせるべきであったと解されます。危険な場所を調べよ、とただ抽象的に注意するだけでは足りず、もっと具体的に指示を与え、危険個所を地図に記載させるなど、的確な情報を得られるようにする必要があったわけです。

注意義務違反

② 危険個所の周知不徹底と水泳を制止せず

つぎに、Aは、生徒らに危険個所と危険防止の対策を周知徹底させておりません。危険個所に対する標識の設置や着衣のまま泳ぐことを禁止する対策を講じないまま、Aは、川下りを開始させています。そして、隊列を乱した生徒らが運動着や運動靴または手袋を着用したまま深みに入って泳ぎ出したのを現実に見ていながら、Aは、これを制止せず、かえって写真撮影をするなどして黙認しているのです。着衣のまま水泳をすると、身体の活動の自由を奪われやすいのできわめて危険ですし、万一、溺れたばあいの救助態勢もできていなかったのですから、Aは、事故防止のために水泳をただちに制止すべきであったと考えるのが合理的でしょう。事故発生の危険性が十分に予見可能であったにもかかわらず、Aは、これを予見せず、そして結果発生を防止するための措置をまったくとっていないのですから、業務上の過失があったとされてもやむを得ないと解されます。

このようにして校長Aは、業務上過失致死罪の罪責を問われたわけです。

三　集団水泳訓練中の中学校女生徒の多数が水死した事故は不可抗力によるものか

質問

中学校の実施した集団水泳訓練において、多数の女生徒が水死するという惨事が生じました。その原因は、多数の女生徒が入水した直後、突然、大きなうねりが押し寄せたため、これに対する抵抗力の弱い女生徒が、この急激な水位の上昇に狼狽して身体の自由を失ったところへ、にわかに強くなった北流のために押し流され一斉に溺れるに至ったものです。この突発的なうねりとこれに伴った異常な潮の流れによる多数の女生徒の水死は、校長、引率教諭らの注意義務違反によるものではないと考えられますが、このようなばあいでも刑事責任を問われるのでしょうか。

回答

1　集団水泳訓練において、多数の女生徒が水死するという事故が起こったばあい、校長および引率教諭は、適切な危険回避措置をとっていないときには、業務上過失致死罪の刑事責任を問われます。

2　集団水泳訓練を実施するに当たって、校長および引率教諭には次のような注意義務があります。水泳場を安全な場所に設置し、訓練中、人員確認を励行し、生徒が指定された水泳場から脱出しないように監視態勢を整え、万一の事故に備えて救命具を用意して救助態勢を確立しておく必要があり、これらのことがおこなわれている以上、注意義務違反はないことになります。

3　ご質問のように、事故の原因が、突発的なうねりとこれに伴った異常な潮の流れによるばあいには、予見可能性がないので、校長、引率教諭の注意義務違反はみとめられず、刑事責任を問われません。

裁判事例（名古屋高判昭三六・一・二四判時二六三号七頁＝公立中学校女生徒水死事件）

事故の状況

津市立K中学校の夏期水泳訓練は、同市教育長の通牒に従い、正課の授業として昭和三〇年七月一八日より一〇日間、津市中河原地先の通称文化村海岸で実施され、被告人A（同校校長）は、クラス担当者の補助として、被告人B（教頭職に相当する総務兼教務部主任）および被告人C（体育主任）は、生徒一般に対する水泳実技の担当者としてそれぞれ訓練に参加した。同海岸は、同校がかねてから水泳訓練をおこなってきた安濃川河口から南方に拡がる遠浅の海で、安濃川寄り海底にはいわゆる澪（みお）と称する帯状の深みもあるが、これまで格別の事故もなく一般には水泳に好適の場所として知られていた。

訓練の最終日、生徒の入水後二、三分した頃、沖合から突然大きなうねりが女子水泳場付近一帯に押し寄せ、それとともににわかに強い北流が出てきて水位を増したが、女生徒たちの大部分は、やっと泳げるという程度の水に対する抵抗力のまことに弱い者で占められていたので、にわかに強くなった北流のために押し流されて、三六名が溺死するに至った。

注意義務違反の有無

① 水泳場の設置場所に関する注意義務違反なし

「水泳場の設定された文化村海岸というのは本件のK中学校のみならず他の多くの小中学校が例年水泳訓練を行いきたった遠浅の海で、これまで格別事故のあったこともなく、また一般に水泳に好適の場所として知られている海岸であるし、市教育委員会も正課として行われた本件水泳訓練の実施場所としてここを用いることを許可していたことなどから考えてみると、……いまだもって被告人等が女子水泳場の設定についてその職務上通常用うべき注意義務を懈怠したものとは認めがたい」。

注意義務違反の有無

② 人員確認義務違反なし

「本件水泳訓練における人員確認はホームルームにおける出席簿にはよらないで、水泳能力を標準にして分けられた水泳班ごとに出席簿を作成し、㈠学校出発時、㈡第一回入水前、㈢第一回入水後、㈣第二回入水前、㈤第二回入水後、㈥海岸出発時、㈦学校到着時の七回にわたって担任職員、班長、組長が呼名及び人員点呼の方法により各班毎に人員確認を確実に励行していたことが認められる。ただ総人員の把握者がきめられていなかったので、本件事故の突発とともに教職員をはじめ生徒たち一同の周章狼狽のため、総人員の確認に非常なる混乱があったことは窺われるけれども、元来人員は班毎に指導者によって把握されている以上、総人員の把握者を予め決めておくことは必ずしも必要ではないから本件のような余りにも大きな突発的事故による混乱のさ中において入水前後の総人員の把握が容易にできなかったとしても、まことにやむを得ないことであって、それだからといって被告人等の所為につき通常用うべき注意義務の懈怠があったものとは認めがたい」。

③　生徒の水泳場からの脱出防止等に関する監視の注意義務違反なし
注意義務違反の有無

「本件水泳訓練はその実施計画によると参加生徒数約六六〇名をまず男女別にし、水泳能力を基準に編成した男子七組、女子一〇組計一七組とし、教諭一六名、事務職員一名に各一組を担当して生徒の指導監督にあたらせ、このほか陸上勤務者として教諭一名を配置して陸上からの監視救護等の任務につかしめ、さらに被告人B、同Cの両名は生徒全般に対する指導監督にあたり、同Aは教諭Dの担当生徒数が多いためこれを補助することになっていて、本件事故当日もこの計画案どおり実施されていたのであって、女子生徒に対する監視についてとくに不十分であったと認むべき点は認められない」。

④　救助計画の策定に関する注意義務違反なし
注意義務違反の有無

「本件水泳訓練に救命具としては竹竿や浮袋以外にとくに用意されていなかったことは検察官の所論のとおりであるが、本件水泳訓練は遠泳が行われる計画があったわけでもなく、単に比較的狭いしかも最深部でさえわずか一米足らずの水泳場内において約二〇名にも及ぶ教職員の監視のもとに行われたのであるから、監視船はもちろん、救命具などもしかく絶対的に必要であったともいえないから、これらの物が用意してなかったからといって、あながち被告人等にその職務の懈怠があったとも認めがたい」。

注意義務違反の有無

⑤　その他の危険防止の万全を期する義務違反なし

その他の危険防止の万全を期する義務の違背について、「小中学校等における水泳未熟の年少者を対象とする集団的な水泳訓練については、これが指導にあたる教職員において危険防止の万全を期せねばならぬことは検察官の所論のとおりであるが、本件水難事故の原因が生徒の入水後に起きた急激な水位の上昇と異常流にあることは前叙のとおりであって、風波のない快晴のいわゆる海水浴日和にこのような事態の発生をみることはあまりにも稀有な現象であるから、通常人の注意力をもってしてはとうていこれを予見しえない」。

裁判所の結論―業務上過失致死罪は成立しない

「本件水難事故は一つに前叙の如き急激な水位の上昇と異常流の発達という不可抗力に起因するものであって、この事態に処した被告人等の所為につき検察官の所論のような過失を認むべき証拠が十分でない」。

解説

問題の所在

学校がおこなう集団水泳訓練は、もともと児童・生徒の生命の危険を伴うものですから、それを実施するに当たっては、事故発生の危険性を十分に認識したうえで、その予防策を講じておかなければなりません。言い換えますと、校長・引率教諭は、事故の発生を防止する業務上の注意義務を負っていることになります。そして、その注意義務に違反して死亡の結果を引き起こしたばあいには、業務上過失致死罪（刑二一一条）の罪責を問われます。しかし、具体的にどういう内容の注意義務があり、そして、それに違反する行為があるといえるのかは、その集団水泳訓練の具体的ケースによって異なります。

第一審判決と控訴審判決の相違

裁判事例に掲げた事件では、第一審判決は、校長・引率教諭に注意義務違反をみとめましたが、控訴審判決は、これを否定しています。このように異なった結論が導かれるのは、本件水難事故の事実関係の認定に違いがあるからです。すなわち、第一審判決は、異常流の存在は水泳訓練実施に当たる者としての通常の注意を払えば十分に予測することができたと見ていますが、控訴審判決は、これを予測不可能であったと認定しているのです。ここでは控訴審判決の事実認定を前提にして注意義務の内容とその違反を検討します（判例批評をするばあい、直接、証拠に接することのできない部外者は、裁判所の認定した事実関係を基礎にして、その法律判断の当否を吟味することになります。もっとも、証拠評価についての判示があれば、それも批評の対象となり得ることは言うまでもありません。）。

注意義務の内容とその違反の有無

①　水泳場の設置場所

まず、水泳場の設置場所について、校長・引率教諭は、事故が発生する危険がないかどうかを十分に調査したうえで、安全な場所を選定すべきです。裁判事例の水泳場は、他の小・中学校も例年、水泳訓練をおこなってきた遠浅の海岸であり、それまで格別、水難事故が発生したこともなく、市教育委員会の許可も得られていた場所ですから、ここを指定したことには、業務上の注意義務違反はないとされています。このような場所それ自体は、安全と見られるべきですから、そこに水泳場を設定したことにはまったく過失はないと考えるのは正当であるとおもいます。

注意義務の内容とその違反の有無

②　人員の点呼確認

つぎに、一般論としては、入水前後に総人員に点呼確認が必要であるといえます。しかし、これは、事故発生の有無を確かめるための行為であって、これをおこなわないことがただちに事故発生の原因となるわけではありません。そうしますと、総人員の確認ができなかったとしても、ただちに注意義務違反とみることはできないはずです。もっとも、過失の本質的要素として、社会生活上、要求される基準行為としての総人員の確認をしなかったことに注意義務違反をみとめることも可能でしょう。しかし、仮にその注意義務を履行したとしても、結果発生を阻止できないばあいには、義務違反はないと解すべきです。裁判事例は、各班ごとに人数確認がなされていたので、必ずしも総人員の把握者が決められている必要はないとして、この点の注意義務違反を否定しています。

③　危険区域への接近防止のための監視・警戒

注意義務の内容とその違反の有無

集団水泳訓練をおこなうばあいには、安全な場所として指定された水泳場から、児童・生徒が脱出して危険な区域に行かないように、監視・警戒する注意義務があります。すなわち、校長・引率教諭は、水泳訓練がつねに安全な場所で実施されるように注意しなければならないわけです。裁判事例では、男女別にしたうえで、さらに水泳能力別に組編成をし、各組に教職員一名をそれぞれ担当させて生徒の指導監督に当たらせ、このほか陸上勤務者として教諭一名を配置して陸上からの監視救護等の任に就かせていたので、この点の注意義務違反はなかったとされています。これ位、綿密に指導監督態勢が整っている以上、監視義務違反はなかったと見てよいでしょう。もっとも、個々の担当者が監視を怠っていたばあいには、それを怠らせた点に校長の責任があり、それを怠った当の教職員にも責任があることは言うまでもありません。

注意義務の内容とその違反

④　救助態勢の整備

集団水泳訓練を実施するに当たっては、児童・生徒が溺れかかったばあい、すみやかにこれを救助する態勢をあらかじめ整えておかなければなりません。これが十分になされていないばあいには、校長・引率教諭に注意義務違反があることになります。裁判事例では、救命具として竹竿と浮袋だけが用意されていて、監視船は準備されていませんでした。しかし、遠泳の計画もなく、また、比較的浅い所で訓練がなされ、約二〇名の教職員の監視もあったので、監視船・救命具は必要でなく、したがって、この点に注意義務違反はなかったとされています。これも妥当な判断でしょう。

注意義務の内容とその違反

⑤　急激な水位の上昇などの予見可能性

裁判事例の事故は、急激な水位の上昇と異常流という稀有な現象が原因となっているので、予見可能性がなく、結局、不可抗力に起因するものであると判断されています。したがって、校長・引率教諭について業務上過失致死罪は成立しないとされたわけです。この判例は結論的にも妥当であるとおもいます。

参考判例

○水泳未熟な多数の年少者を対象とする集団的訓練においては、これが実施に当たる職員の側においては、十分な組織を作り、相互に緊密な連絡協調を保って生徒の監視に当たり、極力危険水域への接近防止に努めるなどして、危険防止に万全を期すべき業務上の注意義務がある（津地判昭三三・三・二八判時一五六号一一頁）。

○河川において思慮経験未熟な年少児童の集団に対して水泳指導を実施するに当たっては、計画立案者は、水泳場の選択、点検及び備品の整備に特段の注意を払うと共に、また、その指導監視に当たる者は相互にその連絡を密にし、現場における諸状況の変化、特に危険の発生に警戒を怠らず、危険の早期発見・その回避・救助に粗漏のないよう注意を用うべき義務がある（岡山地津山支判昭三四・一〇・一三下刑集一巻一〇号二二七四頁）。

四　中学校のプールで幼児が溺死したがプールの管理をしていた体育教諭の責任はどうなるのか

質問

区立中学校の水泳プールに幼児が立ち入り、誤ってプールに転落して溺死しました。当時プール付近の校庭で体育の授業をしていた保健体育担当の教諭は、プールに立ち入って遊んでいる幼児を発見して退去するように注意しましたが、幼児らは、いったん校外に出て再び戻って来て事故を起こしたものです。なお、この教諭は、プールの管理・補修などの校務をも分掌していました。このばあい、教諭の責任はどうなるでしょうか。

回答

1　区立中学校で保健体育を担当し、プールの管理・補修などの校務をも分掌している教諭は、その学校の生徒の安全を確保すべき義務を負っていることはもとより、部外者に対しても安全確保の義務を負っております。

2　ご質問の教諭は、プールに立ち入って遊んでいる幼児を発見して退去するように注意しており、十分に注意義務を尽くしていると考えられますし、いったん校外に退去させられた幼児が、再び戻って来るという事態は、通常、あり得ないので、予見可能性がなく、その教諭には注意義務違反はみとめられず、業務上過失致死罪の刑事責任を問われません。

裁判事例（東京高判昭四四・三・一〇＝公立中学校プール幼児溺死事件）

事故の状況

T中学校の保健体育担当の教諭Aは、同校の校庭内にあるプールの管理、補修の校務をも分掌していた。本件当日、Aは、プール北側の校庭で、体育の授業を始めるべく、生徒を整列させていたところ、プールサイドに幼児X・Yを発見し、生徒の一人に命じて同人らに注意したうえ、その場を退去させ、同人らが正門の方に立ち去るのを確認して授業を始めた。ところが、幼児二名は、プールサイドから退去させられたのち、いったんは正門の外に出たが、Aが生徒を引率して椎の木の下に行こうとして正門付近を通過した後、再び正門から校地内に立ち入り、本件プール付近で遊んでいるうちに、Xが誤ってプール内に転落して溺死した。

業務上過失致死傷罪における業務性

「プールは水泳のためのものであり、水泳場の管理いかんによっては、直接人の生命、身体に危険を及ぼすおそれのあることは多言を要せずして明白であるから、右判例の趣旨に徴しても、被告人の業務は刑法第二一一条にいわゆる業務に該らないとはいいがた（い）」。

注意義務の内容—被害者が生徒以外の者であるというだけでは過失を否定できない

「被告人は教員として教育を掌ることを本来の職務とし、本件プールの管理のごときは、本来、学校長の責任であり、ただ被告人は、学校長の命により、校務としてこれを分掌していたものに過ぎず、かつ、その管理の主たる目的は、当該学校の生徒に対する教育的見地から、その安全を確保するためにあることは所論のとおりであるが、いわゆる社会教育等のため、校庭が開放される場合もあり、あるいは、……危険が現実に予測されるがごとき場合には、それが生徒たるとそれ以外の者たるとを問わず、これが安全を確保すべき責任もまた被告人のごとき管理者の責任といわざるをえず、要は具体的情況のいかんによるものというべく、本件被害者が、単に、生徒以外の者であるとの一事をもって、直ちに被告人の責任を否定し去ることはできない」。

注意義務違反の存否—注意義務違反なし

「諸般の情況にかんがみれば、本件被害者のごとき幼児が、学校教員の注意にかかわらず、一旦校外に出たのち幾ばくもなくして再びその場に立ち戻ってくるがごときはむしろ異常の事実というべきであり、現に授業中である教員としての被告人に対してかかる事態をも予測すべきものと解するは、酷に失するとの譏りを免れず、これを予測すべきものとして原判示のごとき措置をとるべき業務上の注意義務があるものとは解しがたい」。

裁判所の結論—業務上過失致死罪の成立を否定

裁判所は、いったん校外に出た幼児がすぐに立ち戻って来ることを、授業中のAには予測不可能であったので注意義務違反はなく、したがって、業務上過失致死罪は成立しないとした。

解説

問題の所在

裁判事例においては、区立中学校のプールに幼児が立ち入って転落して溺死した点について、同校の保健体育担当の教諭Aに業務上過失致死罪（刑二一一条）が成立するかどうか、が争われました。業務上過失致死罪が成立するためには、行為者が刑法二一一条にいう「業務」に従事する者である必要があります。そして、弁護人は、Aについて業務性がないと主張しました。まず、この点から見ていくことにしましょう。

業務上過失致死罪における「業務」

刑法二一一条にいう業務は、人が社会生活上の地位に基づいて反覆継続しておこなう行為であり、かつ、他人の生命。身体に危害を加えるおそれのあるものであることを必要とします（最判昭三三・四・一八刑集一二・六・一〇九〇）。弁護人は、右の最高裁判所の判例を援用して、Aの本件プールに対する管理・補修の校務は刑法二一一条にいう業務に当たらないと主張しました。しかし、裁判事例では、これを退けて業務性を肯定しております。すなわち、「プールは水泳のためのものであり、水泳場の管理いかんによっては、直接人の生命・身体に危険を及ぼすおそれのあることは多言を要せずして明白であるから」、最高裁判所の右の判例の趣旨に照らしても、プールの管理・補修の校務は業務に当たると解しています。判決が述べているように、プールの管理が適切でないばあいには、そこで泳ぐ人の生命・身体に直接、危害を及ぼすおそれが十分にありますので、プールの管理・補修の職務を担当する者が刑法二一一条にいう業務に従事する者に当たると解するのは、正当であるといえるでしょう。

注意義務の内容

① 当該中学校の生徒の安全確保

それではAは、プールの管理に関して、具体的にどのような内容の業務上の注意義務を負うのでしょうか。弁護人は、Aのプールの管理者としての業務上の注意義務は、本件中学校の生徒の安全を確保することにあるのであって、外部の者の安全を確保すべきことを内容とするものではない、と主張しました。つまり、中学校のプールは、あくまでもその中学校の生徒に利用させるものであるから、その生徒の安全のために管理すれば足りるというのです。この点につき、本判決は、プールの「管理の主たる目的は、当該学校の生徒に対する教育的見地から、その安全を確保するためにある」ことをみとめています。すなわち、Aは、保健体育担当の「教員として教育を掌ることを本来の職務とし、本件プールの管理のごときは、本来、学校長の責任であ」るが、「学校長の命により、校務としてこれを分掌していたものに過ぎ」ないのであるから、やはり、もともとは当該中学校の生徒がプールを利用するばあいに、その生徒の安全を確保すべき義務を負っていることになるわけです。一般論としては、そのように言うことができるでしょう。

注意義務の内容

② 部外者の安全確保

しかし、判決は、次のような理由から、当該中学校の生徒以外の者（部外者）に対しても安全を確保すべき注意義務があると解しています。すなわち、「いわゆる社会教育等のため、校庭が開放される」ばあいもあり、また、「危険が現実に予測される」ばあいには、それが当該中学校の生徒であるか否かを問わず、その安全を確保することは「管理者の責任」と言わざるを得ないとされるわけです。つまり、中学校のプールは部外者に開放されることもあるので、当該中学校の生徒だけの安全確保で足りるものではないとされています。しかし、これは付け足しの理由にすぎません。というのは、部外者に対する責任は、まさにプールが開放されているばあいに問題にすればよいからです。したがって、ここで重要なのは、次の点なのです。すなわち、「要は具体的情況のいかんによるものというべく、本件被害者が、単に、生徒以外の者であるとの一事をもって、直ちに被告人の責任を否定し去ることはできない」とされているところが、眼目となります。現実に危険を生ずる可能性があれば、その危険を除去するように努めなければならないわけです。したがって、ご質問のばあいでは、幼児がプールに転落して溺死していますが、被害者が部外者であるということだけを理由にして、Aの管理責任を否定することはできないことになります。

注意義務違反の有無

① 幼児を退去させることの評価

それでは、Aについて業務上の注意義務違反があったとされるのでしょうか。つぎにこの問題を検討することにしましょう。Aは、校庭で体育の授業を始めようとした際に、幼児二名がプールサイドにいるのに気が付き、生徒の一人に命じて幼児に注意したうえで、プールサイドから退去させています。そして、Aは、幼児二名が正門の方に立ち去るのを確認してから授業を開始したのでした。Aは、幼児をプールサイドから退去させていますが、これはプールの管理者として適切な措置であったといえます。このばあい、幼児にただ注意するだけではなく、その場から退去させるのが、幼児の転落死などの事故に対する防止策として最善の措置であったと考えられます。現にAは、授業中であったわけですから、それ以上に、プール付近に常時、待機して監視すべきことまでAに要求するのは行き過ぎでしょう。

注意義務違反の有無

②　幼児の立ち戻りの予見可能性

ところが、右の幼児二名は、いったん正門の外に出たものの、再び正門から校地内に入ってプール付近で遊んでいるうち、そのうちのXが転落し溺死しています。この点については、どのように考えるべきなのでしょうか。つまり、Aにはなお過失があるといえるのでしょうか。前にも述べましたように、Aは、プール管理者として幼児を退去させる措置をとっております。退去させられた幼児が、また立ち戻ってくるというのは、通常は考えられないことです。本判決は、「一旦校外に出たのち幾ばくもなくして再びその場に立ち戻ってくるがごときはむしろ異常の事実」であるから、予見可能性がなく、したがって、Aには業務上の注意義務違反はないと判示しております。これは妥当な判断であるとおもわれます。もし、このばあいにも注意義務違反があるとなると、管理者は、常時、プールを監視していなければならないことになってしまうでしょう。しかし、このような事故が起こらないようにするためには、プールの設置・管理者としては、さらに柵を作って鍵をかけるなどの措置をとるのが望ましいことになると考えられますが、つねにそれが要求されるわけではありません。要は、具体的な危険の防止策を講じたかどうか、にあるわけです。

参考判例

【予見可能性】

○校舎の廊下が落下して生徒が負傷した場合に、建築技術者でさえ落下の危険を予想し得なかったものである以上、学校長には右事故につき結果の予見可能性がなく、過失があったとはいえない（多治見簡判昭四〇・二・一二下刑集七巻二号一四六頁）。

五　キャンプ中に急激な増水のため生徒が溺死した事故につき、引率教諭は刑事上の責任を問われることになるか

質問

公立中学校の生徒会活動の一環として実施された夏季キャンプにおいて、川の中州にテントを張っていたところ、集中豪雨により川が増水し、中州に取り残されてしまったので、引率教諭が警察署へ救援を求めて一時現場を離れた間に、生徒が濁流に押し流され溺死してしまいました。このばあいに引率教諭は、刑事上の責任を問われるのでしょうか。

回答

1　生徒会活動の一環として夏季キャンプを実施するばあい、引率教諭は、次の点に注意しなければなりません。

すなわち、危険防止のために、事前に実地踏査をおこない、気象状況を確実に把握し、安全な場所をキャンプ設営地として選択するようにし、天候の変更などに応じてキャンプを中止・変更して臨機応変に危険回避措置をとる必要があります。これらの措置をとっているかぎり、発生した結果は不可抗力によるものと解されて、引率教諭に刑事責任はないことになります。

2　川の中州がキャンプ設営地として適当な場所であり、集中豪雨が一般人の予測をはるかに超えるようなものであるばあいには、中州に取り残された生徒が濁流に押し流されて溺死しても、引率教諭は、刑事上の責任を問われることはありません。

裁判事例（宮崎地判昭四三・四・三〇判時五二二号一三頁＝青井岳キャンプ遭難事件）

事件の概要

宮崎市立X中学校の生徒会活動の一環として、昭和四一年八月一三日教諭Aが、生徒一一名を引率して宮崎県青井岳キャンプ場でキャンプを実施することになったが、折からの雨や汚物などで雑木林内が使えない状態であったので、同所を流れる境川の中州にテントを張った。翌朝、Aが目をさました時には著しく増水しており、ただちに生徒らを避難させるべく荷物をまとめ、Aのみ対岸へ渡りつき、警官派出所へ救いを求めるために現場を一時立ち去ったが、その間に、応援に来ていた同僚教諭Bが、キャンプ用テントを浮袋代わりにして生徒らを中州から脱出させようとし、かえって、濁流に押し流されて同教諭および生徒八名が溺死するに至った。

業務上過失致死傷罪の業務性

「被告人は中学校教諭であり、青島七区部落生徒会のキャンプ実施は文部省の学習指導要領で特別教育活動として分類されている生徒会活動の一環としてなされ、生徒の引率は校長の命を受けた被告人の公務であり、その目的は教師としてキャンプ等の生徒による野外活動に往々にして伴う危険から生徒を保護することにあり業務上過失致死傷罪にいう業務に該当するものである」。

第三者の行為の介入と因果関係の存否

「右の如き状況の中州に孤立した者が脱出を図ること、それにより溺死等の結果の発生し得ることはわれわれ通常人の経験則上一般に予期し得ることと言わねばならない。従って、Bが生徒を入水させる処置を採った直前の状態に至ったこと、すなわち生徒らを中州に孤立させ脱出、救出を長く不能の状態に陥らせたことにつき被告人に過失ありとすれば被告人の注意義務違背はBの行為の介入があったとしても、本件結果との間に相当因果関係は否定し得ない」。

本件における注意義務とその違反の存否—義務違反なし

「本件キャンプ設営地が管理人の常駐する著名な公営キャンプ場内と一般に考えられていた場所であることなど諸般の事情を考慮するとき、被告人につき事前に実地踏査をする義務違背、キャンプ場所選定に関する義務違背ありとは断定できず、又事故直前に至るまでの気象状況、降雨量、天気予報などを見るとき被告人につき気象状況を確実に把握し、その変化に即応してキャンプを中止するなど危険の発生を未然に防止する措置をとるべき義務の違背があったものとも考えることができないばかりでなく、本件事故は全く異例の突発的局地的集中豪雨という偶然的、不可抗力的事実に基因するものであり、被告人につき本件事故発生につき過失は認められない」。

裁判所の結論―業務上過失致死罪不成立

裁判所は、本件事故を不可抗力的な事実に基づくものであると認定し、Aについて注意義務違反はなかったとして、業務上過失致死罪の成立を否定した。

解説

引率教諭と業務上過失致死罪における「業務」

裁判事例において、夏季キャンプの引率教諭Aは、業務上過失致死罪（刑二一一条）のかどで起訴されました。本罪が成立するためには、まず、Aについて「業務」性がみとめられなければなりません。ここにいう「業務」は、人が社会生活上の地位に基づいて反覆継続しておこなう行為であり、かつ、他人の生命・身体に危害を加えるおそれのあるものであることを必要とします（最判昭三三・四・一八刑集一二巻六号一〇九〇頁）。この点につき、キャンプのための生徒の引率は、校長の命を受けた公務であり、その目的は教諭として、生徒による野外活動に往々にして伴う危険から生徒を保護することにあるので、業務性があると本判決は解しております。引率教諭は、生徒の生命・身体に危害の及ぶことを防止するために派遣されるものでありますから、業務性を肯定するのは妥当であると解されます。

つぎに、業務上過失致死罪が成立するためには、行為と結果（被害者の死亡）との間に因果関係が存在しなければなりません。つまり、教諭Aの行為が生徒の溺死の原因となっている必要があるわけです。そこで、弁護人は、Aが現場にいない間に同僚教諭Bが、独自の判断で早まって生徒を濁流に入らせたために溺死の結果を引き起こしたのであり、そのまま中州にとどまっていれば本件の結果は発生せず、したがって、Aの行為と結果との間に因果関係は存在しないと主張したのでした。しかし、判決は、Bの行為の介入があったとしても、なお、Aの行為と生徒の溺死との間に因果関係があると判示しております。すなわち、本件のような状況において、中州に孤立した者が脱出を図って溺死することは、通常人の経験則上、一般に予期できるので、生徒を長く中州に孤立させたことに過失があるとすれば、Aの注意義務違背の行為と結果との間の因果関係は否定されないとしたわけです。したがって、第三者Bの行為が介入したこと自体によって、Aの罪責が否認されることにはならないとされています。

注意義務の内容

業務上過失致死罪が成立するためには、さらにAについて注意義務違反の事実が存在しなければなりません。それでは、ご質問のようなばあい、引率教諭にはどういう内容の注意義務が課せられることになるのでしょうか。この点につき、裁判事例で検察官は、次のように主張しました。すなわち、生徒がキャンプなどの野外活動を実施する際の引率教諭としては、危険防止のために、①事前に実地踏査をおこなう義務、②気象状況を確実に把握する義務、③安全な場所をキャンプ設営地として選定する義務、④天候の変化等に応じてキャンプを中止・変更するなどの措置をとる義務があるのに、Aはこれらの義務のすべてを怠った過失があると指摘されたのです。これらの義務違背があるかどうか、がご質問の中心問題ですから、逐一、見ていくことにしましょう。

①　事前実地踏査義務

裁判事例によれば、事前の実地踏査が要求されるのは、「危険発生に関する未知ないし不確定的要素を確実に把握する」ためであるとされています。したがって、事前に踏査をしても危険に関する未知の要素が認識され得ないようなばあいには、事前踏査義務違背はないとされています。しかし、これは、必ずしも正確とはいえないでしょう。一般論としては、やはり引率教諭は、事前にキャンプ設営地を踏査しておく必要があると解すべきであると考えられるのです。ただ、本件においては、キャンプ設営地が著名な公営キャンプ場であり、Ａも事前にキャンプ場および周辺の地形、環境については把握していたと認定されているので、右の義務違背はなかったとされているにとどまります。したがって、このことから、一般論として、引率教諭に事前実施踏査義務がないとはいえません。引率教諭は、やはり事前に現地を踏査する必要があります。

②　気象状況を確実に把握する義務

山岳における気象状況の変化は、そこでキャンプをしている者の生命・身体に直接的に危害を及ぼします。したがって、キャンプを実施する責任者は、危険防止のために気象状況を確実に把握しておかなければなりません。そうすると、引率教諭としては、天気予報を注意して聴取し、つねに気象の変化をキャッチする義務があることになります。そして、気象状況の把握が的確になされ、甘きに失しないようにしなければなりません。裁判事例では、引率教諭Ａは、出発当日の朝、ラジオで天気予報を聞き、学校で新聞の天気図で南方に熱帯性低気圧の発生を知り気がかりとなったが、天気予報などからキャンプができない程のひどい天気になるまいと判断して出発し、その後もトランジスターラジオで天気予報を聴取し、降雨状況等も自ら認識していました。Ａは、熱帯性低気圧の発生を知っていながらキャンプに出発しており、その点に過失があるのではないかという疑問が出てきますが、この点について、裁判事例は、熱帯性低気圧が「発生した場合もその後の進路、発達状況、その他の気象条件等により何らの影響をも与えない場合も多いことは経験則上明らか」であるから、熱帯性低気圧の発生を知っていたこと自体から、気象状況の把握が甘きに失していたとはいえないとしています。問題は、気象状況についての具体的な判断の当否にあることになります。

③　安全な場所をキャンプ設営地として選定する義務

キャンプ設営地として安全な場所を選定しなければならないことは、言うまでもないでしょう。具体的に問題となるのは、選定された場所が安全な場所であったかどうかということです。裁判事例では、中州が設営地として適当であったかどうか、が争われました。本判決は、そこがキャンプ場として明示的に除外された事実がなかったこと、現にこれまでも他のグループによって利用されていたこと、当時の水流の状況から見ても危険な場所とは考えられなかったことなどを理由に、安全な場所をキャンプ設営地として選定する義務に違背していないと判断しています。

④　天候の変化などに応じてキャンプを中止・変更するなどの措置をとる義務

前述のとおり、気象状況の変化は、キャンパーの生命・身体に直接的な危害を及ぼしますので、引率教諭は、天候の変化がある時は、臨機応変に危険回避措置をとらなければなりません。しかし、裁判事例においては、きわめて異例の急激な集中豪雨が生じ、異常な増水の状況下で、Aにキャンプ設営を中止・変更し、危険の防止に必要な措置をとることの義務違反を問うのは不可能を強いることになると判断されています。一般人にも予測不可能な異常な天候の変化に対応することを要求するのは、まったく無理を強いるものですので、裁判事例の判断は妥当であると考えられます。

このようにして、Aについては義務違反はなく、したがって、業務上過失致死罪は成立しないとされました。

参考判例
○高等学校山岳部員を引率して登山する教諭は、事前にコース、気象状態、岩質、地形等について十分な調査を遂げたうえ、これらの諸条件に相応する装備、食糧等の携行品を整えるなど周到な登山準備をし、登攀を開始した後であっても、難所に遭遇したばあいには、ただちに登攀することなく、あらかじめ岩壁の全容を観察して前後の措置を判断し、登攀可能と判断しても、途中で危険を予知するばあいは引き返すなど緩急に応じて応急の措置をとり、もって事故の発生を未然に防止すべき業務上の注意義務がある（札幌地判昭三〇・七・四裁時一八八号一二八頁、判時五五号三頁）。

六　社会見学中、船が転覆し五名の生徒が死亡した事故の刑事責任はどうなるか

質問
町立中学校の一年生が社会見学の途中、乗船した船が転覆して五名の生徒が溺れて死亡しました。このばあい、社会見学を実施した校長や引率の教諭等は、刑事責任を問われることになるのでしょうか。

回答
1　社会見学を実施するに当たって船舶を利用する際、校長や引率の教諭は、次のような措置をとるべきであり、それを怠ったばあいには業務上過失致死罪の刑事責任を問われることになります。すなわち、校長および引率教諭は、天候、船舶の定員・堪航能力に留意して過剰乗船にならないように注意し、航行上の危険が予測されるばあいには、船長に対して、その危険がないかどうかを確かめ、必要であれば自らまたは船長に危険回避のための措置をとらせたうえで、航行させなければならないのです。

2　このような措置をとったにもかかわらず、船舶が転覆して生徒が死亡したのであれば、これは不可抗力による事故であり、校長および引率教諭は、刑事責任を問われることはありません。

裁判事例（熊本地判昭四三・一一・一七＝公立中学校社会見学旅行中船舶転覆生徒溺死事件）

事故の概要

町立Ｈ中学校は、一年生に対する社会教育の一環として天草五橋等の見学旅行を実施する際、その交通機関には大矢野町所有の大矢野丸を利用することにしたが、同船は水深の都合で船着場には接岸困難のため沖合で待機し、船着場から同船までの中継船としてＤ所有の進幸丸を利用することにした。

まず男生徒二八名を無事大矢野丸に運び船着場に引き返し、次いで女生徒を運送する際、進幸丸が横転転覆し生徒五名が溺死した。

船長の注意義務の内容とその違反

被告人Ｄは、進幸丸の最大搭載人員が「一三名に過ぎず、当日は恰も強風波浪注意報発令中で、事実当時南西の風であって多少の波浪が立ち、小雨も降っており、然かも乗船者は大部分中学校一年生の生徒であるから、旅客運送の業務に従事する者としては乗客の人員を点検し、積載重量の過重にならぬよう乗船者を同船が安全に航行できる限度に制限し、且つ乗船者に対し乗船の場所、姿勢、乗船中の動静につき十分の注意を与える等して航行中の転覆事故の発生を未然に防止すべき業務上の注意義務があるのにこれを怠り漫然と生徒等の乗込に委せ、結局女生徒四〇名、前記引率者四名合計四四名……全部を乗船上の注意も与えず、乗船部位も定めないで一挙に乗船するに至らせ結局船内は身動きも容易でなく乗船者は降雨中に拘らず傘をささないまま船首甲板にまで起立している状態で人員及び重量において安全に航行できる限度を著しく超過し、そのまま進行すれば、方向変換の際等における船体の傾斜、乗船者の動揺等により船体の平衡を失い、転覆の虞があることは十分予想し得られたのに、運航距離が短く、男生徒二八名は一回で無事に運送できた安易感も手伝いこれを看過し、安全に航行できるものと軽信してそのまま放任し」、進幸丸を転覆させて生徒五名を溺死させた。

校長および引率教諭の注意義務の内容

「被告人同校校長Aは生徒引率の最高責任者として、又被告人同校教諭B、Cはいずれもその担任する学級の生徒に対する安全管理の責任者として、かかる場合生徒を乗船させるについては、天候、当該船舶の定員、堪航能力等に留意し苟くも過剰乗船等のことがないよう注意すべきは勿論、乗船後はその乗船状態に注意し、その状態により一般に些かでも航行上の危険が予想されるときは、船長に対しその危険がないかどうかを確かめ、要すれば自ら又は船長をして適切な措置を執らせる等航行の安全を確認したうえで出航させ、もって事故発生の危険から生徒の安全を保護すべき業務上の注意義務がある」。

校長および引率教諭の注意義務違反

「無統制に生徒の乗込に委せ定員を遙かに超えて乗船させ……船内は身動きも容易でなく、生徒は船首甲板にまで起立している状態でそのまま進行すれば転覆の虞があることは通常何人も容易に予見し得られたのにこれを看過し船長に対し安全確認のためにする何等の措置を執らずそのまま放任し却て同被告人等三名いずれも自ら同船船首甲板に乗り込み、重量過重のため船底が突堤に接触し発航ができないのをみて被告人B、C両名は船より降り、船首を抱え上げて押し出したうえ船首に飛び乗り、そのまま出航させたため、被告人船長において、右進幸丸を運転して一旦岸壁から東北方約三〇メートル退進したうえ船首を「大矢野丸」乗降口に向けて前進し、岸壁より北西約九四メートル附近に進行した際前記のように著しく定員を超過して過剰に乗客を搭載し、船首甲板上まで起立乗船させていたため舳の乾舷が低下し、同部から船内に海水の浸入を来たし、これに驚いた生徒等の動揺も加わり重心が右にかたより同船を右舷より横転転覆させ、よって乗船していた同中学校（生徒）V・W・X・Y・Zの五名をそれぞれ溺死するに至らしめた」。

裁判所の結論―業務上過失致死罪の成立を肯定

裁判所は、船長、校長、引率教諭にはそれぞれ業務上、必要な注意義務を尽くさなかった過失があるとして、業務上過失致死罪の成立をみとめた（船長は、さらに船舶安全法施行規則七一条二号違反の罪責を問われている。）。

解説

問題の所在

町立中学校の一年生が社会見学の途中、乗船した船が転覆して生徒が溺れて死亡したばあい、まず、その船の船長の罪責が問題になります。裁判事例においては、船長は、当該船舶の定員をはるかに超える人数の者を乗船させ、積載重量が過重となっているにもかかわらず、強風波浪注意報発令中の海を航行しています。しかも、乗船者に対して乗船の場所、姿勢、乗船中の動静について十分の注意を与えるなどの事故防止のための措置をとっていませんでした。その結果、船体の平衡を失って、船は転覆するに至ったわけです。船長としては、右の点に業務上の注意義務違反があり、業務上過失致死罪の罪責を問われることになります。

注意義務の内容

①　乗船前

右のようなばあい、校長および引率教諭の罪責はどうなるのでしょうか。まず、いかなる内容の注意義務がみとめられるべきか、が問題となります。校長および引率教諭は、生徒の安全管理の責任者として、事故が発生しないように細心の注意を払う必要があります。船舶を利用するに当たっては、転覆、転落事故が起こりやすい天候の日を避けるようにしなければなりません。ただ、年間計画の一環として社会見学を実施するばあい、なかなか期日の変更はしにくいものですから、少々の悪天候であっても、行事を決行することが少なくないと考えられます。裁判事例においては、強風波浪注意報が発令されていたにとどまりますので、社会見学の実施を決行したこと自体は、けっして不当とはいえませんが、通常の天候のばあいよりも、警戒を要すべきであったとおもわれます。つまり、中継船は小型ですので、強風波浪によって転覆のおそれがあったわけですから、この点について、もっと慎重に対処する必要があったといえるわけです。前に述べましたように、船長は、定員オーバーになるのを知りながら、生徒等を乗船させていますが、この点について、校長および引率教諭は、船長に対して何らの注意も与えておりません。生徒を乗船させるに当たっては、生徒の安全のため、その船舶の定員と堪航能力を十分に知ったうえで、それを超えるような事態が生じないようにする必要があるのです。仮に船長が大丈夫であると請け合ったとしても、定員をはるかに超過することにならないようにと、船長に要求し、たしなめるのが責任者としてとるべき態度である重量の影響は非常に強くなるわけです。

といわなければなりません。先程も述べたように、当日は、強風波浪注意報が出ていたのですから、定員オーバーのもつ意味も通常の天候のばあいとは異なります。つまり、強風や波浪によって船体が動揺したばあいには、超過重量の影響は非常に強くなるわけです。

注意義務の内容

②　乗船後

つぎに、乗船後の注意義務をみてみましょう。仮に多少の定員オーバーの乗船がやむを得なかったとしても、乗船者に対して、事故が起こらないように適切な注意を与えておく必要があるでしょう。小型船のばあい、乗船者の無秩序な動きによって船体に動揺を生じさせることが少なくありません。とくに海が荒れているときには、船体が横転するという事態が生じやすくなります。したがって、船舶の中にどのような場所的比率で生徒を配置するかは、慎重に決められなければなりません。例えば、一方の舷側に多くの者が集まると、そこが傾くことになりますから、左右の均衡をとることなど、考慮すべき事柄がいくつか出てきます。これは、生徒の生命を預かる校長、引率教諭として、当然、注意しなければならないことです。さらに、専門的観点からしか気付かないような危険性については、船長によく確かめ、そのような事態が生じないように船長に要求する必要があります。いささかでも事故発生の危険があれば、その危険を除去するように、校長、引率教諭は、努力し、船長にも強く協力を要求すべきなのです。このような措置をとって航行の安全を確認してから船舶を出航させ、事故発生の危険から生徒を守る義務を校長、引率教諭は負っているわけです。

注意義務違反

校長、引率教諭は、右に述べたような業務上の注意義務を負っていますが、裁判事例として掲げたケースにおいては、次のようにその注意義務に違反したものとされています。すなわち、無統制に生徒が乗り込むのにまかせ、定員をはるかに超えて乗船させ、しかも船内は身動きも容易ではなく、生徒は船首甲板にまで起立しているありさまで、そのまま航行すれば船舶が転覆するおそれがあることは容易に予見できたのにもかかわらず、校長および引率教諭は、それぞれ、これを見逃したのでした。そして、船長に対して安全確認のための措置を何らとっておりません。これは、社会見学の責任者として、はなはだ軽率というべきであり、業務上過失致死罪の罪責を問われてもやむを得なかったと考えられます。したがって、判例の見解は妥当であるとおもいます。

第八節　個別判例研究

第一款　偽装心中と殺人罪（最判昭三三・一一・二一刑集一二巻一五号三五一九頁）

【事実】

被告人Xは、料理屋の接客婦Aと馴染みになり、やがて夫婦約束までしたが、遊興のため多額の借財を負い、両親からAとの交際を絶つよう迫られたため、Aを重荷に感じ始め、別れ話を持ちかけた。しかし、Aはこれに応じず、心中することを申し出た。Xは、渋々心中の相談に乗ったが、三日後、Aと山中に赴き、真実はその意思がないのに追死するもののように装い、予め買い求めて携帯してきた青化ソーダ致死量をAに与えて嚥下させ、その場で青化ソーダの中毒によりAを死亡させた。

第一審は、殺人罪の成立をみとめたので、被告人側は控訴して殺人罪の成立を争ったが、原審は、「Kの心中の決意実行は正常な自由意思によるものではなく、全く被告人の欺罔に基くものであり、被告人はKの命を断つ手段としてかかる方法をとったに過ぎない」としてさらに控訴を棄却した。殺人罪の成立を争って上告がなされたが、本決定は、次のように判示して上告を棄却している。

【判旨】

「被害者は被告人の欺罔の結果被告人の追死を予期して死を決意したものであり、その決意は真意に添わない重大な瑕疵ある意思であることが明らかである。そしてこのように被告人に追死の意思がないに拘らず被害者を欺罔し被告人の追死を誤信させて自殺させた被告人の所為は通常の殺人罪に該当するものというべく、原判示は正当であって所論は理由がない」。

【解説】

追死の意思がないのに、被害者を欺いて追死するものと誤信させて死亡させる「偽装心中」の取扱いについて見解が対立している。通説は、「真意に添わない重大な瑕疵ある意思」に基づいて死を決意したときは殺人罪に当たると解している（殺人罪説）。これに対して自殺関与罪説は、相手方が追死してくれるものと誤信しておこなう自殺のばあい、相手側が死んでくれるから自分も死ぬという動機の錯誤があるにすぎず、「死ぬ」こと自体について錯誤はないので、本人の意思に反して生命を侵害したことにならないとする。刑法上、動機の錯誤は重要ではないから、自殺関与罪の成立をみとめるのが妥当である。このばあい、法益侵害について認識があるときには「法益関係的錯誤」はないので、同意は有効であるとして自殺関与罪の成立を肯定する見解もある。

最高裁の本判決は、「本件被害者は被告人の欺罔の結果被告人の追死を予期して死を決意したものであり、その決意は真意に添わない重大な瑕疵ある意思であることが明らかである。そしてこのように被告人に追死の意思がないに拘らず被害者を欺罔し被告人の追死を誤信させて自殺させた被告人の所為は通常の殺人罪に該当する」として殺人罪説の立場に立つことを明示している。これは、行為者の追死することが自殺の決意にとって本質的であるばあいは、被害者の追死に対する誤信は、自殺に対する自由な意思決定を奪うので、自殺教唆の範囲を逸脱し、被害者を道具とする間接正犯であると解するものである。

第二款　胎児性致死と業務上過失致死罪の成否―水俣病刑事事件最高裁決定の検討

一　はじめに

最高裁判所第三小法廷は昭和六三年二月二九日、いわゆる「水俣病刑事事件」につき被告人側の上告を棄却する決定を下した(3)。本件は、本決定も述べているように「複雑な過程を経て発生した未曾有の公害事犯」であるが(4)、元社長および元工場長という企業トップの刑事責任が肯定されるという形で決着を見たことになる。本決定には、訴訟法上の重要問題も包含されているが、ここでは胎児性致死の問題にしぼって検討することにする。胎児性致死の問題は、胎児に過って薬物等で傷害を与えたところ、胎児が出生して人となった後で右の傷害に基いて死亡したばあい、その生まれてきた人に対する過失致死罪が成立するか否かを扱うものである。わが国においては、本事件を

契機にして、刑法学上、大いに議論されるようになった。(5)

二　胎児性致死と業務上過失致死罪に関する第一審判決および第二審判決

本件公訴事実の要旨は、次のとおりである。

被告人甲は、昭和三三年一月から昭和三九年一一月までの間、化学製品の製造等を業とする新日本窒素肥料株式会社（後にチッソ株式会社に商号変更。以下、チッソと略称する。）の代表取締役社長、被告人乙は、昭和三二年一月から昭和三五年五月までチッソ水俣工場長の職にあって、共に同工場の操業およびこれに伴う危害発生の防止等の業務に従事していた者であるが、同工場においては、かねてより水銀を含有する排水を水俣湾に排出していたところ、同湾の魚介類を摂食していた周辺住民間に原因不明の疾病が多数発生し、昭和三一年五月にはこれが水俣病として問題化し、昭和三三年七月には、厚生省公衆衛生局長から熊本県知事等関係行政機関に対し、同病は同工場の廃棄物に含有されている化学毒物と同種のものによって有毒化した魚介類を多量に摂食することによって発症する中毒性脳症であると推定される旨を指摘してその対策を要請する通達が発せられるなどしていたから、その時点で、被告人らは、同工場の排水が同病の原因毒物を含有していることを当然認識し得たのであり、水俣病の被害が甚大であることにかんがみ、遅くとも同月以降、その安全が確認されるまでは、これを魚介類を汚染するおそれのある海域に排出しない措置を講ずべき業務上の注意義務があるのに、被告人らは、これを怠り、昭和三三年九月から昭和三五年八月ころまでの間、継続的にアセトアルデヒドの製造工程で副生する塩化メチル水銀を含有する排水を水俣川河口海域に排出させた過失により、同海域の魚介類を右塩化メチル水銀によって汚染させ、よってこれを摂食したA・B・DないしFの五名を水俣病に、その母親が妊娠中にこれを摂食したCおよびGの二名を胎児性水俣病にそれぞれ罹病させて障害を負わせ、うちCを除く六名を、同病に起因する嚥下性肺炎ないしは栄養障害により死亡させた。

右の事実関係の下において、第一審の熊本地裁判決は、次のように判示して業務上過失致死罪の成立をみとめた。[6]すなわち、「胎児性水俣病は母体の胎盤から移行したメチル水銀化合物が形成中の胎児の脳等に蓄積して病変を生じさせ、これによる障害が出生後に及ぶものであるが、胎児には『人』の機能の萌芽があって、通常、『人』となるのであるから、これに対して傷害を負わせることは人に対する致死の結果を招来する危険性が十分にある。人に対して致死の結果を発生させた場合に、その原因となる行為が胎児である間に実行されたものであっても、『人』となった後に実行されたものであっても、これを価値的にみると、その間に格別の径庭はない。また、人に対する致死の結果を招来させた原因が胎児のうちに生じたものであっても、『人』に生じたものであっても、それは人に対する致死の結果に至る因果の過程を若干異にするだけであって、その間に、刑法上の評価を格別異にしなければならないような本質的な差異はない。よって、胎児性水俣病によるものであっても業務上過失致死罪は成立する」。

第二審の福岡高裁判決は、「原説示のほか一言付加する」という形で、「被告人らの本件業務上過失排水行為はGが胎生八か月となるまでに終ったものではなく、とくに、その侵害は発病可能な右時点を過ぎ、いわゆる一部露出の時点まで、継続的に母体を介して及んでいたものと認められる。そうすると、一部露出の時点まで包括的に加害が認められる限り、もはや人に対する過失傷害として欠くるところがないので、右傷害に基づき死亡した同人に対する業務上過失致死罪を是認することも可能である」と判示している。[7]

第一審判決は、ドイツにおけるサリドマイド事件に関するアーヘン地裁判決をベースにし、藤木博士等の肯定説の論拠をも加味しこれまでの肯定説の主張を「集約」したものであるとされる。[8]これに対して、第二審判決は、「傷害行為が胎児の一部露出の時点まで継続的に及んでいる」ことを理由にして肯定説をとっている。これは、胎児が「人」になる時点で傷害行為が加えられているから、「傷害の実行行為とその客体の同時存在性」がみとめられるとする趣旨であろう。(9)

三　最高裁決定の内容

本決定は、胎児性致死と業務上過失致死罪の成否について職権で判断し、次のように判示した。

「現行刑法上、胎児は、堕胎の罪において独立の行為客体として特別に規定されている場合を除き、母体の一部を構成するものと取り扱われていると解されるから、業務上過失致死罪の成否を論ずるに当たっては、胎児に病変を発生させることは、人である母体の一部に対するものとして、人に病変を発生させることにほかならない。そして、胎児が出生し人となった後、右病変に起因して死亡するに至った場合は、結局、人に病変を発生させて人に死の結果をもたらしたことに帰するから、病変の発生時において客体が人であることを要するとの立場を採ると否とにかかわらず、同罪が成立するものと解するのが相当である」。

本決定には長島敦裁判官の詳細な補足意見が付されており、それは、法廷意見を補足する部分①と独自の立場から積極説を展開している部分②とからなっている。本稿では紙幅の関係で法廷意見のみを検討するので、①だけを引用しておくこととする。

「胎児は、人としての出生に向けて成育を続けるという点で、それ自体としての生命を持っているが、他面、胎内にある限り母体の一部を構成していることも、否定することはできない。したがって、過失により傷害が加えられた場合において、母体の他の部分にはなんらの結果も発生せず、胎児だけに死傷の結果を生じたようなときであっても、母体に対する過失傷害罪は、その成立を肯定することができるものというべきである（もとより、侵害の主体が母親自身であるときは、過失による自傷行為として不可罰ということになる。）。確かに、現行刑法は、胎児の生命を断ち又はその生命を危殆にさらす故意による堕胎行為を処罰する規定を設けているが、右は、成育しつつある胎児をそれ自体として保護するために設けられた特別の規定であって、これに該当しない胎児に対する侵害行為をすべて不可罰とする趣旨までも含むものとは到底解することができない。けだし、母体の他の部分に対する不法な侵害は、人に対する侵害として刑法の対象となりうるのに、同じく母体の一部たる胎児に対する侵害は、堕胎罪に当たらない限り、およそ母体に対する侵害としては罰しえないと解するのは、著しく均衡を失するものといわざるをえないのである。

次に、過失行為によって傷害された胎児が出生して人となった後に、その傷害に起因して死亡した場合には、どのように考えるべきであろうか。この場合、形式的にいえば、胎児として受けた傷害の被害者は、前記のとおり、胎児を含む母体であると解されるのに反し、死亡した被害者は、母体ではなくて出生したその人であると解されるから、侵害の及んだ客体と結果の生じた客体とが、別個の人になっているわけである。しかし、被害者の実体を虚心に見ると、それは、人の萌芽である胎児としての生命体が成育して、母体から独立した人として生命体になったものであって、侵害の及んだ客体と結果の生じた客体は、成育段階を異にする同一の生命体ということができる。そして、刑法的・構成要件的評価においても、侵害の及んだ客体である母体と結果の生じた客体である子は、いずれも人であることに変わりはなく、いわば法定的に符合しているのである。したがって、このような場合には、当該過失行為と死亡の結果との間に刑法上の因果関係が認められる限り、刑法の解釈として、死亡した人に対する過失致死罪の成立を是認することになんらの妨げがないものというべきである」。

四　最高裁決定の検討

胎児性致死傷と業務上過失致死傷罪の成否については、すでに論議は尽きている観を呈しており、学説上、積極説、消極説および二分説が主張されているが、消極説が多数を占めている。[10] このような状況において、本決定が積極説の主張を明示したことのもつ意義は大きい。しかも従来の積極説と異なる理由づけがなされているので、新たな問題を提起するものといえよう。本問題は罪刑法定主義にも関わるだけに、慎重な検討が必要となる。[11]

第一審判決および第二審判決と異なって本決定は、母体傷害説の立場を採用した点で際立った特徴を示している。第一審判決も第二審判決も、胎児を母体とは別個独立の存在として扱っていた。すなわち、第一審判決は、「胎児には『人』の機能の萌芽」があるから、「これに対して傷害を負わせることは人に対する致死の結果を招来する危険」があるという点をとらえて、胎児の独立性を肯定し、第二審判決は、侵害行為が「一部露出の時点まで、継続的に母体を介して」胎児に及んでいたことを理由にして、「一部露出の時点まで包括的に加害が認められる限り、もはや人に対する過失傷害として欠くるところがない」として、やはり胎児の独立性を前提としていたのである。ところが、本決定は、「現行刑法上、胎児は、堕胎の罪において独立の行為客体として特別に規定されている場合を除き、母体の一部を構成するものと取り扱われていると解される」とする。たしかに、そのように解することは論理的には可能であるし、現にこのような学説はわが国にもドイツにもあったのである。しかし、これが実態に適合する妥当な解釈であるか否かは、明らかに別問題である。斉藤教授が指摘されるように、①現代の生命科学・胎生学の知見、および②現行刑法の規定の内容から見て本決定の立場は妥当でないと解されるべきであろう。[12] すなわち、①現代の生命科学ないし胎生学は、受胎から出生までの胎児の成長のプロセスのメカニズムを解明し、胎児は母体とは別個独立の生命体として捉えており、刑法の解釈に当たってこの知見に従うのが妥当であろう。②胎児は母体の一部ではないとするカノン法の伝統は、近代刑法に受けつがれ、フランス法を通してわが刑法にも受容されていると考えられる。これは、刑法規定において次のような形で現れている。すなわち、不同意堕胎（二一五条）の法定刑を傷害罪（二〇四条）よりも軽くしていること、自己堕胎を二一二条で処罰し不可罰的な自傷行為としていないこと、堕胎行為によって妊婦に傷害を負わせたばあいについて特別な規定を置いていること（二一三条後段、二一四条後段、二一六条）は、胎児をたんに母体の一部とは見ていないことを示しているのである。さらに、胎児を母体の一部と解すると、刑の不均衡が生ずる。[13] すなわち、たんに胎児に傷害結果を生じさせることだけでは堕胎とはいえないので、もし、胎児の傷害が母親傷害でもあるとするならば、このような行為を傷害罪として不同意堕胎より重く処罰することになるし、過失による胎児の傷害も母体に対する過失傷害罪として処罰されることとなって不当である。積極説の論者からも、本決定の母体傷害説に対して厳しい批判が加えられているが、[14] これは理由のないことではない。

この点に関連して、長島裁判官の補足意見は、「母体の他の部分に対する不法な侵害は、人に対する侵害として刑法の対象となりうるのに、同じく母体の一部たる胎児に対する侵害は、堕胎罪に当たらない限り、およそ母体に対する侵害としては罰しえないと解するのは、著しく均衡を失する」として、別の角度からの不均衡を指摘される。しかし、胎児を母体とは別の存在とし、後者に前者より手厚い保護を与えることを立法者が選択したのであり、そこには著しい不均衡はないと見るべきであろう。[15]

右に見たような疑問があるが、ともあれ本決定は、胎児は母体の一部であるという前提から、「業務上過失致死罪の成否を論ずるに当たっては、胎児に病変を発生させることは、人である母体の一部に対するものとして、人に病変を発生させることにほかならない」という結論を導き出している。この推論それ自体は、論理的に間違っていない。さらに、このことから、その胎児が出生して人となった後に右の病変が原因となって死亡したばあいについて、このばあいは「結局、人に病変を発生させて人に死の結果をもたらしたことに帰するから、病変の発生時において客体が人であることを要するとの立場を採ると否とにかかわらず、同罪が成立する」との帰結がもたらされている。この部分が本決定の眼目とされるべきところであり、また、「分かりにくい[16]」と評される点でもある。

右の判文からも明らかなとおり、この立論は、第一審判決および第二審判決のとる肯定説に対して、消極説の側からくり返し加えられてきた批判、つまり、侵害行為の「作用」する時点で客体たる「人」が存在しなければならないという批判を回避するために工夫されたものと見てよいであろう。積極説は、過失致死傷罪が成立するためには「結果」を生ずる対象が「人」であることを要するが、行為時に「人」が存在することまでも要件としてはいないと主張する。これに対しては、消極説の立場から平野博士は、「実行行為の時には客体は存在する必要はないが、その効果が客体に生じる時には存在する必要があるのである」と批判される[17]。この批判を避けるためには、侵害の効果が生ずる時点で、客体たる「人」が存在することを論証すればよいことになる。そこで、本決定は、侵害の効果の生ずる客体を、胎児と不可分一体となっている「母体」という「人」として構成したわけである。ところが、胎児性致死傷のばあい、侵害の「結果」が生ずる客体は、母体とは完全に別個独立の存在となっている出生した子たる「人」なのである。これを「同一」の「人」に対する過失致死傷罪として論理的に証明するためには、別の操作が必要となってくる。それは、胎児を包含する母体たる「人」と母体から独立した子たる「人」を同一視する「評価的」操作である。このような操作をおこなう思考が、「刑法二一一条前段の業務上過失致死罪にいう『人』をある程度抽象化し、母親と子の差異を捨象して構成要件該当性を肯定する点は、錯誤論における法定的符合説を想起させるものがあ」り、「本決定の立場は、錯誤論における法定的符合説の背後にある刑法の基本理念と深いところでかかわり合っている」と指摘される所以である[18]。

この点について、本決定は、結論を述べるだけにとどまっているので、長島裁判官の補足意見が参考になる。そこでは、「被害者の実体を虚心に見ると、それは、人の萌芽である胎児としての生命体が成育して、母体から独立した人としての生命体になったものであって、侵害の及んだ客体と結果の生じた客体は、成育段階を異にする同一の生命体ということができる。そして、刑法的・構成要件的評価においても、侵害の及んだ客体である母体と結果の生じた客体である子は、いずれも人であることに変わりはなく、いわば法定的に符合している」とされている。たしかに、「人」という点で二つの客体は「符合」しているといえる。しかし、そのような「評価」をおこなう前提として相反する判断がおかれていることに注意する必要がある。すなわち、胎児と母体が一個の客体としての「人」であることを導くために、胎児が独立の生命体として「成育中」であることがことさらに捨象され、ひとたび出生すると、胎児と「人」たる子は「成育段階を異にする同一の生命体」として扱われるべきであるとされる。このように矛盾する形で胎児を取り扱うのは許されるべきではないであろう。いいかえると、胎児が母体の一部とされその独立性が奪われているばあいには、存在する二つの客体は母体と出生した子なのであって、両者は実質的にも同じではないとされるべきなのである。(19)

本決定は、出生後に死亡した事案に関するものであり、胎児段階で病変が固定しその障害を負った状態で出生したばあいに、生まれた子に傷害が発生したといえるか否かについては、直接的に判断を示していないので、この点については将来の判例を待つべきであろう（長島裁判官の補足意見は、過失傷害罪の成立を肯認する余地があろうとされる）。

本決定は、困難な公害事犯について具体的に妥当な結論を得るために、胎児性致死傷についての一般論を展開せざるを得なかった点で、あえて火中の栗を拾った感のある判例であると見ることができるであろう。その一般論の部分の射程距離を考えるに当たって慎重さが要求される所以は、ここにあるといえよう。

《補説》胎児性傷害・致死罪（最決昭六三・二・二九刑集四二巻二号三一四頁）

【事実】

日本窒素肥料株式会社の社長Xおよび水俣工場長Yが、業務上の過失により、塩化メチル水銀を含む工場排水を排出し、これを摂食した五名を成人水俣病に、二人を胎児性水俣病に罹患させ死傷に致した。水俣病は、塩化メチル水銀化合物により汚染された魚介類を摂食することによって発生する中毒性中枢神経系疾患であり、本件においては、水俣工場のアセトアルデヒド製造設備内で副生された塩化メチル水銀が工場排水に含まれて排出され、水俣湾等の魚介類を汚染し、その体内で濃縮された塩化メチル水銀を保有する魚介類を地域住民が摂食したことによって起こったものである。被害者の一人であるAは、胎児段階において、母親が上記魚介類を摂食したため、胎内で脳の形成に異常を来し、出生後、健全な成育を妨げられ、一二歳九か月に水俣病に起因する栄養失調・脱水症により死亡した。

XおよびYは、業務上過失致死罪で起訴された。第一審は、胎児が母体の胎盤を通じて傷害を受け、そのため脳などに病変が生じ出生後死亡したばあい、過失致死罪の客体である「人」は存在しないが、胎児に障害を生じさせれば出生後「人」となってから致死の結果を生じさせる危険性が存在するから、実行行為の時に「人」が存在しなくても業務上過失致死罪は成立するとして、作用不問説をとった。XおよびYからの控訴に対して原審は、「一部露出の時点」まで加害行為が継続していたことを付け加えて作用必要説の立場に立って控訴を棄却した。XおよびYは上告したが、最高裁は次のように判示して上告を棄却している。

【決定要旨】

「現行刑法上、胎児は、堕胎の罪において独立の行為客体として特別に規定されている場合を除き、母体の一部を構成するものと取り扱われていると解されるから、業務上過失致死罪の成否を論ずるに当たっては、胎児に病変を発生させることは、人である母体の一部に対するものとして、人に病変を発生させることにほかならない。そして、胎児が出生し人となった後、右病変に起因して死亡するに至った場合は、結局、人に病変を発生させて人に死の結果をもたらしたことに帰するから、病変の発生時において客体が人であることを要するとの立場を採ると否とにかかわらず、同罪が成立するものと解するのが相当である。したがって、本件においても、前記事実関係のもとでは、Aを被害者とする業務上過失致死罪が成立するというべきであるから、これを肯定した原判断は、その結論において正当である」。

【解説】

本件は、胎児性傷害・致死に関するものである。胎児性傷害・致死とは、妊婦（母体）に侵害を加えてその胎児に有害作用を及ぼし、その結果として障害を有する子供を出生させること、または、その障害のために死に至らしめることをいう。胎児性傷害・致死が人の生命・身体に対する罪を構成するかについて、見解は次のように分かれている。すなわち、①胎児の生命は堕胎罪によって独立に保護されているから、実行行為の時に胎児であったものについては、堕胎の罪以外は成立しないとする否定説、②侵害行為の作用が出生した以後における人に継続して及んでいるばあいに限って人に対する罪が成立するとする作用必要説、③胎児は母体の一部であるから母体である「人」に対する傷害罪が成立するとする母体一部傷害説、④人に傷害・死亡の危険性を有する行為をなし、その結果として人に致死傷を生じさせた以上、その作用が胎児に及んだか人に及んだかとは関係なく人に対する罪が成立するとする作用不問説などが主張されている。

本決定は、「現行刑法上、胎児は、堕胎の罪において独立の行為客体として特別に規定されている場合を除き、母体の一部を構成するものと取り扱われていると解されるから、業務上過失致死罪の成否を論ずるに当たっては、胎児に病変を発生させることは、人である母体の一部に対するものとして、人に病変を発生させることにほかならない」としたうえで、「胎児が出生し人になった後、右病変に起因して死亡するに至った場合は、結局、人に病変を発生させて人に死亡の結果をもたらしたことに帰するから、病変の発生時において客体が人であることを要するとの立場を採ると否とにかかわらず」業務上過失致死罪が成立すると判示し、母体一部傷害説の立場に立つことを明言している。この判旨は、作用必要説をとり、さらに錯誤論に関する法定的符合説的な考え方をとって、作用不問説の結論に至ったものと解されている。胎児性傷害は、「人（母親）に傷害を加えようとして、人（子供）に傷害の結果を生じさせた」ともいえるが、錯誤論が適用できるのは、実行行為の時に他の客体が人として存在することを要するので、この判旨には解釈論として無理があると評されている。

胎児性傷害・致死は、わが国においては水俣病に関して問題となり、いわゆる薬害・公害の当罰性を考慮してその可罰化を図る解釈論として主張されてきた。しかし、現行法は、行為の時点で客体が胎児であるばあい、その生命・身体は堕胎の罪によって保護しているのであるから、胎児を客体とする行為について人の生命・身体に対する罪は成立する余地がないと解するのが妥当である。胎児性傷害・致死につき人の生命・身体に対する罪が成立すると解する各説によると、次のような不都合が生ずるとされている。すなわち、①現行法が胎児を母体から独立して堕胎の罪によって保護していることと矛盾すること、②過失によって母体内で胎児を死亡させたばあいは過失堕胎として不可罰になるのに対して、傷害の程度がそれより軽いために生きたまま出生したばあいは過失傷害罪、その後死亡したばあいは過失致死罪として処罰するのは刑の不均衡をもたらすこと、③妊婦が過失によって転倒したため胎児に傷害を与え、障害をもって出生させたばあいにも過失傷害罪ないし過失致死罪が成立することとなり、処罰範囲が不当に拡張されることなどの不都合が生ずるのである。胎児性傷害・致死の可罰化は立法によらなければならない。

第三款　暴行によらない傷害（最決平一七・三・二九刑集五九巻二号五四頁）

【事実】

被告人Xは、平成一四年六月ころから平成一五年一二月三日ころまでの間、自宅から隣家に居住する被害者Aに向けて、Aに精神的ストレスによる障害が生じるかもしれないことを認識しながら、自宅の中で隣家に最も近い位置にある台所の隣家に面した窓の一部を開け、窓際およびその付近にラジオおよび複数の目覚まし時計を置き、連日朝から深夜ないし翌未明まで、前記ラジオの音声および時計のアラーム音を大音量で鳴らし続けるなどして、Aに精神的ストレスを与え、よって全治不詳の慢性頭痛症、睡眠障害、耳鳴り症の傷害を負わせた。

第一審は、被告人の行為は傷害罪の実行行為に当たり、傷害罪の未必の故意があったとして、傷害罪の成立をみとめた。第二審も、一審判決を是認して控訴を棄却した。被告人側から上告がなされたが、最高裁の本決定は、次のように判示して上告を棄却した。

【決定要旨】

「なお、原判決の是認する第一審判決の認定によれば、被告人は、自宅の中で隣家に最も近い位置にある台所の隣家に面した窓の一部を開け、窓際及びその付近にラジオ及び複数の目覚まし時計を置き、約一年半の間にわたり、隣家の被害者らに向けて、精神的ストレスによる障害を生じさせるかもしれないことを認識しながら、連日朝から深夜ないし翌未明まで、上記ラジオの音声及び目覚まし時計のアラーム音を大音量で鳴らし続けるなどして、同人に精神的ストレスを与え、よって、同人に全治不詳の慢性頭痛症、睡眠障害、耳鳴り症の傷害を負わせたというのである。以上のような事実関係の下において、被告人の行為が傷害罪の実行行為に当たるとして、同罪の成立を認めた原判断は正当である」。

【解説】

傷害罪は「人の身体を傷害した」ばあいに成立し、傷害の方法に制限はない。通常は暴行の行使によることが多いが、暴行によらない傷害もみとめられる。傷害罪は、暴行罪の結果的加重犯であるから（判例・通説）、暴行によるばあいは、故意の暴行行為と傷害の結果との間の因果関係が存在すれば傷害罪が成立する。これに対して暴行によらないばあいには、傷害の実行行為性および故意と傷害の結果の発生が必要となる。

本件の第一審判決および原判決は、被告人の発する騒音の程度が被害者の身体に物理的な影響を与えるものとまではいえないから、被告人の行為は暴行に当たらないとしたうえで、無形的方法による傷害の実行行為性をみとめ、実行行為時に被害者に対する傷害罪の未必の故意があった事実を認定している。

本決定は、精神的ストレスによる傷害を生じさせるかもしれないことを認識しながら、連日、ラジオの音声および目覚まし時計のアラーム音を大音量で鳴らし続ける行為について傷害罪の実行行為性をみとめている。すなわち、前記のような事実関係の下において、被告人の行為が傷害罪の実行行為に当たるとして、同罪の成立を認めた原判断は正当である」と判示しているのである。そして、傷害の故意について本決定は、「被告人は、自宅の中で隣家に最も近い位置にある台所の隣家に面した窓の一部を開け、窓際及びその付近にラジオ及び複数の目覚まし時計を置き、約一年半の間にわたり、隣家の被害者らに向けて、精神的ストレスによる障害を生じさせるかもしれないことを認識しながら、連日朝から深夜ないし翌未明まで、上記ラジオの音声及び目覚まし時計のアラーム音を大音量で鳴らし続けるなどして」いると判示している。これは、未必の故意をみとめるものであると解される。本件における「傷害」の内容については、被害者に「精神的ストレスを与え、よって、同人に全治不詳の慢性頭痛症、睡眠障害、耳鳴り症の傷害を負わせた」と判示しており、このような結果が傷害に当たることを明言している。

本決定は、暴行によらない傷害をみとめた最高裁の事例判例として重要な意義を有する。

第四款　凶器準備集合罪の罪質―清水谷公園事件（最決昭四五・一二・三刑集二四巻一三号一七〇七頁）

【事実】

被告人Xら七名は、都学連派に属していたところ、「ベトナム戦争反対」等を掲げた集会のため、昭和四一年九月二二日、午後三時四〇分頃までに都学連派約四〇〇名・全学連派約三〇〇名が都内清水谷公園内広場に参集し、午後三時四五分頃集会を開始し、午後三時五二分頃両派集団の接点付近でもみ合いが始った際、都学連派の約五〇名が角棒を振り上げるなどして全学連派学生に襲いかかり、応戦する全学連派の大部分を公園外に追い出した。その後、全学連派が次第に公園内に戻り、午後四時過ぎには両派ともに公園を出てデモ行進に移った。Xら七名は、凶器準備集合罪で起訴されたが、そのうち三名については、乱闘の際に集団の中で角棒を持って行動した事実は明らかとなったが、乱闘前の角棒所持の事実は証明できなかった。

第一審は、「加害行為実行の段階に至ったときは、そこに存在するのは先に目的とされた共同加害行為の実行そのものであ」り、「所定の構成要件的状況といわれる共同加害の目的をもって集合した状態ではなく、兇器についてはその行使であって、その準備ではない」のであり、「目的とした共同加害行為の実行段階に至ってもなおその目的をもった集合の状態が継続しているとすることは、目的の実行が同時にその実行のための準備であるという矛盾」を生じさせるなどと判示し、無罪を言い渡した。検察官からの控訴に対して原審は、凶器準備集合罪は「いわゆる継続犯であるから、行為者が兇器を準備して集合しているかぎり、犯罪は継続する」とし、第一審判決を破棄して、被告人らに有罪を言い渡した。一部被告人からの上告に対して、最高裁の本決定は、次のように判示してこれを棄却している。

【決定要旨】

刑法二〇八条の三「にいう『集合』とは、通常は、二人以上の者が他人の生命、身体または財産に対し共同して害を加える目的をもって兇器を準備し、またはその準備のあることを知って一定の場所に集まることをいうが、すでに、一定の場所に集まっている二人以上の者がその場で兇器を準備し、またはその準備のあることを知ったうえ、他人の生命、身体または財産に対し共同して害を加える目的を有するに至った場合も、『集合』にあたると解するのが相当である。また、兇器準備集合罪は、個人の生命、身体または財産ばかりでなく、公共的な社会生活の平穏をも保護法益とするものと解すべきであるから、右『集合』の状態が継続するかぎり、同罪は継続して成立しているものと解するのが相当である」。

【解説】

凶器準備集合罪は、いわゆる暴力団犯罪対策の一環として昭和三三年に新設されたものである。当時、暴力団などの勢力争いに付随しておこなわれた、いわゆる殴り込みのために相当数の組員が集合して、人心に著しい不安の念を抱かせ、治安上憂慮すべき事態が多く発生したにもかかわらず、その段階でこれに対処すべき法規が欠けていた。そのため、事後に予想される殺傷事犯などを未然に防止することが不可能であった。そこで本条が新設されることとなったのである。

このような暴力団の行動に有効適切に対処するために新設された本規定ではあるが、適用される主体に関してまったく制限がつけられていないので、いわゆる過激派学生などの政治的暴力事件に対して多く適用され、「治安刑法」としての役割を果たしている。

凶器準備集合罪は、直接的な加害行為の前段階である集合行為を禁圧して生命・身体・財産を保護しようとするものである。したがって、個人的法益としての殺人罪・傷害罪・建造物損壊罪・器物損壊罪などの予備罪的性格をもつとともに、公共的な社会生活の平穏を侵害するという公共危険罪的性格をもっている。

このように種々の法益を本罪が包含していることはみとめられているが、その何れを重視すべきかをめぐって見解が分かれている。判例・通説は、本罪が「傷害の罪」の章の中に規定されていることを考慮し、さらに立法趣旨を考え合わせると、第一次的な保護法益は個人の生命・身体・財産という個人的法益であり、第二次的な保護法益は公共的な社会生活の平穏という社会的法益であると解している。この立場が妥当である。

凶器準備集合罪の保護法益の把握いかんによって、本罪の終了時期に違いが生ずる。観点を変えると、本罪を継続犯として理解するか否かが決まるのである。この点について本判決は、「兇器準備集合罪は、個人の生命、身体または財産ばかりでなく、公共的な社会生活の平穏をも保護法益とするものと解すべきであるから、右『集合』の状態が継続するかぎり、同罪は継続して成立しているものと解するのが相当である」と判示している。これは、後述する存続説の立場をとるものである。

単なる集合の状態が発展して、集合の目的である共同加害の実行行為が開始されたばあい、この構成要件的状況は存続するのか否かが問題となる。これが消滅したものと解する説（消滅説）もあるが、凶器を準備して集合している状態が存在しているかぎり構成要件的状況は存続していると解する説（存続説）もある。たしかに、本罪の個人的法益に対する罪の予備罪的側面を重視すると、行為が実行の段階に入った以上、本罪は成立の余地がないと解し得る。しかし、本罪の公共危険罪的側面を考慮すると、集団の一部で加害行為が実行されても、本罪の構成要件的状況が消滅すると考えるべきではないことになる。すなわち、凶器準備集合罪は公共の平穏をも保護法益としているので、集合体によって加害行為の実行が開始された後においても、なお集合状態が続いているかぎり、公共の平穏が侵害されまたは危険にさらされている状態が依然として存続しているといえる。むしろ凶器を準備した集合体のもつ危険性・脅威は、加害行為の開始によってかえって増大し、加害行為が開始されても、なお意図された加害が終了していないかぎり共同加害目的、凶器の準備があり、乱闘になっても集合していないということにはならないのである。したがって、存続説が妥当である。

本罪における「集合」とは、二人以上の者が共同加害の目的をもって、時および場所を同じくして集まることをいう。その際、他人もまた自己と共通の目的を有することを認識して集合しなければならない。二人以上の者が他人の生命・身体または財産に対し共同して害を加える目的で集合したばあい、通常は、凶器を準備して集合するか、または、その準備があることを知って集合することが多い。しかし、これに限られない。本判決は、すでに一定の場所に集まっている二人以上の者が、その場で凶器を準備し、またはその準備のあることを知ったうえで共同加害の目的を有するに至ったばあいも、本条にいう「集合」に当たると解している。これは、通説によって支持されており、妥当であるといえる。

第五款　凶器の意（最判昭四七・三・一四刑集二六巻二号一八七頁）

【事実】

被告人Xは、暴力団A組の組員であるところ、A組は暴力団B組とかねてから相反目していたが、A組組員のB組組員に対する傷害事件に端を発して双方の対立が極度に険悪化し、多数のB組組員らがA組事務所に乗用車で乗り付けなぐり込みをかけてくることが予想されたので、そのときはダンプカーを発進させB組の乗用車に衝突させてB組組員を殺傷すべく計画したA組組員ら十数名が、けん銃、日本刀などを準備したほか、上記ダンプカー一台にA組組員二名を乗車させて同組事務所前路上にエンジンをかけたまま待機させた。その際、Xは、他の組員とともに前記凶器のあることを知って集合した。

第一審および原審は、上記のような状況でダンプカーを待機させたことは「兇器ヲ準備シ」たことに当たるとした。被告人側から上告がなされ、上告趣意において「ダンプカーは、列車、飛行機、船舶等と同じく運送手段であって社会通念上生命身体に対する故意の侵害用手段に利用されてはいない」ので凶器には該当しないなどの主張がなされた。

最高裁の本判決は、ダンプカーのほかけん銃、日本刀等の凶器の準備があったので凶器準備集合罪が成立し、同罪の成立を認めた原判決に影響しないとして上告を棄却したが、「なお」書きでダンプカーの凶器性について次のように判示している。

【判旨】

「原判決は、被告人らが他人を殺傷する用具として利用する意図のもとに原判示ダンプカーを準備していたものであるとの事実を確定し、ただちに、右ダンプカーが刑法二〇八条ノ二〔現二〇八条の三〕にいう『兇器』にあたるとしているが、原審認定の具体的事情のもとにおいては、右ダンプカーが人を殺傷する用具として利用される外観を呈していたものとはいえず、社会通念に照らし、ただちに他人をして危険感をいだかせるに足りるものとはいえないのであるから、原判示ダンプカーは、未だ、同条にいう『兇器』にあたらないものと解するのが相当である」。

【解説】

本件においては、エンジンをかけて何時でも発進し得るように待機しているダンプカーは凶器に当たるか否かが問題となった。「凶器」とは、人を殺傷できる特性をもった器具をいう。凶器には、通常、銃砲刀剣類のようにその本来の性質上凶器と考えられる「性質上の凶器」と、鎌や棍棒のように本来の性質上は凶器でないが、用法によっては凶器としての効用をもつ「用法上の凶器」とがある。

性質上の凶器については問題はほとんどないが、用法上の凶器についてはその範囲が問題となる。判例は、凶器とは「社会の通念に照らし人の視聴上直ちに危険の感を抱かしむるに足るもの」をいうと判示して、用法上の凶器に限界を設けようとしている（大判大14・5・26刑集四巻三二五頁。旧衆議院議員選挙法九三条一項に関する）。たとえば、長さ一メートル前後の角棒（最決昭45・12・3刑集二四巻一三号一七〇七頁）、長さ約一二〇センチ、太さ約三・五センチ×四・五センチの角材の柄のついたプラカード（東京地判昭46・3・19刑月三巻三号四四四頁）なども凶器であるとする。長さ一メートル前後の角棒について昭和四五年決定は、「原判示長さ一メートル前後の角棒は、その本来の性質上人を殺傷するために作られたものではないが、用法によっては人の生命、身体または財産に害を加えるに足りる器物であり、かつ、二人以上の者が他人の生命、身体または財産に害を加える目的をもってこれを準備して集合するにおいては、社会通念上人をして危険感を抱かせるに足りるものであるから、刑法二〇八条の二にいう『兇器』に該当するものと解すべきである」と判示している。

ダンプカーの凶器性について、本判決は、「原判決は、被告人らが他人を殺傷する用具として利用する意図のもとに原判示ダンプカーを準備していたものであるとの事実を確定し、ただちに、右ダンプカーが刑法二〇八条ノ二にいう『兇器』にあたるとしているが、原審認定の具体的事情のもとにおいては、右ダンプカーが人を殺傷する用具として利用される外観を呈していたものとはいえず、社会通念に照らし、ただちに他人をして危険感をいだかせるに足りるものとはいえないのであるから、原判示ダンプカーは、未だ、同条にいう『兇器』にあたらないものと解するのが相当である」と判示している。これは、従来の判例・通説の立場をとるものであるといえる。

第六款　保護責任者の意義（最決昭六三・一・一九刑集四二巻一号一頁）

【事実】

産婦人科医師である被告人Xは、優生保護法上の指定医師として人工妊娠中絶等の医療業務に従事していたが、昭和五五年一〇月に、妊婦Aから妊娠第二六週に入っていた胎児の堕胎の嘱託を受けて承諾し、胎児が母体外において生命を保続できる時期であるにもかかわらず、堕胎措置を施し、胎児を母胎外に排出し堕胎した。そして、Xは、Aとともに、堕胎により出生させた未熟児Bに対して必要な医療処置を施して、生存に必要な保護を与えるべき保護責任があるところ、Aと共謀してBを医院に放置し、死亡させた。その後、Xは、Bの遺体を引き取りに来た父親のCに遺体を引き渡し、その際、「バレないように死体は砂地でないところに穴を深く掘って埋めなさい」などと指示し、これを了承したBおよびCと共謀して、C方の畑の土中に死体を埋めた。

第一審は、業務上堕胎罪、保護責任者遺棄致死罪および死体遺棄罪の成立をみとめて、Xを懲役二年（執行猶予三年）の刑に処した。被告人からの控訴に対して原審は控訴を棄却した。被告人側から上告がなされた。最高裁の本決定は、次のように判示して上告を棄却している。

【決定要旨】

「Xは、産婦人科医師として、妊婦の依頼を受け、自ら開業する医院で妊娠第二六週に入った胎児の堕胎を行ったものであるところ、右堕胎により出生した未熟児（推定体重一〇〇〇グラム弱）に保育器等の未熟児医療設備の整った病院の医療を受けさせれば、同児が短期間内に死亡することはなく、むしろ生育する可能性のあることを認識し、かつ、右の医療を受けさせるための措置をとることが迅速容易にできたにもかかわらず、同児を保育器もない自己の医院内に放置したまま、生存に必要な処置を何らとらなかった結果、出生の約五四時間後に同児を死亡するに至らしめたというのであり、右の事実関係のもとにおいて、Xに対し業務上堕胎罪に併せて保護者遺棄致死罪の成立を認めた原判断は、正当としてこれを肯認することができる」。

【解説】

本件においては、胎児はすでに妊娠第二六週に入っていたので、母体保護法二条にいう人工妊娠中絶に当たらず、堕胎罪が成立するのは明白である。そのほかに保護責任者遺棄致死罪が成立するかどうか、が問題となった。すなわち、妊娠第二六週に入った胎児の堕胎をおこない、その堕胎によって出生した未熟児（推定体重一〇〇〇グラム弱）に保育器などの未熟児医療設備の整った病院の医療を受けさせれば死亡することはなかったのに、同児を保育器もない自己の医院内に放置したまま、生存に必要な処置を何らとらなかった結果、出生の約五四時間後に同児を死亡するに至らせた行為は保護責任者遺棄致死罪を構成するか、が問われたのである。

保護責任者遺棄致死罪における保護義務は、①法令、②契約・事務管理、③条理から生じる。条理に基づいて保護義務が生じるばあいの例として、先行行為によるばあいがある。本件は先行行為による保護義務がみとめられたものと解されるが、本決定は、故意による先行行為（堕胎行為）があること、延命可能性および生育可能性の認識があること、保護のための措置をとることが容易であったことを基礎として、保護義務をみとめている。

本決定は、堕胎をおこなった医師が生育可能性のある未熟児に対して保護責任者遺棄致死罪の成立をみとめた最高裁の最初の判断を示したものとしてきわめて重要な意義を有する。

（1）　大森政輔「内閣立法と議員立法」大森政輔＝鎌田　薫編『立法学講義』（平成18年・二〇〇六年）五〇一頁。
（2）　大森・前掲注（1）五一頁。
（3）　刑集四二巻二号三一四頁、『判例時報』一二六六号三三頁。
（4）　本件の特質と背景については、江藤孝「熊本水俣病事件と刑事司法」『ジュリスト』八〇五号（昭63年・一九八八年）二四頁以下、争点については山口裕之「水俣病刑事裁判の争点とその概要」『法律のひろば』四一巻六号（昭62年・一九八七年）四頁以下参照。

(5) ドイツおよびわが国の議論状況については、本問題に早くから精力的に取り組まれた斉藤誠二教授の労作『刑法における生命の保護』(昭62年・一九八七年) 三五七頁以下が最も詳細である。本稿では参考文献の掲記は右書に譲り、大幅に省略させて戴くことにする。
(6) 熊本地判昭五四・三・二二『判例時報』九三一号六頁、『判例タイムズ』三九二号四六頁。
(7) 福岡高判昭五七・九・六『判例時報』一〇五九号一七頁、『判例タイムズ』四八三号一六七頁。
(8) 中谷瑾子「胎児に対する加害と過失致死傷罪の成否」『法学研究』五三巻一二号 (昭55年・一九八〇年) 一〇五頁、土本武司「水俣病事件最高裁決定」『警察学論集』四一巻五号 (昭63年・一九八八年) 四三頁。
(9) 土本・前掲四三頁参照。
(10) 町野朔「最高裁判決における『胎児性致死傷』」『警察研究』五九巻四号 (昭63年・一九八八年) 四頁。
(11) 罪刑法定主義との関連については、中谷・前掲九三頁、一一六—七頁、土本・前掲四二頁、さらに藤木英雄「胎児に対する加害行為と傷害の罪」『ジュリスト』六五二号 (昭50年・一九七五年) 八一—二頁など参照。
(12) 斉藤誠二「胎児への傷害に対する刑事責任」『法律のひろば』四一巻六号 (昭63年・一九八八年) 二八頁以下参照。さらに真鍋毅「業務上過失致死罪の成立要件」『ジュリスト』九〇八号 (昭63年・一九八八年) 三一—二頁参照。
(13) 町野・前掲六頁参照。
(14) 板倉宏「水俣病刑事裁判最高裁決定」『法学教室』九四号 (昭63年・一九八八年) 七一頁、土本・前掲四八頁以下など。
(15) 斉藤・前掲論文二九頁、町野・前掲六頁。
(16) 斉藤・前掲論文三〇頁。
(17) 平野龍一「刑法における『出生』と『死亡』(一)」『警察研究』五一巻八号 (昭58年・一九八三年) 一〇—一一頁。
(18) 『判例時報』一二六六号コメント四頁。
(19) 町野・前掲七頁、斉藤・前掲論文三〇頁、板倉・前掲七一頁、真鍋・前掲三二—三頁。

第三章　自由に対する罪

序節　総　説

自由は、「人格」としての個人にとって生命・身体の次に価値を有するものであるといえる。このことは、「個人として尊重される」国民の「生命、自由及び幸福追求に対する」権利は「最大の尊重を必要とする」という憲法一三条の文言の中に如実に示されている。刑法上、「個人の尊厳」は、まず「生命・身体」を保護することによって、ついで「意思決定の自由」および「身体的行動の自由を」保護することによって確実化される。個人的法益に対する罪の一つとして規定されている自由に対する罪は、意思決定の自由および身体的活動の自由という法益を侵害ないし危険にさらす行為を処罰するものであって、脅迫の罪（刑法第二編三二章）、逮捕および監禁の罪（同三一章）、略取および誘拐の罪（同三三章）から成る。刑法は、抽象的に自由一般を保護するのではなくて、右に述べた「具体的内容を有する自由」のみを保護するのである。したがって、個人の政治的自由、経済的自由、宗教的自由や社会的自由などに対する侵害は、自由に対する罪には包含されない。逆に、個人の意思決定および身体的活動の自由に対する侵害は、職権濫用罪（一九三条・一九四条）、強盗罪（二三六条）や恐喝罪（二四九条）などにも含まれているが、これらの罪は、自由のほかに別個の重要法益をも侵害するものであるから、自由に対する罪の特別罪としての性格を有するものであるといえる。したがって、これらは自由に対する罪とは別個に取り扱われる。

第一節　脅迫の罪

第一款　意　義

脅迫の罪には、脅迫を手段として「生命、身体、自由、名誉または財産」を侵害されるかもしれないという恐怖心を他人にいだかせ、またはその恐怖心をいだかせるに足りる状態を作り出す脅迫罪、および、脅迫・暴行を手段として他人の意思決定ないし行動の自由を侵害する強要罪の二種類がある。保護法益に関して強要罪が意思決定の自由・身体的活動の自由に対する罪であるという点で学説は一致しているが、脅迫罪については争いがある。すなわち、脅迫罪の保護法益をそれぞれ、私生活の平穏、個人が法律上違法な外部的影響から保護されていることの意識、すなわち法律的安全の意識、生命・身体・自由・名誉・財産の安全、第一次的には私生活における平穏、第二次的に自由、個人の意思決定の自由と解する説などが主張されているのである。通説は、脅迫罪をもって、脅迫を手段として人の意思に影響を与えることによって「人の意思ないし行動の自由」を侵害する犯罪と解している。

第二款　犯罪類型

一　脅迫罪

脅迫罪は、他人またはその親族の生命、身体、自由、名誉または財産に対し害を加えるべきことをもって人を脅迫する罪である。法定刑は、二年以下の懲役または三〇万円以下の罰金（二二二条）。

行為は、相手方またはその親族の生命、身体、自由、名誉または財産に害を加えるべきことをもって人を脅迫することである。脅迫とは、人を畏怖させるに足りる害悪を告知することをいう（狭義の脅迫）。本罪は一種の表示犯であるから、表示の内容を四囲の事情に照らして解釈することによって、人を畏怖させるに足りる害悪の告知といえるかどうかを判断しなければならない（最判昭三五・三・一八刑集一四巻四号四一六頁参照）。告知される害悪の内容は、構成要件上、限定されている（制限的列挙）。すなわち、本人またはその親族の生命・身体・自由・名誉・財産に対して害を加えるべきことをもって脅迫することを要するのである。貞操は、性的自由を内容とするので「自由」に含まれる。いわゆる「村八分」の決議は、「名誉」に対する害悪の告知として脅迫罪を構成すると解するのが判例・通説である（大判大二・一一・三一刑録一九輯一四七頁）。これに対して、村八分は原則として名誉毀損罪の限度で抑止されるべきであって脅迫罪を構成しないとする説もある。

ところで、脅迫とは、他人に対して通常、人を畏怖させるに足りる害悪を加えるべきことを告知することを意味する。現実にその相手方に畏怖心を生じさせる必要はない。告知される害悪は脅迫者自身が直接に加えるものだけでなく、第三者に害を加えさせるもの（間接脅迫）を含む（大判昭一〇・六・二四刑集一四巻七二八頁）。第三者による加害を告知の内容とするばあいには、告知者が第三者の加害行為の決意に影響を与え得る地位にあることを相手方に告知する必要はあるが、現実にそのような地位にあることを要しない（大判昭一〇・一一・二二刑集一四巻一二四〇頁、最判昭二七・七・二五刑集六巻八号九四一頁）。なぜならば、脅迫はもっぱら心理作用に対する圧迫であるから、告知内容が客観的・現実的に実現可能であることが要件なのではなく、被告知者の心理に対して、脅迫者の影響力によって実現が可能であることを印象づければ足りるからである。したがって、たんに吉凶禍福の発生を告知するのは、「警告」であって脅迫ではない。しかし、天変地異や吉凶禍福の告知であっても、それが告知者の支配力の範囲内にある旨を相手方に感知させる方法でおこなわれるばあいには、脅迫となり得る。そうすると、脅迫と警告は、告知される害悪が行為者の支配内にあるか否かによって区別されることになる。害悪を告知する方法には制限がない。口頭によろうと文書によろうと、行為者自身が直接相手方に告知しようと第三者を介して告知しようと何れでも構わないのである。虚無人名義を用いてもよいし（大判昭七・一一・二一刑集一一巻一五七二頁）、相手が知り得る形でなされた落し手紙によってもよい（大判昭一六・二・二七刑集二〇巻六頁）。

本罪は、害悪が相手方に知らされた時に既遂となる。したがって、害悪を告知する行為はなされたが、相手方がこれを認識しなかったばあいは、未遂であって不可罰である。

数人が共同して実行行為をしたばあいには、「暴力行為等処罰ニ関スル法律」が適用され、本罪は成立しない（大判昭七・一一・一四刑集一一巻一六一一頁）。

二　強要罪

強要罪は、相手方の親族の生命、身体、自由、名誉もしくは財産に対して害を加えるべきことをもって脅迫し、または暴行を用いて、人をして義務のないことをおこなわせ、または、おこなうべき権利を妨害する罪（二二三条一項）と親族の生命、身体、自由、名誉または財産に対して害を加えるべきことをもって脅迫し人をして義務のないことをおこなわせ、またはおこなうべき権利を妨害する罪（同条二項）である。法定刑は、三年以下の懲役。未遂を罰する（同条三項）。

本罪の手段は、脅迫または暴行である（ただし、二項の罪については脅迫のみ）。脅迫の意義は前条のばあいと同じである。暴行は、人に対する不法な有形力の行使であれば足り（広義の暴行）、人の身体に加えられることを要しない。

本罪は、脅迫または暴行を手段として人に義務のないことをおこなわせ、またはおこなうべき権利を妨害することによって成立する。義務のないことをおこなわせるとは、自分に何らの権利がなく、したがって相手方にその義務がないにもかかわらず、強いて作為、不作為または受忍をさせることをいう（大判大八・六・三〇刑録二五輯八二〇頁）。おこなうべき権利を妨害するとは、公法上または私法上の権利を行使するのを妨げることであり、たとえば、告訴権の行使を妨害したり（大判昭七・七・二〇刑集一一巻一一〇四頁）、契約上の諸権利の行使を妨げたりすることなどが、これに当たる。

本罪の未遂罪は、①人をして義務のないことをおこなわせ、またはおこなうべき権利を妨害する意思で脅迫または暴行をおこなったが、右の結果を生じさせることができなかったばあいと②右の結果を生じさせたが脅迫または暴行とその結果との間に因果関係が存在しないばあいに成立する。

恐喝罪・強盗罪・強姦罪・逮捕監禁罪・職務強要罪などが成立するばあいには、強要罪はこれらの罪に吸収されて成立しない。というのは、強要罪は自由に対する罪として基本犯であり、これらの罪はその特別犯に当たるからである。「暴力行為等処罰ニ関スル法律」違反の罪に該当するばあいも、本罪はそれに吸収される。

三　いやがらせと脅迫罪の成否

町村合併法に基づいて町村合併計画が進められた際、ある地域の住民がX・Y二派に分かれて激しい抗争を続けていた。X派の一人が、Y派の中心人物A・Bに対して、現実には出火の事実が存在しないのに「出火御見舞申上げます。火の元に御用心」という趣旨の文面の葉書を郵送した（Aに対してはB名義で、Bは対してはA名義でそれぞれ郵送）。このばあい、脅迫罪の要件である「害悪の告知」があるといえるのであろうか、それとも、これは単なるいやがらせ、冗談、警告にすぎないのであろうか。これが実際に問題になったケースがある（最判昭三五・三・一八刑集一四巻四号四一六頁）。

弁護人はつぎのように主張した。本件二通の葉書の文面は、いかに解釈しても出火見舞にすぎず、放火によってA・Bの財産に危害を加える趣旨にはとれない。一般人の見地において、この文面は稚戯に類するものか、あるいは意味不明のものと扱われるにすぎないであろう。さらに、発信名義人とされたA・Bは懇意の間柄であるから、A・Bが相互に放火してそれぞれの財産に危害を加えるとは客観的に考えられないので、A・Bに畏怖心を生じさせたことにはならない。したがって、害悪の告知はなく、脅迫罪は成立しない、と。しかし、これに対して、最高裁判所は、「本件における如く、二つの派の抗争が熾烈になっている時期に、一方の派の中心人物に、現実に出火もないのに、『出火御見舞申上げます、火の元に御用心』、『出火御見舞申上げます、火の用心に御注意』という趣旨の文面の葉書が舞込めば、火をつけられるのではないかと畏怖するのが通常であるから、右は一般に人を畏怖させるに足る性質のものであると解して、本件被告人に脅迫罪の成立を認めた原審の判断は相当である」と判示した。表示犯としての脅迫罪における表示の内容のもつ意味は、表示された時期、場所、その際の人的関係、社会情況、加害者と被害者との人間関係などを総合的に判断して決定されるべきであるから、判例のように解するのが妥当であろう。すなわち、本件のような文面の葉書は、一般人に放火による危害を予測させ畏怖させるものであると解され、それを郵送すれば脅迫罪が成立することになるわけである。

第二節　逮捕および監禁の罪

第一款　意　義

逮捕および監禁の罪は、逮捕・監禁行為によって「人の身体および行動の自由」を侵害することを内容とする犯罪である。逮捕と監禁は、同一の構成要件の中の態様の違いにすぎず、法定刑もまったく同一であるので、犯罪類型として両者を強いて区別するのは実践的意義に乏しい。両者は一括して逮捕・監禁罪として把握されるのが妥当である。したがって、人を逮捕し引き続き監禁したばあいには、包括的に観察して、二二〇条一項の単純一罪が成立することになる（最［大］判昭二八・六・一七刑集七巻六号一二八九頁）。

逮捕・監禁罪は、身体的活動の自由を拘束する罪であるから、本罪が成立するためにはある程度の時間的継続が必要である。したがって、本罪は継続犯である。それゆえ、たんに一時的に身体を束縛するにとどまるばあいは、暴行罪を構成するにすぎず、本罪は成立しない（大判昭七・二・二九刑集一一巻一四一頁）。

刑法上、逮捕および監禁の罪として、逮捕・監禁罪（二二〇条一項）および逮捕・監禁致死傷罪（二二一条）が規定されている。

第二款　犯罪類型

一　逮捕・監禁罪

逮捕・監禁罪は、不法に人を逮捕または監禁する罪である。法定刑は、三月以上七年以下の懲役（二二〇条）。

本罪は、身体的活動の自由を拘束するものであるから、客体は自然人に限られる。しかし、自然人であっても行動の自由をまったく有し得ない嬰児や高度の精神病によって意識を欠く者などは客体とはなり得ない。本罪によって保護される行動の自由は可能的自由ないし潜在的自由であるから、泥酔者や熟睡中の者も本罪の客体となり得るとするのが通説である。これに対して、行動の自由は現実的な自由であることを要するので、泥酔者・熟睡中の者は客体になり得ないとする説もある。わたくしは、後説を支持している。

右の問題と関連して、本罪が成立するためには、被害者が逮捕・監禁の事実、つまり自由が剝奪されていることを認識することを要するか、が問題となる。この点については、通説は、行動の自由を可能的ないし潜在的自由と解するので、可能的自由が奪われるかぎり、被害者の現実的な意識のいかんを問うべきではないとする。したがって、泥酔者や熟睡中の者の部屋に鍵をかける行為は、それらの者がこれを知らなくても監禁罪を構成することになる。これに対して、反対説は、自由の意識を欠く者の自由を拘束することはあり得ず、泥酔者や熟睡中の者の部屋に鍵をかける行為まで監禁罪と見るのは不合理であるとする。わたくしは、人格犯としての性格に鑑みると、後者の立場が妥当であると考えている。

行為は、人を逮捕または監禁することである。逮捕とは、人の身体に対して暴行・脅迫などの物理的または心理的な力を加えて行動の自由を直接的に剝奪することをいう。縄で縛るとか、暴力で身体を押さえつけるとか、羽交い締めにするとかの有形的方法によってなされるばあいが多い。しかし、無形的方法によるばあいもある。たとえば、ピストルを突きつけて一定の時間その場所から動けないようにすること（脅迫による逮捕）や警察官といつわって相手方を錯誤に陥れ警察署に連行すること（偽計による逮捕）などが無形的方法による逮捕に当たる。監禁とは、人が一定の場所から脱出することを不可能ないし著しく困難にすることをいう。監禁罪もその方法が有形的であると無形的であるとを問わない（大判昭七・二・一二刑集一一巻七五頁）。暴行または脅迫によるばあいだけに限らず、偽計によっても成立する（最決昭三三・三・一九刑集一二巻四号六三六頁）。すなわち、偽計によって自動車に乗せてこれを疾走させる行為は、監禁罪を構成するのである。脅迫による監禁罪が成立するためには、その脅迫は被害者が一定の場所から立ち去ることのできない程度のものでなければならない（最［大］判昭二八・六・一七刑集七巻六号一二八九頁）。脅迫以外の方法により被害者の恐怖心を利用した監禁や羞恥心を利用した監禁などもある。たとえば、強いて自動車に乗せてこれを疾走させて降車できなくすること（最決昭和三〇・九・二九刑集九巻一〇号二〇九八頁）や屋根の上にいる者の梯子をはずすことなどが前者の例であり、入浴中の婦人の衣類を持ち去りその場から出られなくすることが後者の例である。

監禁行為は、不作為によってもなされるし、間接正犯の形式でもなされ得る。看守が室内に人が居るのを知らずに部屋の鍵をかけたが、後で人が居ることに気付いたにもかかわらず、そのまま放置してその人を解放しなかったようなばあいが不作為による監禁の例であり、情を知らない警察官を欺いて無実の者を留置させたようなばあい（大判昭一四・一一・四刑集一八巻四九七頁）が間接正犯形態による監禁の例である。

逮捕・監禁罪は、法文上、「不法に」人を逮捕または監禁するものとされている。「不法に」というのは、「違法に」というのとまったく同じであり、違法性の一般的要件を表現したものにすぎず、特別の意義を有することを意味するものではない（通説）。したがって、一般の違法性阻却と同様に考えてよい。適法な令状による被疑者・被告人の逮捕、勾引・勾留（刑訴一九九条・二一〇条・五八条・六〇条・六二条・七〇七条など）、現行犯逮捕（刑訴二一三条）、都道府県知事が精神障害者を精神病院に入院させる措置をとる行為（保健及び精神障害者福祉に関する法律二一条以下）、親権者が懲戒権に基づき家庭裁判所の許可を得て未成年の子を懲戒場に入れる行為（民八二二条）などは、法令による行為（三五条）として違法性が阻却される。労働争議に関して違法性阻却がとくに問題にされるばあいが多い。判例は、他人に対して権利を有する者が、その権利を実行する手段として他人を監禁する行為は、権利の範囲および社会通念上、一般に許容される限度を超えたものであって不法監禁罪を構成すると解している（最［大］判昭二八・六・一七刑集七巻六号一二八九頁）。社会通念上、許容される限度を超えるばあいの例としては、多数の労働組合員の怒号の中で午後六時頃から翌日午後三時頃まで睡眠もさせずにその場にとどまらせる行為（前掲昭和二八年判決）、労働組合の要求貫徹のために、執務中の課長を会社事務所外の広場に連行し、数百名の組合員とともにこれを取り囲んで執拗に協力を迫り、約三時間四〇分にわたってその場からの脱出を不可能にする行為（最決昭三二・一二・二四刑集一一巻一四号三三四九頁）などが挙げられる。なお、正当防衛・緊急避難（三六条・三七条）として違法性が阻却されるばあいがあることは、いうまでもない。

手段としてなされた暴行・脅迫は、逮捕・監禁罪に吸収され別罪を構成しない（大判昭一一・五・三〇刑集一五巻七〇五頁）。監禁の手段としてではなく、監禁の機会におこなわれた暴行・脅迫は、監禁罪には吸収されず別罪を構成する（最判昭二八・一一・二七刑集七巻一一号二三四四頁）。

二　逮捕・監禁致死罪

逮捕・監禁罪を犯し、よって人を死傷に致す罪である。法定刑は、傷害の罪に比較し上限・下限ともに重い方による（二二一条）。

本罪は、逮捕・監禁罪の結果的加重犯である。

始めから殺意があるばあいは、逮捕・監禁は殺人の手段にすぎないので殺人罪が成立するだけである（大判大九・二・一六刑録二六輯四六頁）。監禁行為を継続している中途で殺意を生じたばあいには、殺人罪だけが成立するとする立場（前掲大正九年の大審院判決）と監禁罪および殺人罪の併合罪であるとする立場とに分かれる。

本罪の前提として、逮捕・監禁罪が成立したことが必要である。したがって、適法な逮捕・監禁の結果、人を死傷に致したばあいには、本罪となるのではなく過失致死傷罪が成立する。

第三節　略取および誘拐の罪

第一款　総説

略取および誘拐の罪は、人をその従来の生活環境から離脱させて自己または第三者の事実的ないし実力的な支配下に置く行為を内容とする犯罪である（両者を合わせて拐取罪という）。この犯罪として刑法上、未成年者拐取罪（二二四条）、営利拐取罪（二二五条）、身の代金拐取罪（二二五条ノ二第一項）、身の代金要求罪（二二五条二項・二二七条四項後段）、所在国外移送拐取罪（二二六条）、人身売買罪（二二六条ノ二）、被拐取者収受罪（二二七条一項ないし三項・四項前段）、未遂罪（二二八条）、身の代金目的拐取等予備罪（二二八条ノ三）が規定されている。略取・誘拐は、人身売買と結びつくことも多く、国際的な規模でなされるばあいも少なくないので、これを防止するために各種の国際条約がある（たとえばヴェルサイユ条約二八二条一七項、人身売買及び他人の売春からの搾取の禁止に関する条約など）。刑法は、所在国外に移送する目的でなされる人身売買について規定し、その他の人身売買は特別法で禁止されている（たとえば児童福祉法三四条一項七号ないし九号・六〇条、職業安定法六三条など）。

本罪の本質ないし保護法益を何と解するか、をめぐって、見解が対立している。すなわち、①本罪の保護法益はもっぱら被拐取者（略取または誘拐される者）の自由であるとする説、②被拐取者の自由よりも人的保護関係の方がより基本的な保護法益であるとする説、③被拐取者の自由が保護法益であるが、被拐取者が未成年者・精神病者であるときには親権者などの保護監督権もまた法益に含まれるとする説（通説）が主張されているのである。

判例は、未成年者拐取罪に関して、本罪は、暴行または脅迫を加えて幼者を不法に自己の実力内に移し、一方において監督者の監督権を侵害するとともに、他方において幼者の自由を拘束する行為によって成立するとしており（大判明四三・九・三〇刑録一六輯一五六九頁）、通説と同じ立場に立っているといえる。①説は、未成年者拐取罪については不十分であり、②説は成人に対する拐取罪については妥当しないといえるので、③説が支持されるべきであるとおもう。

本罪の本質ないし保護法益に関連して、本罪は継続犯なのか状態犯（即成犯）なのかが問題となる。右の①説は被拐取者の自由の侵害を重視するので、実力的支配の継続を要件とし本罪を継続犯として把握する。これに対して②説は、保護関係の侵害を重視するので、保護関係が侵害された時点で本罪は既遂となり、その後は違法状態が継続しているにすぎないと解して、本罪を状態犯として理解する。③説は、一般には本罪を継続犯と解するが、被拐取者がまったく行動の自由を欠く嬰児や高度の精神病者などであるときは、もっぱら保護監督権の侵害が考慮されるべきであるから、そのかぎりでは状態犯と把握する。判例は継続犯説をとっている（大判昭四・一二・二四刑集八巻六八八頁。二二五条に関する）。

本罪における基本的な行為である「略取」・「誘拐」の意義を明らかにしておく必要がある。略取とは、暴行または脅迫を手段として、他人をその生活環境から離脱させ、自己または第三者の事実的支配の下に置くことをいう（広島高岡山支判昭三〇・六・一六裁特二巻一二号六一〇頁。通説）。略取の手段としての暴行・脅迫は、必ずしも被害者の反抗を抑圧するに足りる程度のものであることを要しないが、被害者を自己または第三者の実力支配内に移し得る程度のものでなければならない。誘拐とは、欺罔または誘惑の手段により他人を自己または第三者の実力支配内に移すことであるが、欺罔は虚偽の事実をもって相手方を錯誤に陥れることを意味し、誘惑は欺罔の程度には達しないが甘言をもって相手方を動かし、その判断の適正を誤らせることを意味する（大判大一二・一二・三刑集二巻九一五頁）。このように略取と誘拐は、他人を自己または第三者の実力支配下に移す手段によって区別されるのである。

略取・誘拐は被拐取者を場所的に移転させることを要するかについて、積極説（大判大一二・一二・三刑集二巻九一五頁）と消極説が主張されている。実際上、場所的移転を伴うのを通例とするが、未成年者などに対する略取・誘拐のばあいには、保護監督者を欺罔し、または、これに暴行・脅迫を加えて立ち去らせるような方法でも犯し得るので、消極説が妥当である。

本罪において被害者の承諾が違法性阻却事由となり得るか、について、見解が分かれている。①社会通念上、略取・誘拐は公序良俗に反する行為であるから被害者の承諾は本罪の違法性阻却事由となり得ないとする説と②違法性阻却事由となり得るとする説とが主張されている。

略取・誘拐罪は、それぞれ手段たる暴行・脅迫・欺罔・誘惑の行為を開始した時に実行の着手があり、被害者を行為者または第三者の実力的支配下に置いた時点で既遂となる。

暴行・脅迫の手段と欺罔・誘惑の手段とが併用されるばあいには、これを合一して略取・誘拐の一罪と見るべきである（大判昭一〇・五・一刑集一四巻四五四頁。通説も同じ）。

第二款　犯罪類型

一　未成年者略取・誘拐罪

本罪は、未成年者を略取・誘拐する罪である。法定刑は、三月以上七年以下の懲役（二二四条）。未遂を罰する（二二八条）。

客体は、未成年者である。未成年者とは満二〇歳未満の者をいう（民三条）。未成年者であれば足り、意思能力の有無を問わない。実際上、意思能力を有する未成年者については誘拐罪も成立し得るが（大判明四四・三・三刑録一七輯四九七頁）、意思能力を有しない者については略取罪しか成立し得ない。

行為は、略取または誘拐である。その意義については、前述したところを参照されたい。

未成年者を、営利、わいせつ、結婚または生命もしくは身体に対する加害の目的、身の代金取得の目的または所在国外移送の目的で拐取したばあいには、それぞれ営利拐取罪（二二五条）、身の代金拐取罪（二二五条ノ二）、所在国外移送拐取罪（二二六条一項）が成立し、本罪はそれらの罪に吸収される（営利拐取罪につき大判明四四・一二・八刑録一七輯二二六八頁、国外移送拐取罪につき大判昭一〇・六・六刑集一四巻六二五頁）。

二　営利目的等拐取罪

営利、わいせつ、結婚または生命もしくは身体に対する加害の目的で人を略取・誘拐する罪である。法定刑は、一年以上一〇年以下の懲役（二二五条）。未遂を罰する（二二八条）。

本罪の客体は、未成年者でも成年者でもよいし、男女を問わない。未成年者が客体であるばあいには、本罪のみが成立し、未成年者拐取罪（二二四条）は成立しない。

本罪は、目的犯である。営利の目的とは、財産上の利益を得、または第三者に得させる意図をいう。それは、営業的に利益を得る目的であることを要しないし（大判明四四・一一・一六刑録一七輯二二〇二頁）、継続して利益を得る目的であることも必要としない（大判大九・三・三一刑録二六輯二二三頁）。被拐取者に売春をさせて利益を得るような被拐取者の直接的利用だけでなく、およそ被拐取者を利用し、その自由の侵害または保護状態の不良変更を手段として財産上の利益を得ようとするばあいも含まれる。判例も、営利の目的とは誘拐行為によって財産上の利益を得ることを動機とすることをいい、その利益は必ずしも被誘拐者自身の負担によって得られるものにかぎられず、誘拐行為に対して第三者から報酬として受ける財産上の利益をも含むと解している（最決昭三七・一一・二一刑集一六巻一一号一五七〇頁）。これに対して、営利の目的は被拐取者の犠牲において財産上の利益を得る目的に限定すべきであるとする説もある。わいせつの目的とは、被拐取者を猥褻行為の主体または客体とする意図をいう。すなわち、被拐取者に対して、わいせつな性的行為をし、または第三者にそれをおこなわせるばあいだけでなく、被拐取者に売春をさせるばあいをも含むのである。結婚の目的とは、行為者または第三者と事実上の結婚をさせる意図をいう（通説）。結婚を法律婚に限るとする見解もある。

本罪は、営利、わいせつ、結婚または生命もしくは身体に対する加害の目的をもって被拐取者を自己または第三者の支配下に置くことによって成立するのであって、それぞれの目的を達したかどうかは重要ではない。わいせつの目的で誘拐して後、さらに営利の目的で他に誘致したばあい、一罪が成立するにすぎない（大判大一三・二・一二刑集三巻八七一頁）。

三　身の代金目的拐取罪

近親その他被拐取者の安否を憂慮する者の憂慮に乗じてその財物を交付させる目的で人を略取・誘拐する罪である。法定刑は、無期または三年以上の懲役（二二五条ノ二第一項）。未遂を罰する（二二八条）。

本罪は、昭和三九年法律一二四号によって新設された。それまでは、本罪に相当する行為は、営利目的拐取罪や恐喝罪などの適用によって処理されてきたが、この種の事犯が増加し、その社会的有害性の見地から刑の加重が必要とされたため、本罪が追加されたのである。

本罪の客体は人であり、成年・未成年、男女のいかんを問わない。

本罪は目的犯であり、営利目的拐取罪の加重類型である。本罪における目的の内容は、「近親その他被拐取者の安否を憂慮する者の憂慮に乗じてその財物を交付させる」ことである。被拐取者の安否を憂慮する者とは、近親と同様に親身になって憂慮心痛する者をいい、たんに同情しつつ傍観するにすぎない者を含まない。兄弟姉妹はもとより、法律上親族関係はなくても継親子の関係にある者や、住込の店員と店主との関係にある者などもこれに含まれる。事実上の保護関係のある者は、おおむねこれに含まれる。「憂慮に乗じて」というのは、憂慮する心理を利用することを意味する。本罪の目的は、「財物」を交付させることにある。これは、被拐取者の安否を憂慮する者の管理にかかる財物である。財物が金銭を含むことは勿論であるが（「身の代金」）、単なる財産上の利益はこれに含まれない。

身の代金の取得を目的とするかぎり、未成年者拐取罪（二二四条）・わいせつ・結婚を目的とする拐取罪（二二五条）は、本罪に吸収される。始めから被拐取者を殺害した後に身代金を要求・取得する目的であっても、殺害の事実を秘匿して人の憂慮に乗ずるものであれば、本罪が成立し得る。そのばあいには、拐取行為は、同時に殺人の予備また未遂の罪を構成する。

四　身の代金要求罪・同取得罪

本罪は、人を略取・誘拐した者が、近親者その他被拐取者の安否を憂慮する者の憂慮に乗じて、その財物を交付させ、または、これを要求する行為をおこなう罪である。法定刑は、略取・誘拐した者については無期または三年以上の懲役（二二五条ノ二第二項）、被拐取者を収受した者については二年以上の懲役（二二七条四項後段）。

本罪の主体は、人を略取または誘拐した者（拐取者身の代金要求罪・同取得罪）である。略取・誘拐は、未成年者に対するばあい（二二四条）、営利・わいせつ・結婚の目的によるばあい（二二五条）、身代金取得の目的によるばあい（二二五条の二第一項）、所在国外移送の目的によるばあい（二二六条第一項）の何れでもよい。

本罪の客体は、近親者その他被拐取者の安否を憂慮する者の財物である。

本罪の行為は、近親者その他被拐取者の安否を憂慮する者の憂慮に乗じてその財物を交付させ、または、これを要求する行為をすることである。財物を「交付させる」とは、相手方の提供する財物を受領するばあいのほか、相手方が黙認している状況のもとでその財物を取得するばあいを含む。「要求する行為をする」とは、財物の交付を求める意思表示をすることである。「要求する」とは異なり、その意思表示は相手方に到達しないばあいをも含む。すなわち、実質的には要求未遂に当たる行為もこれに含まれることになる。未遂処罰規定（二二八条）からこれが除外されているのは、これ自体が一種の未遂であるからである。要求により現実の交付を受けたばあいには、「交付」させた罪、すなわち身の代金取得罪となり、別に強盗、恐喝等の罪は成立しない。未成年者拐取罪、営利目的拐取罪、所在国外移送拐取罪と拐取者身代金要求罪・同取得罪とは牽連関係に立つが、身の代金目的拐取罪の犯人が、さらに本罪を犯したばあいには、包括して二二五条ノ二に当たる一罪を構成する。身の代金目的による被拐取者収受者が身の代金要求罪・同取得罪を犯したばあいには、包括して二二七条四項の規定に当たる一罪が成立するが、その他の被拐取者収受罪と本罪とは牽連犯となる。

五　所在国外移送目的拐取罪

本罪は、所在国外に移送する目的で人を略取し、または誘拐する罪である。法定刑は、二年以上の懲役（二二六条）。未遂を罰する（二二八条）。

所在国外移送目的拐取罪は目的犯であり、「所在国外に移送する目的」をもってなされることを要する。所在国外に移送する目的とは、被拐取者を所在国の領土・領海または領空の外に移動する目的をいう。本罪が成立するためには、略取または誘拐が所在国外移送の目的をもってなされれば足り、現実に被拐取者を所在国外に移送したことを必要としない（大判昭一二・三・五刑集一六巻二五四頁）。

本罪の行為は、所在国外に移送する目的で人を略取または誘拐することである。

六　人身売買罪

① 本罪は、人を買い受ける罪である。法定刑は、3月以上5年以下の懲役（二二六条の二第一項）。
② 本罪は、未成年者を買い受ける罪である。法定刑は、三月以上七年以下の懲役（同条二項）。
③ 本罪は、営利、わいせつ、結婚または生命もしくは身体に対する加害の目的で、人を買い受ける罪である。法定刑は、一年以上一〇年以下の懲役（同条三項）。
④ 本罪は、人を売り渡す罪である。法定刑は、一年以上一〇年以下の懲役（同条四項）。
⑤ 本罪は、所在国外に移送する目的で、人を売買する罪である。法定刑は、二年以上の有期懲役（同条五項）。
⑥ 以上の各罪の未遂を罰する（二二八条）。

1　意義

従来、日本国外に移送する目的で人を売買する行為だけが処罰されていたが（旧二二六条二項前段）、平成一七年の刑法の一部改正により、人身買受け罪（二二六条の二第一項）、未成年者買受け罪（同条二項）、営利目的等人身買受け罪（同条三項）、人身売渡し罪（同条四項）、所在国外移送目的人身売買罪（同条五項）が新設されたのである。これは、従来の犯罪を「所在国外」に移送する目的による人身売買罪として成立範囲を拡張し、人身売渡し罪と人身買受け罪を新たに規定するものである。そして人身買受け罪のばあい、未成年者が客体であるとき、および、営利等の目的によるときは加重犯罪類型とされ、犯罪の性質に対応して法定刑がそれぞれ別異に定められている。

2　保護法益

人身売買罪の保護法益は、略取・誘拐罪と同様に、被売者の自由であるが、被売者が未成年であるばあいは、保護者の保護監督権も含まれる。人身売買の法益を被売者の自由と解すると、犯罪の性格についても、被売者の自由が侵害され続けているかぎり､犯罪は継続するものとして継続犯として捉えるべきであるかの観を呈する。しかし、人身の売買は、売渡し人と買受け人との間で対価の提供と交換に被売者の身体が授受されることによって終了し、とくに売渡し人については、対価を得て被売者を買受け人に渡すことによって、被売者とは離れるのが一般である。したがって、人身売買罪は、略取・誘拐罪とは異なって、状態犯と解するのが妥当であるとされる。ただし、買受け人が、被売者の自由を拘束し続けるばあいは、別に監禁罪の成立をみとめるべきである。

3　犯罪類型

(1)　人身買受け罪

本罪は、人を買い受ける罪である。「買い受ける」とは、対価を支払って被売者の身体を受け取ることをいう。対価は金銭に限られない。受け取ることによって犯罪は既遂となる。未成年者買受け罪が別に規定されているので、本罪における被売者は、成人に限られる。

(2)　未成年者買受け罪

本罪は、未成年者を買い受ける罪である。未成年者は、成人に比べて抵抗力が弱いため、売買の対象とすることが容易であるとともに、売買されることによって被る親族などの精神的苦痛も大きいのが一般であることを考慮して、本罪は、人身買受け罪の加重処罰類型とされている。

(3)　営利目的等人身買受け罪

本罪は、営利、わいせつ、結婚または生命もしくは身体に対する加害の目的で人を買い受ける罪である。本罪は、悪質な目的による人身の買受け行為をさらに重く処罰する加重類型である。

「営利、わいせつ、結婚又は生命若しくは身体に対する加害の目的」については、営利目的等略取・誘拐罪の説明を参照していただきたい。

(4)　人身売渡し罪（二二六条の二第四項）

本罪は、人を売り渡す罪である。「売り渡」すとは、対価を得て被売春の身体を買い受けた者に渡すことをいう。本罪は、人身買受け罪、未成年者買受け罪、営利目的等買受け罪とは必要的共犯の関係に立つ。

(5)　所在国外移送目的人身売買罪（二二六条の二第五項）

本罪は、所在国外に移送する目的で、人を売買する罪である。本罪は、所在国外に移送する目的でなされる人身売買行為の犯罪性の重さを理由とする加重類型である。

七　被略取者引渡し等罪

①本罪は、未成年者略取・誘拐罪（二二四条）、営利目的等略取・誘拐罪（二二五条）、または、所在国外移送目的略取・誘拐罪（二二六条）、人身売買罪（二二六条の二）、被略取者等所在国外移送罪（二二六条の三）を犯した者を幇助する目的で、略取され、誘拐され、または売買された者を引き渡し、収受し、輸送し、蔵匿し、または隠避させる罪である。法定刑は、3月以上5年以下の懲役（二二七条一項）。

②本罪は、身の代金目的略取・誘拐罪（二二五条の二第一項）を犯した者を幇助する目的で、略取されたまたは誘拐

された者を引き渡し、収受し、輸送し、蔵匿し、または隠避させる罪である。法定刑は、一年以上一〇年以下の懲役（同条二項）。

③本罪は、営利、わいせつまたは生命もしくは身体に対する加害の目的で、略取され、誘拐され、または売買された者を引き渡し、収受し、輸送し、または蔵匿する罪である。法定刑は、六月以上七年以下の懲役（同条三項）。

④本罪は、近親者その他略取されたまたは誘拐された者の安否を憂慮する者の憂慮に乗じてその財物を交付させる目的で（二二五条の二第一項）、略取されまたは誘拐された者を収受する罪である。法定刑は、二年以上の有期懲役（同条四項前段）。

⑤以上の各罪の未遂を罰する（二二八条）。

1　本条の趣旨

本条は、平成一七年の刑法の一部改正（法律六六号）によって多くの変更が加えられている。すなわち、一項には、帮助の目的の対象とされる犯罪中に、人身売買罪（二二六条の二）、被略取者等所在国外移送罪（二二六条の三）が、犯罪行為として、引渡しおよび輸送がそれぞれ追加されている。二項には、犯罪行為として、引渡しおよび輸送が追加され、三項には、犯罪の目的として、生命・身体に対する加害が追加され、犯罪行為として、引渡し、輸送および蔵匿が、それぞれ追加されているのである。

本罪は、略取・誘拐および人身売買の結果としての違法状態の継続を確保させることを内容とする犯罪であるとされている。上記の①②は、他の略取・誘拐罪、人身売買罪の犯人を帮助する目的でなされるものであり、③④は、犯人自身の独自の目的でなされるものである。

2 罪質

略取・誘拐罪の性格が継続犯であるか状態犯であるか、によって、本罪も、略取・誘拐罪の幇助犯またはいわゆる事後幇助犯としての性質を帯びることになる。ここでいう事後幇助犯・事後従犯は、共犯の一種ではない。

3 客体

本罪の客体は、略取・誘拐された者（被拐取者）または売買された者（被売者）である。略取・誘拐された者は、未成年者略取・誘拐罪、営利目的等略取・誘拐罪、所在国外移送目的略取・誘拐罪、被略取者等所在国外移送罪、身の代金目的略取・誘拐罪によるものでなければならない。売買された者は、人身売買罪によって売買された者である。

4 行為

本罪の行為は、未成年者略取・誘拐罪、営利目的等略取・誘拐罪、所在国外移送目的略取・誘拐罪、人身売買罪、所在国外移送罪、身の代金目的略取・誘拐罪を犯した者を幇助する目的で、被拐取者または被売者を引き渡し、収受し、輸送し、蔵匿しまたは隠避させることである。

ここにいう「幇助」は、総則における幇助犯（六二条）とは異なり、略取・誘拐行為または人身売買行為が終了した後の本犯の結果を確保するための行為なども含む。「引き渡」すとは、被略取・被誘拐者または被売者を他人の支配下に移すことをいう。「収受」するとは、被略取・被誘拐者または被売者の交付を受けて自己の実力支配下におくことをいい、有償・無償を問わない。「輸送」するとは、車、船舶、航空機などを用いて被略取者・被誘拐者または被売者を、その所在した場所から他の場所へ移すことをいい、有償か無償かを問わない。「蔵匿」するとは、被誘拐者または被売者の発見を妨げるべき場所を供給することをいう（大判明四四・七・二八刑録一七輯一四七七頁）。「隠避」するとは、蔵匿に当たるばあいを除いて、被略取・被誘拐者または被売者の発見を妨げるいっさいの行為をいう。

第三款　解放減軽

身の代金目的拐取罪（二二五条ノ二第一項）、拐取者身の代金要求罪（二二五条ノ二第二項）、身の代金目的拐取罪を犯した者を幇助する目的による収受罪（二二七条二項）、身の代金目的による収受罪（二二七条四項前段）または被拐取者収受罪の身の代金要求罪（二二七条四項後段）を犯した者が、公訴が提起される前に被拐取者を安全な場所に解放したときは、その刑が減軽される（二二八条ノ二）。

被拐取者の生命・身体の安全をはかる政策的考慮および解放者についての違法性および責任の減少に基づく実体法的考慮から、昭和三九年に新設されたものである。

「解放」とは、拘束を解いて行動の自由を回復させることをいい、「安全な場所」とは、被拐取者が安全に自由を回復し得るとみとめられる場所をいう。その安全性の有無は、地理的位置、解放の時刻、方法、被拐取者の一身的事情などを総合して判断される。「公訴の提起前」かどうかは、各犯人ごとに考えられなければならない。

第四款　親告罪

未成年者拐取罪（二二四条）、営利拐取罪（二二五条）およびこれらの罪を幇助する目的で犯した被拐取者収受罪（二二七条一項）、営利・わいせつの目的による収受罪（二二七条三項）ならびにこれらの罪の未遂罪は、営利または生命もしくは身体に加害する目的によるばあいを除き、告訴がなければ公訴を提起することができない。ただし、被拐取者または被売者が犯人と婚姻をしたときは、婚姻の無効または取消しの裁判が確定した後でなければ、告訴の効力がない（二二九条）。

本条に掲げられた罪で営利または生命・身体に加害する目的をもってなされたものは悪質であるとみとめられるので、非親告罪とされたのである。

告訴権者は、被拐取者・被売者、法律上または事実上、保護監督の地位にあった者である。ただし書きのばあいの「婚姻」は法律上の婚姻に限られる。これは、婚姻を尊重する趣旨から、婚姻継続中の告訴の効力を否認するものである。したがって、公訴提起後であっても、婚姻をすれば本条による告訴無効の効果が生ずる（名古屋高金沢支判昭三二・三・一二高刑集一〇巻二号一五七頁）。協議上または裁判上の離婚があったばあい、婚姻の無効・取消しの裁判に準じて告訴できるものと解するのが妥当である。

第四節　性的自由を害する罪

第一款　罪質および犯罪類型

性的自由を害する罪は、暴行・脅迫または勧誘を手段としてわいせつ・姦淫《かんいん》をなす行為またはこれに準ずる行為を内容とする。刑法典では社会的法益に対する罪として、二二章に規定されているが、その本質は、個人の性的意思決定の自由を侵害する点にあるので、自由に対する罪として把握されるべきである。

性的自由を害する罪の**犯罪類型**は、強制わいせつ罪（一七六条）・同未遂罪（一七九条）、強姦罪（一七七条）・同未遂罪（一七九条）、準強制わいせつ罪・準強姦罪（一七八条）・同未遂罪（一七九条）、集団強姦罪・集団準強姦罪（一七八条の二）・同未遂罪（一七九条）強制わいせつ・強姦致死傷罪（一八一条）から成る。

第二款　強制わいせつ罪

本罪は、一三歳以上の男女に対して暴行・脅迫をもってわいせつの行為をし、または一三歳未満の男女に対してわいせつの行為をする罪である。法定刑は、六月以上一〇年以下の懲役（一七六条）。未遂を罰する（一七九条）。

本罪の客体は、男女である。強姦罪の客体が女性に限られるのに対して、本罪については男性も客体となり得る。客体が一三歳以上であるか一三歳未満であるかによって、行為態様に差が生ずる。

本罪の行為は、わいせつの行為をすることである。わいせつの行為とは、判例によれば「徒らに性欲を興奮または刺激せしめ、且つ普通人の正常な性的羞恥心を害し、善良な性的道徳観念に反すること」をいう（名古屋高金沢支判昭三六・五・二下刑集三巻五＝六号三九九頁）。これは、主観的には、性欲を興奮または刺激させせようとする意図の下に、客観的には、一般人の正常な性的羞恥心を害し善良な性的道徳観念に反する行為がなされることを要する趣旨であると解されている。判例・通説によれば、本罪は傾向犯であるから、本罪の行為は、行為者の性欲を刺激興奮させ、または満足させるという性的意図のもとになされる必要がある。したがって、もっぱら報復または侮辱《ぶじょく》・虐待《ぎゃくたい》の日的で女性を強制して全裸にさせその姿態を撮影する行為は、本罪を構成せず強要罪を構成するにすぎないとされる（最判昭四五・一・二九刑集二四巻一号一頁）。したがって、女性の全裸写真を強制的に撮影する行為も、行為者においてみずからを性的に刺激し興奮させる性的意味を有した行為であるとの認識があるばあいには、強制わいせつ罪に当たるとされることになる（東京地判昭六二・九・一六判時一二九四号一四三頁）。しかし、本罪は傾向犯ではないと解するのが妥当である。本罪のわいせつ行為は、被害者の性的自由の侵害を主眼として理解されなければならないので、性的風俗の保護を主目的とする公然わいせつ罪のわいせつ行為とは、ニュアンスを異にすべきである。たとえば、キッス（接吻）は、公然わいせつ罪におけるわいせつ行為には当たらないが、相手方の意思に反して無理におこなうばあいには本罪のわいせつ行為に当たる（東京高判昭三二・一・二二高刑集一〇巻一号一〇頁）。姦淫《かんいん》行為は、本罪のわいせつ行為から除外される。なぜならば、強制的な姦淫は強姦罪として一七七条に規定されているからである。

客体が一三歳未満であるばあいには、わいせつ行為がなされれば足りるが、一三歳以上であるばあいには、わいせつ行為の手段として「暴行」・「脅迫」が要件とされる。一三歳未満の男女は、わいせつ行為の意味を正しく理解できないので法律上有効な同意をする能力がないから、その者の同意があっても本罪を構成するとされるのである。相手方の任意性を害してわいせつ行為がなされる点に、本罪の特質が存在するので、「脅迫」の程度は畏怖・困惑により反抗するのが著しく困難な程度のものであることを要するが、「暴行」を手段とするばあいには、意思を抑制する程度の暴行はもとより、被害者の油断に乗じてなされる軽い暴行でも、およそ任意性を侵害する形態でわいせつの行為をすれば本罪を構成すると解すべきであるとされる。これに対して通説は、暴行・脅迫とも被害者の反抗を著しく困難にする程度のものであることを要すると解している。

一三歳未満の者に対するわいせつ行為のばあい、行為者は相手方が一三歳未満であることを認識する必要がある。通常のばあいの故意と同様、未必的認識で足りる。この点についての錯誤は、故意を阻却する（構成要件的事実の錯誤）。

本罪における実行の着手時期は、一三歳以上の男女に対するばあいには、暴行・脅迫を開始した時点であり、一三歳未満の者に対するばあいには、わいせつ行為を開始した時点である。

わいせつ行為は公然たることを要しないが、公然とこれをおこなえば、公然わいせつ罪との観念的競合となる（大判明四三・一一・一七刑録一六輯二〇一〇頁）。一三歳未満の者に対して脅迫を用いてわいせつの行為をしたばあいには、前段・後段の区別なく本条に該当する一罪が成立する（最決昭四四・七・二五刑集二三巻八号一〇六八頁）。

本罪は、被害者の心理を尊重し親告罪とされている（一八〇条一項）。しかし、二人以上の者が現場において共同して犯したばあいは、非親告罪とされる（一八〇条二項）。

第三款　強姦罪

本罪は、暴行・脅迫をもって一三歳以上の女子を姦淫し、または一三歳未満の女子を姦淫する罪である。法定刑は、三年以上の有期懲役（一七七条）。未遂を罰する（一七九条）。

本罪の客体は、女子に限られる。女子は生存していることを要するので、屍姦は本罪を構成しない。

本罪の行為は、一三歳以上の女子を暴行・脅迫をもって姦淫し、または一三歳未満の女子を姦淫することである。一三歳未満の女子のばあいは、その承諾を得て姦淫しても本罪を構成する。本罪における暴行・脅迫の意義について判例・通説は、被害者の反抗（抗拒）を抑圧する程度のものであることを要せず、その反抗を著しく困難にする程度のものであれば足りると解している（最判昭二四・五・一〇刑集三巻六号七一一頁）。すなわち、それは、強盗罪・事後強盗罪における暴行・脅迫よりは程度が低いのである。このように解すべき理由は、第一に、本罪の保護法益が性的自由にあるので、任意性を害すべき程度の暴行・脅迫があれば性的自由は害されたといえること、第二に、強盗罪のばあいには補充的犯罪規定として恐喝罪があるが、強姦罪のばあいには補充的規定がないので、強盗罪の暴行・脅迫よりも低い程度のものでなければ被害者の保護にとって不十分であること、に求められている。姦淫とは、男性性器を女性性器に挿入すること（性交）を意味する。男性性器の女性性器への挿入があれば本罪は既遂となるのであって、射精のあることは必要でない（大判大二・一一・一九刑録一九輯一二五五頁参照）。

強制わいせつ罪のばあいと同様、一三歳未満の女子に対する姦淫については、行為者は、相手方が一三歳未満であることを認識する必要がある。

本罪における実行の着手時期は、暴行・脅迫を手段とするばあいには、暴行・脅迫が開始された時点であり、そうでないばあいには、姦淫行為を開始した時点である。たとえば、行為者が、夜間、女子を人家のまれな寺の境内に連れ込み、強姦の目的で同女を脅迫した時（最判昭二八・三・一三刑集七巻三号五二九頁）、行為者が、夜間通行中の女子を車内で強姦する目的でダンプカーの運転席に引きずり込もうとした時（最決昭四五・七・二八刑集二四巻七号五八五頁）に実行の着手がみとめられる。

強姦罪は、客体が女子に限られる結果、行為主体は、男性だけであるということになる。したがって、判例・通説の見地からは、男性であることは六五条一項の構成的身分（真正身分）とされる。判例は、女性が男性と共謀して強姦行為に加担したときは強姦罪の共同正犯となると解している（最決昭四〇・三・三〇刑集一九巻二号一二五頁）。その理由は、「身分のない者も、身分のある者の行為を利用することによって、強姦罪の保護法益を侵害することができる」という点に求められている。しかし、男性であること自体によってなんら「義務」を負うわけではないから、男性であることは構成的身分（真正身分）ではないと解すべきである。

女子を強姦した者が、強姦行為後に強盗の犯意を生じ、同女が畏怖しているのに乗じて金品を強取したばあいは、強姦罪と強盗罪の併合罪となる（最判昭二四・一二・二四刑集三巻一二号二一一四頁）。

本罪は、親告罪である（一八〇条一項）。

第四款　準強制わいせつ罪、準強姦罪

人の心神喪失もしくは抗拒不能に乗じ、または心神を喪失させ、もしくは抗拒不能にさせて、わいせつな行為をした者は、一七六条の例による（一七八条一項）。女子の心神喪失もしくは抗拒不能に乗じ、または心神を喪失させ、もしくは抗拒不能にさせて、姦淫した者は、一七七条の例による（一七八条二項）。法定刑は、わいせつな行為をした

ばあいには六月以上一〇年以下の懲役、姦淫をしたばあいには三年以上の有期懲役（一七八条）。未遂を罰する（一七九条）。

本罪の客体は、準強制わいせつ罪のばあいは男女であり、準強姦罪のばあいは女子に限られる。

本罪の行為は、人の心神喪失・抗拒不能に乗じ、または人を心神喪失・抗拒不能にして、わいせつな行為をし、または姦淫することである。心神喪失とは、精神または意識の障害によって正常な判断ができない状態をいう。これは、責任無能力における心神喪失（三九条）と同義ではないと解すべきであるとされている。なぜならば、本罪は、被害者において正常な判断力を欠いた状態で、つまり、被害者の任意性を害する形態でわいせつな行為・姦淫行為をおこなう者を処罰することを目的とするものであるからである。抗拒不能とは、心神喪失以外の意味において心理的または物理的に抵抗することが不可能または著しく困難な状態をいう。その原因のいかんを問わない。「乗じ」とは、心神喪失・抗拒不能の状態を利用することを意味する。したがって、行為者においてこれらの状態を行為時に認識している必要がある。人を心神喪失または抗拒不能にするとは、暴行・脅迫以外の方法で心神喪失・抗拒不能の状態を作り出すことである。その方法には限定がなく、たとえば、麻酔薬を服用させたり、多量の酒を飲ませたり、催眠術を施用したりすることなどがある。暴行・脅迫をもって女子の心神を喪失させ、または抗拒不能にして姦淫したばあいには、強姦罪が成立し本罪を構成しない（最判昭二四・七・九刑集三巻八号一一七四頁）。

本罪は、親告罪である（一八〇条一項）。しかし、二人以上の者が現場において共同して犯したばあいは、非親告罪とされる（一八〇条二項）。

第五款　集団強姦罪・集団準強姦罪

本罪は、二人以上の者が現場において共同して強姦罪（一七七条）または準強姦罪（一七八条二項）を犯す罪である。法定刑は、四年以上の有期懲役（一七八条の二）。未遂を罰する（一七九条）。

一　罪質

集団で犯される強姦行為は、これまでも凶悪であることを理由に非親告罪とされていたが（一八〇条二項）、法定刑は通常の強姦罪と同じであった。平成一六年の刑法の一部改正（法律一五六号）は、通常の強姦罪の法定刑の下限を引き上げるとともに、より悪質な集団的犯罪である集団強姦・準強姦罪を新設し、その法定刑の下限を通常の強姦罪・準強姦罪よりも重くしている。これは、性的意思決定の自由の保護をより徹底するためである。

二　行為

本罪の行為は、二人以上の者が現場において共同して強姦罪または準強姦罪を犯すことである。「二人以上の者が現場において共同して……罪を犯した」とは、二人以上の者が、犯行の現場において、強姦罪または準強姦罪を共同して実行したことをいう。必ずしも姦淫行為自体を共同しておこなったことを必要としない。被害者に対する暴行・脅迫や見張り行為などが、姦淫行為と一体化して強姦罪・準強姦罪の実行行為と評価できるばあいには、本罪が成立する。

三　非親告罪

本罪は、非親告罪である。

四　刑法の適用

本罪については、日本国民の国外犯、日本国民以外の者の国外犯に対しても、わが国の刑法が適用される（三条五号、三条の二第一号）。

第六款　強制わいせつ・強姦致死傷罪

①強制わいせつ等致死傷罪は、強制わいせつ罪（一七六条）もしくは準強制わいせつ罪（一七八条一項）またはこれらの罪の未遂罪（一七九条）を犯し、よって人を死傷させる罪である。法定刑は、無期または三年以上の懲役（一八一条一項）。②強姦等致死傷罪は、強姦罪（一七七条）もしくは準強姦罪（一七八条二項）またはこれらの罪の未遂罪を犯し、よって女子を死傷させる罪である。法定刑は、無期または五年以上の懲役（一八一条二項）。③集団強姦等致死傷罪は、一七八条の二の罪またはその未遂罪を犯し、よって女子を死傷させる罪である。法定刑は、無期または六年以上の懲役（一八一条三項）。

本罪の行為は、強制わいせつ罪や強姦罪などの罪またはこれらの罪の未遂犯を犯し、その結果、被害者を死亡させ、または負傷させることである。本罪は、結果的加重犯である（大判明四四・四・二八刑録一七輯七一二頁）。死傷の結果は、わいせつまたは姦淫の行為それ自体によって生ずる必要はなく、その手段としての暴行行為または脅迫行為によって発生したものであってもよい（大判明四四・六・二九刑録一七輯一三三〇頁、最決昭四六・九・二二刑集二五巻六号七六九頁）。本罪が成立するには、姦淫行為が既遂であるか未遂であるかを問わな

い（最判昭二三・一一・一六刑集二巻一二号一五三五頁、最判昭二四・七・一二刑集三巻八号一二三七頁）。

行為者が殺意をもって女子を強姦して死亡させたばあい、判例・通説は強姦致死罪と殺人罪との観念的競合をみとめる（大判大四・一二・一一刑録二一輯二〇八八頁、最判昭三一・一〇・二五刑集一〇巻一〇号一四五五頁）。これに対して、結果的加重犯を規定している本罪には故意行為は含まれるべきではないので、殺人罪と強姦罪との観念的競合とすべきであるとする説もある。二四〇条のばあいと異なり、刑の不均衡は生じないので、原則どおりに解すべきであるから、後説が妥当であるとおもう。行為者が強姦傷害の後、犯罪の発覚をおそれて被害者を殺害したばあいは、強姦致傷罪と殺人罪との併合罪となる（大判大一五・五・一四刑集五巻一七五頁）。

本罪は、非親告罪である。

第五節　人身売買罪の新規定に関する意見陳述

本節に収録するのは、平成一七年四月一九日に開催された第一六二回国会参議院法務委員会における参考人意見陳述である（参議院会議録情報第一六二回法務委員会第一三号）。ただし、意見陳述および質疑応答のうち、わたくしの発言に関する部分のみを抄録する。

○**委員長（渡辺孝男君）**　ただいまから法務委員会を開会いたします。

参考人の出席要求に関する件についてお諮りいたします。

刑法等の一部を改正する法律案の審査のため、本日の委員会に明治大学大学院法務研究科・法学部教授川端博君、人身売買禁止ネットワーク共同代表・弁護士吉田容子君、特定非営利活動法人女性の家サーラー理事武藤かおり君及び国際移住機関東京事務所長中山暁雄君を参考人として出席を求め、その意見を聴取することに御異議ございませんか。

〔「異議なし」と呼ぶ者あり〕

○**委員長（渡辺孝男君）**　御異議ないと認め、さよう決定いたします。

○**委員長（渡辺孝男君）**　刑法等の一部を改正する法律案を議題といたします。

本日は、四名の参考人から御意見を伺います。

この際、参考人の方々に一言ごあいさつを申し上げます。

本日は、御多用のところ本委員会に御出席をいただきまして、誠にありがとうございます。

参考人の皆様から忌憚のない御意見をお聞かせいただきまして、本委員会における今後の審査の参考にいたしたいと存じますので、どうぞよろしくお願い申し上げます。

議事の進め方について申し上げます。まず、川端参考人、吉田参考人、武藤参考人、中山参考人の順に、お一人十五分程度で順次御意見をお述べいただきまして、その後、各委員の質疑にお答えいただきたいと存じます。

なお、御発言の際は、その都度、委員長の許可を得ることとなっております。また、各委員の質疑時間が限られておりますので、御答弁は簡潔にお願いしたいと存じます。

なお、御発言は着席のままで結構でございます。

それでは、川端参考人からお願いいたします。川端参考人。

○**参考人（川端博君）**　おはようございます。川端でございます。

刑法等の一部を改正する法律案につきまして、刑事法学者の立場から意見を述べさせていただきます。

従来、刑事法におきましては、固定的な刑事法令の解釈が重要な課題とされてきましたが、それは、刑事立法に関して慎重な態度が取られ、判例による事案の解決が図られてきたことに起因すると考えられます。

明治四十年に制定された基本法典である刑法の全面改正がなされずに、必要限度の部分改正がその都度なされてきましたので、言わば安定的な法状況が続いてきたと言えます。近代刑法の根本原理である罪刑法定主義は、法的安定性を強く要求いたしますので、基本法典の大幅改正に抑制的であった、そのことには一定の合理性が認められるのであります。

しかしながら、各領域においてグローバリゼーションが推進されている今日、時代の要請に対応する刑法典の改正のほかに、刑事関係の法律の新規立法が相次いでなされており、刑事立法の時代と言われるようになっております。このような刑事立法は、時代の要請に迅速に対応する点において極めて高く評価されるべきものであります。立法に関与されておられる国会の諸先生方に敬意を表するゆえんであります。

今回の法律案を検討する場合、刑事立法の歴史のパースペクティブにおいて評価される必要があります。そこで、刑事立法の歴史を概括的に見てみますと、次の三つの段階があると言えます。

まず、明治初期、つまり十九世紀後半が第一段階であります。この時期は、近代化、西欧化を目標とする刑事立法の時代として特徴付けることができます。明治政府は、近代国家の世界に仲間入りするために、近代的な刑事法体系を確立する必要に迫られたのであり、近代化イコール西欧化という観点から西欧の刑事法制を模範にした刑事立法が推進されたのであります。

第二段階は、第二次世界大戦が終わった戦後期、つまり二十世紀中葉であります。この時期は、自由化、民主化としての刑事立法の時代であります。明治憲法下において制定された刑法を新憲法の根底にある自由主義、民主主義の観点からとらえ直すための改正がなされたのであります。しかし、その場合にも、新憲法の理念に従って刑法典を全面的に改正したのではなくて、不当な条文の削除や新規定の増設や法定刑の変更などの応急的措置が施されたにとどまります。

そして第三段階は、現在、つまり二十一世紀初頭であります。この時期は、グローバリゼーションへの対応としての刑事立法の時代であると言えます。この段階における特徴は、国際化のほかに、被害者保護の観点を重視する点に認められます。従来、刑事法の領域においては、刑罰を科せられる立場にある行為者の人権保護の観点が非常に強かったと、このように言うことができます。それは一定の成果を上げたと評価できますが、その反面、被害者の立場がなおざりにされてきたという側面があります。安全な市民生活を送る権利を有する国民が被害者となった場合には、最大限に尊重されなければなりません。にもかかわらず、被害者に対して必ずしも十分に考慮が払われなかった点で、私たち刑事法学者は大いに反省する必要があると考えられます。刑法の運用や立法論を主張するに当たって、私たち刑事法学者は努力しなければならないと思っております。

以上述べました観点から今回の刑法等の一部を改正する法律案を見てみますと、以下のように評価することができると思います。

まず、刑法の国際化という点におきまして、国際組織犯罪防止条約人身取引補足議定書、以下、人身取引議定書と略称させていただくことにいたしますが、その議定書の要求を充足するために人身売買等を犯罪化して刑法典の中に規定することの意義は極めて大きいと言えます。議定書の締結国の義務として国内法を整備することは当然ですが、人身売買罪を刑法典に規定するのは、その罪を基本的な刑法犯として性格付けることを意味します。すなわち、我が国は、この犯罪を重大視していることになるわけであります。

現行刑法の下では、日本国外への移送を目的とする人身売買だけが処罰の対象とされてきましたが、立法当時よりも国際化が飛躍的に進展している今日、人身売買をそれだけに限定するのは妥当ではないと考えられます。このように処罰対象を広げることは、人身売買の被害者となる者の保護という観点からも重要な意義を有すると考えられます。

ところで、現行法に存在する人身売買という概念を用いることによって、人身取引議定書が要求している人身取引が漏れなく捕捉されております。すなわち、買い受けるとは、対価を得て人に対する支配を不法に取得することを意味します。名目のいかんを問わず、要するに、実質において対価を得て人に対する不法な事実的支配を取得すれば買受けに当たるのであります。そして、規定された目的が認められる限り、人身取引議定書に言う人身取引が処罰されます。また、現行法上存在するほかの犯罪類型と連動することによって、人身取引議定書が犯罪化すべきものとしているものも既に取り組まれていることになります。そのことによって国内法の整備が十分になされていることになるわけであります。

さらに、それを超えて目的要件のない買受けも犯罪化されますが、売渡し行為が常に営利目的を有するため重く処罰されますので、これと必要的共犯、学問上は対向犯と申しますが、そういう関係にある買受け行為を処罰することによって犯罪の抑止を図る必要があります。これによって被害者の保護が図られるわけであります。

人身取引議定書が要求していない行為を犯罪化することの持つ意味を考える必要があります。人身売買行為の発生を抑止して被害者となる可能性を有する者を事前に保護することは重要であると言えます。これは、我が国独自の立法事実を基礎とする立法として重要な意味を持つわけであります。

人を買い受ける行為について、未成年者である場合には法定刑を加重し、営利、わいせつ、結婚又は生命若しくは身体に対する加害の目的を持ってなされた場合には、更に法定刑が加重されています。これは、行為態様の悪質さの程度と被害を受けやすい者をより強く保護するものであり、妥当であると思われます。これらの規定は、人身取引議定書が犯罪化すべき人身取引をすべて構成要件化するとともに、それ以外の当罰性を有する行為をも包含しているのであります。

次に、逮捕監禁罪の法定刑の引上げが提案されております。すなわち、三月以上七年以下の懲役に改定されるべきであるとされています。今回、法定刑を引き上げることに理論的な根拠が存在するのかどうか、この点について検討する必要があります。なぜならば、今回の立法においては、人身取引議定書に基づく国内法を整備することに主眼があるからであります。

確かに、国内法の整備だけでしたら人身売買罪の新設で足りると言えるはずであります。しかし、前に述べましたように、刑法の全面改正は困難な状況にあります。そこで、部分的ではあっても、是正の必要が生じた場合にはその都度改正するのが立法政策上望ましいと言えることになるのであります。人身売買罪は行動の自由を侵害する犯罪類型であり、逮捕監禁罪も行動の自由を侵害する犯罪類型として同じ性質を有しておりますので、両者は共通の基盤の上で立法論として議論される必然性があります。問題は、改正すべき理由の有無であります。

この点については、被害者の自由の尊重が根拠とされます。自由の価値は、自由主義・民主主義社会においては最大限に保障される必要があります。にもかかわらず、従前どおりの法定刑が維持されてきたため、約九年間も監禁された新潟女性監禁事件においてその不当性が明らかになったのであります。自由の尊重を明確にするために法定刑の上限を引き上げることには十分な根拠があります。なぜならば、法定刑は犯罪行為に対する法秩序からの評価を示す機能を有していると考えるからであります。つまり、法定刑は罪質評価のバロメーターと言えるのでありまして、法定刑を引き上げることは、罪質としてその犯罪行為を重大悪質なものとして評価することを意味することになります。

極めて長期間にわたる監禁行為が現実に犯されていることが明らかになった以上、その行為に対応するだけの立法上の手当てが必要であります。それが法定刑の引上げにほかなりません。身体的行動の自由を尊重することをより明確に宣明する点において、逮捕監禁罪の法定刑の引上げは極めて正当であると思います。

このような観点から、略取誘拐罪の法定刑の引上げの提案も妥当であると考えます。

また、略取誘拐罪の構成要件の見直しと法定刑の引上げが提案されています。

略取誘拐罪も行動の自由を侵害する点において人身売買罪と同じ犯罪類型に属しますので、今回改正することについては、逮捕監禁罪について述べたのと同じことが言えることになります。昨今、略取誘拐事件が多発、つまり多数発生するようになり、連れ去り行為の続発が社会不安を醸成しているのであります。その抑止のために法定刑の引上げが要請されることになります。生命または身体に対する加害の目的による略取誘拐罪の新設は、当罰性を有する行為の処罰を可能にするものとして相当の理由があると言えます。さらに、日本国外移送目的から所在国外移送目的に拡張することによって、国際交流のために日本国外にいる多数の日本国民の保護に資するものとして高く評価できます。

略取誘拐され又は売買された者の所在国外移送行為や、これらの者を引き渡し、収受し又は輸送する行為を処罰する規定の新設は、被害者の保護と略取誘拐や人身売買の抑止のための有効適切なものと解されます。

以上でございます。

○**委員長（渡辺孝男君）**　ありがとうございました。

次に、吉田参考人にお願いいたします。吉田参考人。［以下、省略］。

○**委員長（渡辺孝男君）**　ありがとうございました。

以上で参考人の意見陳述は終わりました。

これより参考人に対する質疑を行います。

質疑のある方は順次御発言願います。

○**荒井正吾君**　自由民主党の荒井と申します。

大変有意義でかつ豊富な量の情報をいただきまして感謝いたします。また、感銘いたしました。

時間が限られておりますので、たくさんお聞きしたいんですけれども、絞ってお聞きしたいと思います。

川端先生にお聞きしたいんですけれども、刑法の内容につきまして、人身売買で買ったというような言葉で表現されて、その買うというのが構成要件の法律言葉になっているんですが、今先生は、対価を得て人に対する不法な事実的支配というような言い方をされました。要件が、法上の表現の仕方があいまいじゃないかという気がしているんですが、今、先生が先ほど述べられたような言い方の構成要件を明示という方が法の明記という罪刑の明示性ということではいいような気もするんですが、私、専門家じゃないんで、専門的な立場の御意見を改めて伺いたいと思うんですが、刑法の表記の仕方でございますが。

○**参考人（川端博君）**　お答えいたします。

確かに、先生がおっしゃるように、構成要件というのはかなり明確な言葉で表現される必要がございます。これは、罪刑法定主義という刑法の基本原理から導かれる結論でもあります。構成要件の明確性という言葉で表現されます。その点は正におっしゃるとおりでございます。

しかしながら、先ほど申し上げましたように、人身売買という言葉が既に刑法典にございます。そして、これに関して、判例、学説も固まっているわけであります。その言葉を用いてここで人身売買という新たな規定を設けることになるわけでありますが、その場合に、この買受け行為というものと売渡し行為と、これが売買行為を意味するわけでありますが、これは民事法の売買とは違いまして、刑事法特有の概念として定着しているものでございます。当然これは、売買という言葉自体はあくまでも比喩的な表現でございまして、これを、人間がその売買の対象になるということ自体おかしいんですが、これを従来の言葉の範囲内で理解すると。それから、国民にも売買という言葉の持つ内容というのはかなり浸透していると、こういうことがございます。そういった観点から、この構成要件で示す場合に、有償で不法な支配を移転するとか対価を得て移転するとか、そういう表現をいたしますとかえって分かりにくくなるという面もございます。

したがいまして、この刑法典の中で定着した売渡し行為それから買受け行為と、そういう表現で我々の目からいたしますと十分に明確に表現されていると、こういうように考えることができると、このように思っております。

以上でございます。

○荒井正吾君　ありがとうございました。

まだ聞きたいことがありますが、ちょっと時間がありません。

○松岡徹君　民主党の松岡徹でございます。

参考人の皆さんには大変忙しい中、ありがとうございます。限られた時間でございますので、かいつまんで御質問をさせていただきたいと思います。

まず、川端参考人にお聞きしたいんですが、今回の刑法の改正によって人身取引が犯罪化として規定されて、大きな成果であるということは言われましたし、同時にそのことが保護にもつながっていくと、被害者の保護にもつながるという効果、それは我々も分かりますが、問題はそれがしっかりと摘発なりあるいは処罰につながっていくかということなんですね。しっかりと運用されるかということであります。

そこで、幾つか聞きたいところがあるんですが、特に私も幾つか質問した中で、今回の刑法で人身取引が犯罪として提起される、処罰されると。それを目的、手段、そして行為によってきちっと提起されている。その搾取の目的のところで、例えばこの刑法の中にも買受け罪なり売渡し罪というようなものがありますが、臓器摘出等というのがあるんですね。それは今の刑法には入らないから、生命及び身体のという新しい、広い、広義で定義していこうということなんですが、例えば、その買受け罪の場合、臓器摘出、過去にもありますが、今もあるかもしれませんが、日本の患者さんが、例えば透析患者さんがフィリピンへ行って、フィリピンでだまされて臓器を摘出された、それを移植すると。当然フィリピンに行って、日本人が行って何がしかの対価を出してそれを買うんですね、手術を受けるんです。これは人身取引罪に当たるのかどうかなんですね。買受け罪にはなるのかどうかということになります。日本のこの刑法改正で当たるのかどうか。

あるいは、非常に貧しい家庭の子供を買って、何も搾取の目的ではなくて自分の子供として養子として育てる。その場合、子供を買うという場合は、これも人身取引になるのかどうか。今回の刑法改正で当たるのかどうかのちょっと意見をお聞きしたいんですが。

○参考人（川端博君）　お答えいたします。

まず、臓器に関してでございます。

刑法典に取り入れるに当たって、臓器という用語を避けまして、生命若しくは身体に対する加害目的ということで表現がなされております。これは、臓器という用語を刑法典に取り込むこと自体に法体制の観点から実は問題がございます。と申しますのは、これは臓器移植法とかそういった法規の中で既に臓器という用語を用いられておりますが、これ自体が特定の定義規定がなくて、省令に任されている部分がございます。そういったものを基本法典である刑法典に取り込むということにはやはり大きな問題が生ずるということがございますので、それを議定書では触れられておりますが、その議定書で含まれている内容を包含し得る刑法典における日本の法律用語としてそれで賄えれば十分であろうと、このように考えられるわけであります。そういったことで、この生命又は身体に対する加害目的の中にそれを包括できると、こういう面がございます。

それと同時に、先ほども申し上げましたが、当罰性を有する行為をもここで包含しておくのが立法政策上非常に妥当であると、こういう観点がございますので、例えば暴力団等のリンチ目的で略取誘拐したりするような場面も含むと、こういうようなことでこういう用語が用いられていると、このように思います。

それで、外国で有償で臓器移植のためにそれを買い受けるという場合には、これはこの新しい刑法でも処罰の対象となり得ると、このように思います。これは、既に臓器移植法でも禁止されている問題ございまして、これを更に刑法典に明確にその加害目的でもって対価を受けて取得するという部分が出てまいりますから、これは当然処罰の対象になり得ると、このように思います。

それから、養子縁組で金銭の授受がなされる場合ということでございます。これも、要するに実態が対価を受けて不法な支配を受けておるかどうかという点にございます。真摯な自由な観点、教育上の観点から養子縁組を行うというのは、これはある意味で非常にすばらしい行為でございまして、それ自体に伴う必要経費的なものは、これはここで言う売買の内容を成さないと、このように考えられます。

ただ、その場合であっても、表向きはそういう善意で固めておりますが、内実はやはり経済的に苦しいとか、そういったことで一種の親孝行的な観点から同意を示したと、こういうような事態が出て養子縁組となりますと、実態が正にそういった経済的な搾取という点にかかわりますから、こういったのはここで言う売買に当たり得ると、このように考えます。

○**松岡徹君**　ありがとうございます。

要するに、実態をどうつかむかというのが非常に大事な点なんですね。今回の法改正で幾つかありましたけれども、予防、処罰、そして保護、救済というのがありますが、とりわけ被害者の保護、救済、支援というのが非常に大事な観点だと思うんですね。今回の法改正で具体的にその辺がなかなかはっきりしないという気が一つはするんです。

○**木庭健太郎君**　それと、今回、法改正によってこの人身取引に対するいろんな取組が強化できるとは思うんです。

ただ、我が国にはこれまでだってその人身取引の加害者を処罰できる法律というのは数多くあったと思うんですけれども、現実にはこの加害者の検挙というのは少ない。ある意味では十分に活用されていないと思うんです。もちろん、この法改正でそういった取組を強化をしていかなければならないと思うんですけれども、ある意味じゃこの原因がどういうところにあるのかというようなことについて、法律家の立場から川端参考人及び吉田参考人、なぜなかなかこの検挙というものが実際にできないのか、なぜ法律が十分に活用されないのか、原因をどんなところにあるとお考えになられているか、それぞれ御意見を賜ればと思います。

○**参考人（川端博君）**　お答え申し上げます。

今、現実の刑法の運用の観点からの御質問だと思います。

確かに、先生がおっしゃるような局面はございます。ただ、人身売買それ自体につきましては、現行刑法上処罰の対象となっておりますのはあくまでも国外に移送する場合だけに限定されておりまして、国外から日本に受け入れると、こういう場面が完全に排除されておりましたので、これについての摘発とかそういったものはできないと、こういうことがございました。これは、あくまでも刑法典の中にこういう基本的な犯罪類型として規定されているか否かというのが現実の警察権力の行使、警察権の行使という点にかかわってくることが原因だったと、このように思っております。

今回、こういう形で法改正がなされましたら、これが必ず適用を受けて、そしてこれについて国民の理解も得られて、さらに被害者の保護という方向に向かうものと考えております。

以上です。

○**委員長（渡辺孝男君）**　以上で参考人に対する質疑は終了いたしました。

参考人の方々に一言ごあいさつを申し上げます。

本日は、大変お忙しいところ貴重な御意見をお述べいただきまして、誠にありがとうございました。当委員会を代表して厚く御礼を申し上げます。（拍手）

本日の質疑はこの程度にとどめ、これにて散会いたします。

午前十一時五十五分散会

第六節　自由に対する罪に関する個別判例の研究

第一款　脅迫罪の罪質（最判昭三五・三・一八刑集一四巻四号四一六頁）

【事実】

昭和三〇年に町村合併促進法が施行され、町村合併に当たって甲村は、乙市か丙市かのいずれかに合併しなければならなくなり、乙派と丙派が激しく対立した。住民投票に際して両派の抗争が熾烈となり、激しい言論戦や文書戦などによって自派の投票獲得に邁進していたところ、乙派の中心人物であった被告人Xは、丙派の中心人物のA宛に同派のもう一人の中心人物のBを発信人名義の「出火御見舞申上げます、火の元に御用心、八月一六日」と記載したはがき一通を作成して投函のうえ、A方に到着させて同人に受領させ、また、B宛に発信人A名義の「出火御見舞申上マス、火の用心に御注意、八月一五日」と記載したはがき一通を作成してこれを投函し、B方に到着させて同人に受領させた。

被告人は脅迫罪で起訴されたが、第一審は脅迫罪の成立をみとめ、原審は被告人側からの控訴を棄却した。被告人側から上告がなされ、上告趣意において、従来の大審院判例によれば、脅迫罪が成立するためには、相手を畏怖させるため一般人を畏怖させ得る程度の一定の加害を通告することを必要とするが、本件二通のはがきは、出火見舞いにすぎず、火を放って名宛人の財産に害を加えるという趣旨にはとれず、脅迫には当たらない旨が主張された。最高裁の本判決は、上告を棄却し次のように判示している。

【判旨】

「所論は要するに刑法二二二条の脅迫罪は同条所定の法益に対して害悪を加うべきことを告知することによって成立し、その害悪は一般に人を畏怖させるに足る程度のものでなければならないところ、本件二枚の葉書の各文面は、これを如何に解釈しても出火見舞にすぎず、一般人が右葉書を受取っても放火される危険があると畏怖の念を生ずることはないであろうから、仮に右葉書が被告人によって差出されたものであるとしても被告人に脅迫罪の成立はない旨主張するけれども、本件におけるが如く、二つの派の抗争が熾烈になっている時期に、一方の派の中心人物宅に、現実に出火もないのに、『出火御見舞申上げます、火の元に御用心』、『出火御見舞申上げます、火の用心に御注意』という趣旨の文面の葉書が舞込めば、火をつけられるのではないかと畏怖するのが通常であるから、右は一般に人を畏怖させるに足る性質のものであると解して、本件被告人に脅迫罪の成立を認めた原審の判断は相当である」。


【解説】

刑法における脅迫の概念は一義的ではない。脅迫は、その程度の差によって「広義の脅迫」、「狭義の脅迫」および「最狭義の脅迫」に分かれる。広義の脅迫は、たんに害悪を告知すれば足り、害悪の内容・性質・程度のいかんを問わず、また告知の方法を問わない。たとえば、公務執行妨害罪（九五条一項）、職務強要罪（同条二項）、加重逃走罪（九八条）、逃走援助罪（一〇〇条二項）の手段としての「脅迫」が、これに当たる。騒乱罪（一〇六条）の行為としての脅迫および内乱罪（七七条）における暴動の内容としての脅迫も、それぞれ、集団犯罪としての特殊性をもつが、原則的には、この広義の脅迫に当たると解されている。狭義の脅迫は、脅迫の罪における「脅迫」であり、これは、相手方またはその親族の生命・身体・自由・名誉・財産に対し害悪を加えることを相手方に告知することである。脅迫罪（二二二条）および強要罪（二二三条）における脅迫が、これに当たる。最狭義の脅迫は、何らかの害悪を告知する行為でよいが、通常、相手方の反抗を抑圧する程度のものであることを要する。強制わいせつ罪（一七六条）・強姦罪（一七七条）および強盗罪（二三六条）・事後強盗罪（二三八条）における「脅迫」が、これに当たる。さらに、犯罪類型により程度の違いがみとめられる。すなわち、強盗罪および事後強盗罪の手段としての脅迫は、相手方の反抗を抑圧するのに足りる程度に強度のものでなければならないが、強姦罪および強制わいせつ罪の手段としての脅迫は、相手方の抵抗をいちじるしく困難にする程度のものであれば足りると解されている。

脅迫罪の行為は、相手方またはその親族の生命、身体、自由、名誉または財産に害を加える旨を告知して人を脅迫することである。「脅迫」とは、人を畏怖させるに足りる害悪を告知することをいう（狭義の脅迫）。脅迫罪の保護法益は、個人の意思決定の自由である。

本罪は一種の表示犯であるから、表示の内容を周囲の事情に照らして解釈することによって、人を畏怖させるに足りる害悪の告知といえるかどうか、を判断しなければならないとされる。この点について、最高裁の本判決は、乙派に属する被告人が丙派の中心人物A・Bに対して、現実には出火の事実が存在しないのに「出火見舞申上げます。火の元に御用心」という趣旨の文面の葉書を郵送したという事案において、まず脅迫の程度について、「刑法二二二条の脅迫罪は同条所定の法益に対して害悪を加うべきことを告知することによって成立し、その害悪は一般に人を畏怖させるに足る程度のものでなければならない」と判示している。これは、通説によって支持されており、妥当である。そして、「本件二枚の葉書の各文面は、これを如何に解釈しても出火見舞にすぎず、一般人が右葉書を受取っても放火される危険があると畏怖の念を生ずることはないであろうから、仮に右葉書が被告人によって差出されたものであるとしても被告人に脅迫罪の成立はない旨」の被告人側の主張に対して、「本件におけるが如く、二つの派の抗争が熾烈になっている時期に、一方の派の中心人物宅に、現実に出火もないのに、『出火御見舞申上げます、火の元に御用心』、『出火御見舞申上げます、火の用心に御注意』という趣旨の文面の葉書が舞込めば、火をつけられるのではないかと畏怖するのが通常であるから、右は一般に人を畏怖させるに足る性質のものである」と判示している。ここにおいては、「本件被告人に脅迫罪の成立を認めた原審の判断は相当である」と判示している。

①乙派の対立抗争中という時期、②一方の派の中心人物宅に郵送されたこと、③現実には出火がなかったこと、という要素を前提にすれば、前記の文面の葉書が舞い込めば、「火をつけられるのではないか」と畏怖するのが「通常」であるから、「一般に人を畏怖させるに足る性質」を有し、「脅迫」に当たるとの判断が示されている。これは、妥当な判断であるといえる。

第二款　親権者による未成年者略取（最決平一七・一二・六刑集五九巻一〇号一九〇一頁）

【事実】

被告人Xは、別居中の妻Aが実家の青森県で養育している長男B（当時二歳）をAの下から奪い、自己の支配下に置いて監護養育しようと企て、平成一四年一一月二二日午後三時四五分頃、青森県内の保育園の南側歩道上において、Bを迎えに来ていたAの母親Cのすきをついて、Bを抱きかかえて、同所付近にエンジン作動のまま停車していたXの自動車まで走って運びBを同乗させたうえ、Cが同車の運転席のドアノブをつかんで開けようとしたりして制止するのを振り切って同車を発進させて、Bを自己の支配下に置いた。Xは、同日午後一〇時二〇分ころ、同県内の林道上において、Bと車内にいるところを警察官に発見され、通常逮捕された。Aは、Xを相手方として夫婦関係調整の調停や離婚訴訟を提起し係争中で、犯行当時Bに対するXの親権は何ら制約されていなかったものである。Xは、未成年者略取罪で起訴された。

第一審は、本罪の構成要件該当性をみとめ、Xの行為は正当な親権の行使であるから刑法三五条により違法性が阻却されるとの弁護人の主張を排斥し、正当行為に当たらないとした。原審も同様に解し控訴を棄却したため、X側が上告した。本決定は、次のように判示して上告を棄却している。

【決定要旨】

前記の「事実関係によれば、Xは、Bの共同親権者の一人であるAの実家においてA及びその両親に監護養育されて平穏に生活していたBを、祖母のCに伴われて保育園から帰宅する途中に前記のような態様で有形力を用いて連れ去り、保護されている環境から引き離して自分の事実的支配下に置いたのであるから、その行為が未成年者略取罪の構成要件に該当することは明らかであり、Xが親権者の一人であることは、その行為の違法性が例外的に阻却されるかどうかの判断において考慮されるべき事情であると解される（最高裁平一五・三・一八第二小法廷決定・刑集五七巻三号三七一頁参照）。

本件において、Xは、離婚係争中の他方親権者であるAの下からBを奪取して自分の手元に置こうとしたものであって、そのような行動に出ることにつき、Bの監護養育上それが現に必要とされるような特段の事情は認められないから、その行為は、親権者によるものであるとしても、正当なものということはできない。また、本件の行為態様が粗暴で強引なものであること、Bが自分の生活環境についての判断・選択の能力が備わっていない二歳の幼児であること、その年齢上、常時監護養育が必要とされるのに、略取後の監護養育について確たる見通しがあったとも認め難いことなどに徴すると、家族間における行為として社会通念上許容され得る枠内にとどまるものと評することもできない。以上によれば、本件行為につき、違法性が阻却されるべき事情は認められないのであり、未成年者略取罪の成立を認めた原判断は、正当である」。

【解説】

本件においては、共同親権者で別居中の夫が、妻によって監護養育中の子供を実力で奪い去ったばあいに、未成年者略取罪が成立するかどうか、が問題となった。本決定が援用する平成一五年三月一八日決定は、オランダ人被告人が、日本人妻との間に生まれた子（当時二歳四か月）をオランダに連れて行く目的で別居中の妻の監護下から連れ去ったばあいに、国外移送略取罪（刑二二六条）の成立を肯定している。

略取・誘拐罪の保護法益に関して、通説は、被拐取者の自由のほか被拐取者が要保護状態にあるばあいは親権者などの保護監督権（監護権）であると解している。判例は、未成年略取・誘拐罪に関して、本罪は、暴行または脅迫を加えて幼者を不法に自己の実力内に移し、一方において監督者の監督権を侵害するとともに、他方において幼者の自由を拘束する行為によって成立するとしており（大判明四三・九・三〇刑録一六輯一五六九頁）、通説と同じ立場に立っている。

略取および誘拐の罪は、被拐取者を従来の生活環境から離脱させて、不法な実力的支配内に移すことを本質とする犯罪であるから、その保護法益が人の自由にあることは明らかであるが、一方、嬰児や無意識状態の者のように監護を要する者に対する略取または誘拐は、人の自由に対する侵害というよりも、保護されている状態、つまり、人的保護関係の侵害という性質を有していると解すべきである。その意味において、通説は妥当である。ただし、通説に従うばあいにも、監護権自体の侵害というよりも、むしろ保護状態を不良に変更するという意味において、人的保護関係の侵害として把握すべきである。そのかぎりでは、監護権も保護法益であるといえるが、被拐取者の保護状態と切り離されたものとしての監護権は、本罪の保護法益ではないと解される。

「略取」とは、暴行または脅迫を手段として、他人をその生活環境から離脱させ、自己または第三者の事実的支配のもとにおくことをいう（広島高岡山支判昭三〇・六・一六裁特二巻一二号六一〇頁）。略取の手段としての暴行・脅迫は、必ずしも被害者の反抗を抑圧するに足りる程度のものであることを必要としないが、被害者を自己または第三者の実力支配内に移し得る程度のものでなければならない。

本罪の主体については、条文上、制限がない。監護者による拐取を予想できないので、監護者は主体となり得ないとする見解もあるが、通説は、被監護者の自由も保護法益であるとする以上、未成年者の監護者も主体になり得ると解している。

最高裁判所の本決定は、共同親権者である別居中の父親について本罪の成立をみとめている。すなわち、本決定は、「被告人は、Bの共同親権者の一人であるAの実家においてA及びその両親に監護養育されて平穏に生活していたBを、祖母のCに伴われて保育園から帰宅する途中に前記のような態様で有形力を用いて連れ去り、保護されている環境から引き離して自分の事実的支配下に置いたのであるから、その行為が未成年者略取罪の構成要件に該当することは明らかであ」とする。そして「被告人が親権者の一人であることは、その行為の違法性が例外的に阻却されるかどうかの判断において考慮されるべき事情である」として、平成一五年三月一八日決定を援用する。そのうえで、違法性阻却のための「特段の事情」の存否について、「本件において、被告人は、離婚係争中の他方親権者であるAの下からBを奪取して自分の手元に置こうとしたものであって、そのような行動に出ることにつき、Bの監護養育上それが現に必要とされるような特段の事情は認められないから、その行為は、親権者によるものであるとしても、正当なものということはできない」と判示して、それを否定する。さらに、「本件の行為態様が粗暴で強引なものであること、Bが自分の生活環境についての判断・選択の能力が備わっていない二歳の幼児であること、その年齢上、常時監護養育が必要とされるのに、略取後の監護養育について確たる見通しがあったとも認め難いことなどに徴すると、家族間における行為として社会通念上許容され得る枠内にとどまるものと評することもできない」と判示し、結論として「本件行為につき、違法性が阻却されるべき事情は認められないのであり、未成年者略取罪の成立を認めた原判断は、正当である」と判断している。

本決定は、重要な事例判例であるといえる。

第三款　安否を憂慮する者の意義（最決昭六二・三・二四刑集四一巻二号一七三頁）

【事実】

被告人Xは、S相互銀行幹部らから身代金を交付させる目的で同銀行代表取締役社長Aを略取したうえ、同銀行代表取締役専務Bらが Aの安否を憂慮するのに乗じて身代金三億円を要求した。しかし、警察に潜伏場所を発見され身代金を獲得するには至らなかった。

第一審は、刑法二二五条の二にいう「『近親其他被拐取者の安否を憂慮する者』とは、被拐取者と近しい親族関係その他これに準ずる特殊な人的関係があるため被拐取者の生命又は身体に対する危険を親身になって心配する立場にある者をいい、近親以外であっても、被拐取者ととくに親近な関係があり、被拐取者の生命、身体の危険をわがことのように心痛し、その無事帰還を心から希求するような立場にあればここに含まれるが、被拐取者又はその近親等の苦境に同情するにすぎない第三者は含まれないと解される」としたうえで、S相互銀行は、旧無尽会社として設立された人的色彩の強い銀行であること、AとBは、同銀行設立まもなく相前後して入社し、長年にわたり同銀行の発展に尽くし業務遂行を通じて礎かれた深い人間関係がみとめられること、私的な面でも極めて親しい間柄であったことなどを理由にして、Bは「被拐取者の安否を憂慮する者」に該当すると判示して、本罪の成立を肯定した。被告人側から控訴がなされたが、原審はこれを支持し、控訴を棄却した。被告人側から上告がなされたが、最高裁の本判決は、上告を棄却し次のように判示している。

【決定要旨】

「刑法二二五条の二にいう『近親其他被拐取者の安否を憂慮する者』には、単なる同情から被拐取者の安否を気づかうにすぎないとみられる第三者は含まれないが、被拐取者の近親でなくとも、被拐取者の安否を親身になって憂慮するのが社会通念上当然とみられる特別な関係にある者はこれに含まれるものと解するのが相当である。本件のように、相互銀行の代表取締役社長が拐取された場合における同銀行幹部らは、被拐取者の安否を親身になって憂慮するのが社会通念上当然とみられる特別な関係にある者に当たるというべきであるから、本件銀行の幹部らが同条にいう『近親其他被拐取者の安否を憂慮する者』に当たるとした原判断の結論は正当である」。

【解説】

身の代目的略取・誘拐罪は、昭和三九年法律一二四号によって新設された。それまでは、本罪に相当する行為は、営利拐取罪（二二五条）や恐喝罪（二四九条）などの適用によって処理されてきたが、この種の事犯が増加し、その社会的有害性の見地から刑の加重が必要とされたため、本罪が追加されたのである。

本罪は、営利目的略取・誘拐罪の加重類型としての性格を有し、目的犯である。本罪における目的の内容は、「近親者その他略取され又は誘拐された者の安否を憂慮する者の憂慮に乗じてその財物を交付させる」ことである。「被拐取者の安否を憂慮する者」とは、近親者と同様に親身になって憂慮心痛する者をいう。たんに同情しつつ傍観するにすぎない者（同情的傍観者・同情的第三者）を含まない。兄弟姉妹はもとより、法律上親族関係はなくても継親子の関係にある者や住込みの店員と店主との関係にある者なども、これに含まれる。事実上の保護関係のある者は、おおむねこれに含まれると解される。

本件においては、相互銀行の代表取締役社長が略取されたばあいにおける同銀行幹部らは、被拐取者の安否を憂慮する者に当たるか否か、が問題となった。本決定は、本罪の客体の意義について、「刑法二二五条の二にいう『近親其他被拐取者の安否を憂慮する者』には、単なる同情から被拐取者の安否を気づかうにすぎないとみられる第三者は含まれないが、被拐取者の近親でなくとも、被拐取者の安否を親身になって憂慮するのが社会通念上当然とみられる特別な関係にある者はこれに含まれるものと解するのが相当である」と判示している。これは、従来の判例・通説と同じ立場に立つことを明示するものであり、妥当である。そして本決定は、前記の「特別な関係」の存否について「本件のように、相互銀行の代表取締役社長が拐取された場合における同銀行幹部らは、被拐取者の安否を親身になって憂慮するのが社会通念上当然とみられる特別な関係にある者に当たるというべきであるから、本件銀行の幹部らが同条にいう『近親其他被拐取者の安否を憂慮する者』に当たるとした原判断の結論は正当である」と判示している。第一審および原審は、人的色彩の濃い相互銀行であること、AとBが仕事の上でも私的にも非常に親しい関係にあったことなどを重視して、「特別な関係」をみとめた。これに対して、本決定は、相互銀行の代表取締役社長と同銀行幹部との関係という形で一般化したうえで、「特別な関係」を肯定しているのである。

末端の銀行員が拐取されたばあいにおける同銀行の頭取についても、上記の「特別な関係」がみとめられた下級審の裁判例がある（東京地判平四・六・一九判タ八〇六号二二七頁（富士銀行事件））。その理由について本判決は、次のように判示している。すなわち、「そこで本件についてみると、確かに、みのしろ金要求の相手方Xと被拐取者Yとの間に個人的交際関係は全くなく、両者の関係は都市銀行の代表取締役頭取と一般行員というに過ぎない。しかし、我が国の会社組織においては、多少社会的流動性が高まってきているとはいえ、大企業を中心に終身雇用制が広く認められ、会社側が社員らの福利厚生を含め、その生活全般を保護しようとする関係にあることが認められる。このような社会的背景事情等もあって、大企業の社員が誘拐され犯人が会社側にみのしろ金を要求した場合、代表取締役は、社員が安全に解放されることを切に願い、無事に解放されるのであれば、みのしろ金がたとえ高額なものであっても、会社を代表して交付するものと社会一般に考えられている。現に、前掲各証拠によれば、本件においても、Yが誘拐されたことが判明した後、XからF銀行の部下に対して、Yが無事救出されることを最優先に考えるよう指示が出され、それに従って直ちにみのしろ金三億円が用意されたこと、他方、被告人らも銀行側が当然みのしろ金を出すものと考えて本件犯行を計画し、行動していたことが認められるが、これらの事実も前記のような社会一般の考えを裏付けるものである。以上のような理由により、誘拐された者が一般行員であっても、都市銀行の代表取締役はその行員の安否を親身になって憂慮するのが社会通念上当然と見られる特別な関係にあるものと認められる」とされるのである。これは、妥当な判断であるとおもわれる。

第四款　強制わいせつ罪における主観的要素（最判昭四五・一・二九刑集二四巻一号一頁）

【事実】

被告人Xは、女性A（二三歳）の手引きによりXの内妻Bが東京方面に逃げたものと信じ、AがBを逃がすために嘘をついたことを根にもって、これを詰問すべく、アパートの自室にAを呼び出した。Xは、すでに仲直りしたBとともに、約二時間にわたりAを脅迫し、Aが許しを請うのに対し、Aの裸体写真を撮ってその仕返しをしようと考え、「五分間裸で立っておれ」と申し向け、畏怖している同女を裸体にさせて、これを写真撮影した。

第一審は、強制わいせつ罪の被害法益は相手の性的自由であり、「行為者の性欲を興奮、刺激、満足させる目的」に出たことを必要とする目的犯ではないので、「報告、侮辱のためになされても同罪が成立する」として、被告人に有罪（懲役一年）を言い渡し、原審は、これを支持して控訴を棄却した。被告人側から上告がなされ、上告趣意において、本件行為は、もっぱら被害者に対する報復、侮辱の手段としてなされたにすぎず、性的興奮刺戟のためにする犯意を欠き、故意が阻却されるなどの主張がなされた。

最高裁の本判決は、上告趣意を適法な上告理由に当たらないとしたうえで、職権により調査し、以下のような理由で原判決を破棄し、性的意図の存否などにつきさらに審理させるべく、事件を高裁に差し戻した。

【判旨】

「刑法一七六条前段のいわゆる強制わいせつ罪が成立するためには、その行為が犯人の性欲を刺戟興奮させまたは満足させるという性的意図のもとに行なわれることを要し、婦女を脅迫し裸にして撮影する行為であっても、これが専らその婦女に報復し、または、これを侮辱し、虐待する目的に出たときは、強要罪その他の罪を構成するのは格別、強制わいせつの罪は成立しないものというべきである」。「もっとも、年若い婦女……を脅迫して裸体にさせることは、性欲の刺戟、興奮等性的意図に出ることが多いと考えられるので、本件の場合においても、審理を尽くせば、報復の意図のほかに右性的意図の存在も認められるかもしれない。しかし、第一審判決は、報復の意図に出た事実だけを認定し、右性的意図の存したことは認定していないし、また……本件のような行為は、その行為自体が直ちに行為者に前記性的意図の存することを示すものともいえないのである」。

【解説】

本件においては、強制わいせつ罪が傾向犯か否か、が問題となった。傾向犯とは、行為が行為者の主観的傾向の表現として発現し、そのような傾向が見られるばあいにのみ構成要件該当性がみとめられる犯罪類型をいう。強制わいせつ罪の構成要件的行為は、わいせつの行為をすることである。わいせつの行為とは、判例によれば「徒らに性欲を興奮または刺激せしめ、且つ普通人の正常な性的羞恥心を害し、善良な性的道徳観念に反すること」をいう（名古屋高金沢支判昭三六・五・二下刑集三巻五＝六号三九九頁）。これは、主観的には、性欲を興奮または刺激させようとする意図のもとに、客観的には、一般人の正常な性的羞恥心を害し善良な性的道徳観念に反する行為がなされることを要する趣旨であると解されている。判例・通説は、本罪を傾向犯であると解し、本罪の行為は、行為者の性欲を刺激興奮させ、または満足させるという性的意図のもとになされる必要があるとする。したがって、この見解によれば、もっぱら報復または侮辱・虐待の目的でなされる行為は、本罪を構成せず強要罪を構成するにすぎないことになる。

しかし、強制わいせつ罪の保護法益は、尊重されるべき人格を有する被害者の性的羞恥心ないし性的意思決定の自由であると解すべきである。それは、行為者の内心的傾向とは無関係に侵害され得る。したがって、本罪が成立するためには性的意図は必要でないので、本罪は傾向犯ではないことになる。この説によれば、第一に、目的・傾向は、法文上構成要件の主観的要素とされていない。第二に、行為者の目的・傾向によって被害者の性的自由、羞恥感情の保護が左右されるべき理由はない。第三に、行為者の内心の傾向は、漠然としたものであるばかりか、無意識の世界にまで立ち入って判断せざるを得ない性質のものであり、これを明確性が要求される構成要件に導入するのは適当でないとされる。

本判決は、まず「刑法一七六条前段のいわゆる強制わいせつ罪が成立するためには、その行為が犯人の性欲を刺戟興奮させまたは満足させるという性的意図のもとに行なわれることを要」すると判示し、従来の判例の立場を堅持している。そして、その見地から本件について、「婦女を脅迫し裸にして撮影する行為であっても、これが専らその婦女に報復し、または、これを侮辱し、虐待する目的に出たときは、強要罪その他の罪を構成するのは格別、強制わいせつの罪は成立しないものというべきである」と判示しているのである。

第四章　プライヴァシーに対する罪

序節　総　説

われわれが社会生活をいとなむに当たって、私生活の平穏が不当に侵害されないことは、きわめて重要な意味を有する。なぜならば、たんに身体・行動の自由だけが保護されているだけでは、なお自由な人格にとって精神生活の充実・安定は望めないからである。

私事（プライヴァシー）に他人がみだりに介入しないようにしてこそ、はじめて真に落着きのある安定した精神生活の基盤が確立されることになるといえるのである。その基礎となるのが私生活の平穏であり、これは自由とならぶ人格的法益である。刑法は、私生活の平穏を害する罪として、住居を侵す罪（一三〇条）と秘密を侵す罪（一三三条・一三四条）とを規定している。

第一節　住居を侵す罪

第一款　意　義

住居を侵す罪は、人の住居または人の看守する邸宅、建造物もしくは艦船における平穏に対して侵害・脅威を与える犯罪である。本罪が個人的法益に対する罪であるという点においては、現在、学説上、争いは見られない。しかし、その個人的法益の内容をどのように理解すべきか、という点には見解の対立がある。かつて判例・学説は、本罪の保護法益を「居住権」として把握していた。判例は、たとえば「住居侵入の罪は、他人の住居権を侵害するを以て本質と為し、住居権者の意思に反して違法に其住居に侵入するに因りて成立す」（大判大七・一二・六刑録二四輯一五〇六頁）と判示している（同旨、最判昭二三・五・二〇刑集二巻五号四八九頁等）。しかし、このような見解に対しては、住居権という概念は不明瞭であるし、住居権が何人に帰属するのかという困難な問題が生じて議論を紛糾させるばかりでなく、結論的にも妥当性を欠くことになる、という批判が加えられるに至った。本罪を住居権の侵害として解するのは、犯罪を権利侵害として把握する一九世紀初頭の古い思想の残滓であるとされ、現在の通説は、本罪の保護法益を、端的に住居における平穏であると解している。ところが、最近、保護法益を住居権と解する新住居権説、支配権と自由権の結合した特殊の権利と解する説、支配権的意味を含めて、住居の平安を害されないという自由が保護法益であり、それたんに自由とよぶか自由権とよぶかは用語の問題にすぎないとする説などが主張されている。

通説とされてきた平穏説に対して批判が展開されるようになり、新住居権説が多く支持されるに至っている。すなわち、平穏説は、住居という物理的場における共同体構成員の「全員」が形成している平穏そのものを重視し、「個々の」構成員の個別的意思をまったく見落としていると批判され、ここにおいて、家族共同体的思考から「個としての同居者」のプライヴァシーの尊重という新たな思考への移行が生ずることになったのである。そして、住居侵入罪の保護法益は、住居権であり、住居権とは、住居その他の建造物を管理する権利の一内容として、これに他人の立入りをみとめるか否かの自由をいうので、住居権者の意思に反して侵入すれば、住居侵入罪が成立すると解する見解が有力に主張されているのである。これは、住居侵入罪の個人的法益（＝自由）に対する罪としての性格を、プライヴァシーの権利や「自己決定権」をも視野に入れるものであり、大審院の大正七年一二月六日判決によって代表される家父長の住居権を内容とする立易が旧住居権説と称されるのに対して、この有力説は新住居権説と称されている。

生活の「場」として住居が平穏に保たれていること自体は、われわれの精神生活にとってきわめて重要であるが、その「平穏」も、プライヴァシーの保護に役立っているからこそ意味を有するのであり、生活の「場」の実際の侵害は、その「場」を支配・管理していることの侵害にほかならず、それは「支配意思」・「管理意思」の侵害にほかならないのである。ここにおいて、人格権としての自己決定の自由の観念がみとめられることになる。このような支配・管理の自由ないし自己決定の自由を「住居権」と称するか否かは、用語法の問題にすぎない。現代社会において「核家族」化が進み、個としての家族構成員の「人格的独立」が広くみとめられるようになると、その個々人のプライヴァシー、自己決定権が重要性をもつことになる。このように見てくると、これを直視して法益として的確に把握している新住居権説が妥当であるとおもう。

第二款　犯罪類型

一　住居侵入罪

本罪は、正当な理由がないのに、人の住居または人の看守する邸宅・建造物・艦船に侵入する罪である。法定刑は、三年以下の懲役または一〇万円以下の罰金（一三〇条前段）。未遂を罰する（一三二条）。

本罪の客体は、人の住居または人の看守する邸宅・建造物・艦船である。「住居」とは、人の私生活の用に供するための継続的施設（起臥寝食のための施設）をいう。これは、日常生活の場である住宅が中心となるが、それよりも広い概念である。たとえば、ホテル・旅館の各室もここにいう住居に当たる。要するに、人の私生活（プライヴァシー）の場として保護されるべき場所か否かが重要なのであって、その使用時間の長短、施設の大小は大きな意味をもたない。住居というのは、必ずしもその場所に人の現在していることを必要としない。したがって、居住者が一時不在の場所や一定の期間だけ居住する場所（別荘）も住居に当たる。しかし、いわゆる空家は現に私生活に供されていないので、住居ではなくて邸宅に当たることになる。住居は、日常生活に使用するために、ある程度の設備をそなえた施設といえるものでなければならないので、たとえば、野外の土管や橋の下などのように、特別に設備のない場所は住居とはいえない。しかし、必ずしも恒久的建物である必要はなく、日常生活をいとなむのに耐える施設であれば足りるので、バラック小屋やテントなども住居たり得る。不適法な住居であっても、事実上、生活の平穏が確立されていれば、本罪の客体となるので、その不法状態を排除する権利を有する者が、勝手にその住居に入ると本罪が成立する。たとえば、賃貸借契約を解除した後も借家人がそのまま居住を続けているばあい、権利者たる家主が、借主を立ち退かせるために、借家人の意に反してその借家に立ち入れば、住居侵入罪となるのである（大判大九・二・二六刑録二六輯八二頁）。

住居として使用されている建造物の囲繞地が住居に含まれるか、については、争いがある。囲繞地とは、垣根、塀、門のように建物の周囲をかこむ土地の境界を画する設備が施こされ、建物の附属地として建物利用に供されることが明示されている土地をいう。

判例は、「邸宅」・「建造物」については囲繞地がそれに含まれることをみとめる（大判昭七・四・二一刑集一一巻四〇七頁、最判昭三二・四・四刑集一一巻四号一三二七頁、最［大］判昭二五・九・二七刑集四巻九号一七八三頁、最判昭五一・三・四刑集三〇巻二号七九頁等）。垣根などの囲障によって立入りを許さないことが明示されているにもかかわらず、それに反して立ち入ることは住居権者の住居権を侵害するので、囲繞地は住居に含まれると解するのが妥当である。「人の」住居とは、他人の住居という意味である。共同して生活していた者が、その共同生活から離脱した後、正当な理由がないのにその住居に侵入する行為は、住居侵入罪を構成する（最判昭二三・一一・二五刑集二巻一二号一六四九頁）。

「邸宅」とは、住居の用に供する目的で作られた建造物であって現に住居の用に供されていないものをいい、その囲繞地を含む。たとえば、空家や閉鎖された別荘などがこれに当たる。「建造物」とは、本来、屋蓋を有し、墻壁または柱材を以て支持され、土地に定着し、内部に出入し得るものをいうが（一〇八条における建造物に関する大判大三・六・二〇刑録二〇輯一三〇〇頁）、ここでは住居、邸宅以外の家屋およびその囲繞地を意味する。たとえば、官公署の庁舎、学校、工場、事務所、神社、寺院などがこれに当たる。「艦船」とは、軍艦および船舶をいう。「人の看守する」とは、看守人をおくとか、錠をかけるとか、釘づけにするとかして、他人が立ち入ることを禁止する趣旨を明らかにして、事実上、管理・支配していることを意味する。

本罪の行為は、右に見た場所に「正当な理由がないのに侵入」することである。侵入とは、住居権者に意思に反する立入りをいう。通説によれば、侵入とは、平穏を害する形態で立ち入ることをいう。これは、結局、居住者、看守者の意思または推定的意思に反しておこなわれる立入り行為を意味することになる。したがって、居住者・看守者の同意（承諾）があれば侵入とはならない。つまり、本罪においては、被害者の承諾は、構成要件該当性阻却事由であって違法性阻却事由（正当化事由）ではない。条文上、侵入は「正当な理由がないのに」なされることが必要とされる。しかし、これは、正当な事由なしに、つまり違法に、ということを意味するにすぎず、特別の意味はない。たんに語調の上から添えられたものにすぎないので、一般の違法性阻却事由の有無を考慮すれば足りる。たとえば、法令に基づくものとして、適式な押収・捜索・検証のために他人の住居に立ち入る行為（刑訴一〇二条・一二八条・一三〇条・二一八条・二二〇条）などがあり、正当行為として、団体交渉権に基づいて労組の代表者が団体交渉のために事務所などに立ち入る行為などが、違法性を阻却される。

本罪は継続犯である。つまり、本罪は侵入によって既遂になり、その場から退去するまで犯罪が継続して成立するのである。侵入といえるためには、身体の一部を入れれば足りるとする説や身体の大部分を入れることを要するとする説も主張されているが、身体の全部を入れることを必要とすると解するのが妥当である。

本罪と殺人罪・傷害罪・暴行罪・窃盗罪・強盗罪・強盗致傷罪・放火罪とは牽連犯となる（判例・通説）。殺人の目的で他人の住居に侵入したばあいは、殺人予備罪と本罪とは観念的競合である（大判明四四・一二・二五刑録一七輯二三二八頁）。

二　不退去罪

本罪は、要求を受けたにもかかわらず、正当な理由がないのに、人の住居または人の看守する邸宅、建造物もしくは艦船から退去しない罪である。法定刑は、三年以下の懲役または一〇万円以下の罰金（一三〇条後段）。未遂を罰する（一三二条）。

本罪は、不退去という不作為を内容とする真正不作為犯である。不退去罪は継続犯であり、退去するまで犯罪が継続する。不退去が犯罪となるのは、はじめ適法に、または過失によって他人の住居などに立ち入ったばあいであり、はじめから違法に侵入して退去しないばあいは、住居侵入罪が成立するのであって不退去罪は成立しない（最決昭三一・八・二二刑集一〇巻八号一二三七頁）。

本罪の行為は、要求を受けてその場所より退去しないことである。その場所とは、住居侵入罪の客体たる場所をいう。退去の要求は、その権利者、つまり居住者・看守者またはこれらの者の意思を受けた者によってなされる必要がある。

通説は、真正不作為としての性質上、本罪には未遂の観念を容れる余地はないとする。しかし、退去を要求された者が退去するのに必要な時間が経過する前に、家人によって突き出されたようなばあいは未遂とされるべきである。

三　強盗殺人の目的を秘した者に店内への立入りを許したばあい、住居侵入罪は成立するか

強盗殺人を共謀したA・B・Cは、古着商Xの店に行き、その目的を秘してXに表戸を開けさせて店内に入ってXを殺害して現金などを奪った。このばあい、被害者の承諾があったので「侵入」行為が存在しないのではないか、という疑問が生ずる。判例は、「住居侵入罪の『故なく』とは正当の事由なくしての意であるから、強盗殺人の目的を以て他人の店舗内に侵入したのは、すなわち、故なくこれに侵入したものに外ならない。そして住居権者の承諾ある場合は違法を阻却すること勿論であるけれども、被害者において顧客を装い来店した犯人の申出を信じ店内に入ることを許容したからと言って、強盗殺人の目的を以て店内に入ることの承諾を与えたとは言い得ない」として

住居侵入罪の成立をみとめる（最判昭二三・五・二〇刑集二巻五号四八九頁）。これに対して、被害者の錯誤は動機の錯誤にすぎないので、被害者の承諾がある以上、住居侵入罪の成立は否定されるべきとする説も有力に主張されている。

第二節　秘密を侵す罪

第一款　意　義

個人は、私生活において種々の秘密を有しており、それがみだりに暴露されると私生活の平穏（プライヴァシー）は大いに害されることになる。そこで刑法は、秘密を侵す罪として信書開封罪（一三三条）と秘密漏示罪（一三四条）とを規定して、個人の秘密の保護をはかっている。

第二款　犯罪類型

一　信書開封罪

本罪は、正当な理由ないのに、封をしてある信書を開ける罪である。法定刑は、一年以下の懲役または二〇万円以下の罰金（一三三条）。

本罪の客体は、封をしてある信書である。「信書」とは、特定の人から特定の人に宛てた文書をいう。通説・判例は、信書は意思を伝達する文書であることを要するとするが（大判明四〇・九・二六刑録一三輯一〇〇二頁等）、秘密保護の観点からは、たんに事実を記載したにすぎないものもこれに含まれると解するのが妥当であろう。したがって、図表、図面、写真、原稿なども信書に当たる。「封をしてある」信書とは、信書の内容を外部から認識できないように施された装置で、信書と一体をなしているものをいう。封は、封筒に入れて糊で封ずるとか、状箱に入れて施錠またはひもでかたく縛るとかの方法でなされる。葉書は「信書」ではあるが、「封」されていないので、本罪の客体ではない。

本罪の行為は、「開ける」ことである。開けるとは、封緘を破棄して、信書の内容を認識できる状態を作り出すことをいう。信書の内容が現実に認識されたことは必要でない。透し見することは、封を破棄していないので開封には当たらない。

本罪は、親告罪であるので（一三五条）、告訴権者たる被害者が誰かを決定する必要がある。判例が、信書の発信者はつねに告訴権者であるが、到達後は受信者も告訴権者になると解しているのに対して（大判昭一一・三・二四刑集一五巻三〇七頁）、通説は、つねに発信者および受信者が告訴権者であると解している。ほかにも、発信者および発信後の受信者を告訴権者とする説や到達前は発信者、到達後は受信者が告訴権者であるとする説が主張されている。秘密の保護という観点からは、通説の立場が妥当とされるべきである。

二　秘密漏示罪

本罪は、医師、薬剤師、医薬品販売業者、助産師、弁護士、弁護人、公証人またはこれらの職にあった者が、正当な理由がないのに、その業務上取り扱ったことについて知り得た人の秘密を漏らす罪である。法定刑は、六月以下の懲役または一〇万円以下の罰金（一三四条一項）。宗教、祈禱もしくは祭祀の職にある者またはこれらの職にあった者が、正当な理由がないのに、その業務上取り扱ったことについて知り得た人の秘密を漏らしたときも、前項と同様とする（同条二項）。

本罪の主体は、法文に列記されているものに限られる（真正身分犯）。これらの者は、その業務の性質上、他人の秘密を知る機会が多いので、その秘密が暴露されるのを防ごうとする趣旨で、主体が限定されているのである。

本罪の客体は、右に列記された者が業務上取り扱ったことについて知り得た他人の秘密である。秘密とは、特定の小範囲の者にだけ知られている事実であって、これを他人に知られないことが本人の利益とみとめられるものをいう。秘密といえるためには、本人が主観的に秘密とすることを欲すれば足りるとする見解や客観的に見て本人にとって秘密として保護するに値するものでなければならないとする見解などが主張されている。秘密は、右に列記した者がその業務上取り扱ったことによって知り得たものに限られる。したがって、業務と無関係に知り得た秘密はこれに含まれない。

本罪の行為は、秘密を「漏らす」ことである。「漏らす」とは、秘密を知らない者にこれを告知することをいう。相手方の数のいかん、方法のいかんを問わない。漏らす行為は、「正当な理由がないのに」なされたばあいに違法となる。法令によって秘密事項を告知する義務を有する者が告知したばあいには、法令による行為（三五条）として違法性が阻却される（たとえば、伝染病予防法三条、性病予防法六条、結核予防法二二条一項による患者の届出）。

本罪は、親告罪である（一三五条）。

第三節　住居侵入罪の検討

第一款　住居侵入罪の保護法益と侵入の意義

一　問題の所在

1　意義

住居侵入罪は、広義においては、「正当な理由がないのに、人の住居若しくは人の看守する邸宅、建造物若しくは艦船に侵入し、又は要求を受けたにもかかわらずこれらの場所から退去しな」い罪をいう（一三〇条）。前段の罪が狭義の住居侵入罪であり、後段の罪が不退去罪である。本款においては、狭義の住居侵入罪を主たる考察の対象とする。住居侵入罪の典型として想定されるのは、たとえば、犯罪を実行する目的で、他人の住居などにその家人の留守中に忍び込んだり、家人に制止されたにもかかわらず、その制止を押し切って無理やり入り込むなどの事案である。これらのばあいには、本罪の成立につき、格別問題はない。というのは、これらのばあいにおいては、明らかに住居における安全が害されており、住居の利用者の意思に違反する事態が生じているため、誰が見ても住居侵入行為が存在することは否定できないからである。しかし、このような典型的なケースにいくつかのヴァリエーションがつくと、住居侵入罪の成否は、必ずしも明瞭ではなくなってくる。たとえば、一個の住宅に複数の者が居住しているばあい、その住宅への立入りについて、現在する住居者の明示的な承諾は存在するが、明らかにその他の不在中の者の意思に反すると考えられるとき、はたして住居侵入罪は成立するのであろうか。このことは、夫の不在中に、その妻と姦通する目的で、妻の承諾に基づいてその住居に立ち入る行為に関して、古くから判例や学説において議論されてきた。さらに、住居者または看守者の承諾が明示的でないばあいや承諾が錯誤に基づくばあいをいかに解するかについても、争いが生じてくる。

2　保護法益と「住居」の役割

このような問題を解決するためには、住居侵入罪の保護法益をどのように把握し、それとの関連で「侵入」行為をどのようなものとして理解するかを明らかにしなければならないのである。住居侵入罪の保護法益の捉え方をめぐって、判例・学説上、顕著な変遷が見られる。それは、社会生活における「住居」のもつ意義・役割が大いに変化してきていることに由来するものと考えられる。それゆえ、単なる解釈技術的観点を超えて、人格を有する個人の家庭生活の場としての「住居」について、社会学的観点からその「現代的」意義を考察する必要がある。

二　住居侵入罪の保護法益

1　公益犯罪としての住居侵入罪

刑法典は、条文の配列から見ると、明らかに住居侵入罪を社会的法益に対する罪の一つとして性格づけているといえる。これは、旧刑法に由来する性格づけである。すなわち、旧刑法は、第二編「公益ニ関スル重罪軽罪」中の第三章「静謐ヲ害スル罪」の第七節において「人ノ住所ヲ侵ス罪」を規定していた。その第六節は「往来通信ヲ妨害スル罪」を規定しており、現行法の第十一章「往来を妨害する罪」の犯罪類型がこれに包含されている。しかし、旧刑法における「人ノ住所ヲ侵ス罪」の立法目的について、明治時代の有力な刑法学者宮城浩藏が、次のように述べていたことは、注目に値する。すなわち、彼は、「人の住所を侵すの罪は何の為めに之を設けたるや。其性質目的を知ることを要す。抑々本節を設けたるの理由二あり。一は即ち人の自由を保護するに在り。夫れ家宅は吾人の塁壁にして恰も国家の城郭に於けるが如し。故なく之に入り来る者の如きは吾人の自由を侵害する者なり。例へば人を謀殺せんとして入り来る者あり。之を糺問せば即ち庭園樹木の配置を見んが為なりと、或は足下を謀殺せんが為なりと云ふ時に於て之を罰せざらん歟。吾人の居住の安寧、起臥の自由得て望む可からざるなり。二は即ち人の所有権を保護するに在り。夫れ強窃盗を為さんとして吾人の住所に入り来る者の如きは強窃盗の未遂犯を以て之を論ずるを得べきが如しと雖も、然れども其未だ着手に至らずして予備に止まる場合の如きは之を罰することを得ず。何となれば予備は刑法に於いて格段の場合を除くの外之を罰せざればなり。斯くの如くなる時は吾人の所有権の安全得て望む可けんや。是れ我立法者は本節を設けて此等の危険を予防し以て吾人の自由、吾人の所有権を保護したる所以なり」と指摘していたのである。[1] そこにおいては、本罪の立法目的がもっぱら「個人主義的」な観点から把握されているのであり、現代的観点にとってきわめて示唆的であるといえよう。個人主義的観点から二つの理由があげられているが、第一は「居住の安寧、起臥の自由」であり、第二は「所有権の保護」である。たしかに、住居侵入罪が強窃盗の予備としての側面を有し得ることは否定できないが、しかし、それは本罪において独立して評価されるべきものではなく、財産犯の問題として考えられるべきものである。[2] したがって、こんにち、意味を有するのは、第一の理由だけに限られる。

旧刑法および刑法典の立法者が住居侵入罪を公益犯罪として把握していたのは、もともと、人の住居の安全が害されると、その近隣まで不安を感ずるということを考慮したためと考えられる。[3] さらに、比較法的見地から見たばあい、ドイツ刑法は、騒乱罪（Landfriedensbruch）の前に、「住居の平穏を害する罪」（Hausfriedensbruch）として規定しており、これは、騒乱罪は「地方」の平穏を害するもの、住居侵入は「住居」の平穏を害するものであり、両者は、場所的範囲の広狭による違いにすぎない、という見解に基づくものと解することができるであろう。[4] これは、いわば「地域共同体」（コミュニティー）の安全に重要性を見出す立場といえるとおもわれる。つまり、人格を有する者として尊重されるべき個々人は地域共同体を構成することによって「精神生活の安定」を保持していたと解され得るのである。

しかし、住居侵入によって侵害される地域共同体の安全感は、あくまでも「間接的」なものでしかない。その実体は、直接的な安全感の侵害にあるので、そこに法益性が求められる必要が生ずる。そこで、別の捉え方が可能となってくる。

2　「家」制度との関連

平野博士は、「刑法典では、住居侵入罪は、いわゆる社会に対する罪として規定されている。これはある意味では妥当である。四人の人が住んでいる家に侵入しても、四個の住居侵入罪が成立するわけではなく、四人で構成される『家庭』という社会に対する罪だと考えられるからである」と指摘されたが、[5] ここに「家庭」（ファミリー）という観点が登場してくるのである。平野博士が指摘された「家庭」は、個人を超越するという意味における小単位としての共同体を意味すると解される。たしかに、個人を超越する最小限度の集合体も「社会」といえるが、しかし、さらに「制度」として捉え直したばあい、家庭は「家」制度によって構成されている「家庭」としての色彩がきわめて濃厚となる。この観点においては、社会的制度としての「家」の安全が、「家」の物理的基礎である住居への侵入によって侵害されることに重大な関心が払われることになる。ここにおいては、理念的にはあくまでも「家」制度という公益の保全が目標とされることに注意する必要がある。[6]

ただし、判例はこのことを明言していない。わずかに公共的犯罪の一種と解する戦前の下級審判例が見られるにすぎず、しかも住居内において保持される法益が不特定・多数であることを根拠に「公益性」が論拠づけられているにとどまる。[7] しかし、事実として、大審院の判例の主流は、家制度を前提とする家長の住居権の侵害として把握することによって、実質的に家制度を支えていたと見ることができるであろう。すなわち、大谷教授が指摘されているように、[8] 判例の見解は、「住居権の侵害」が本罪の本質であるとしているので、一見すると個人的法益を保護しているかのように見えるが、住居権が各構成員にみとめられるわけではないのであり、むしろ、家庭の平和を守るのは家の主人（戸主）または家長であり、「家の平穏」がひいては「社会の平穏」に結びつくとする戦前の家族制度に適するものである。したがって、旧憲法のもとでは、おそらくこの解釈が妥当であったと解されるが、家族制度が廃止された現行憲法のもとでは、この見地を採用することができないことは明らかである。

3　個人的法益に対する罪としての把握

住居侵入罪の実体に即して考えたばあい、公益に対する罪として把握するのはあまりにも不自然であると意識されるようになり、これを個人的法益に対する罪として理解する立場が通説・判例の立場となるに至った。これはすでに戦前において確立された考え方である。そして、個人的法益の内容をなすのが「住居権」ないし「家宅権」であった。学説上、これには種々の名称が与えられている。たとえば、「住居平和権」[9]、「住居安全権または支配権」[10]、「住居の支配権」[11]、「家宅支配権」[12]などがあげられる。このような見解を早くから主張された泉二新熊博士の著書においては次のように述べられている。[13] すなわち、「吾人ハ法律ニ定メタル場合ヲ除ク外自己ノ許諾ナクシテ其住所ニ侵入セラルルコトナシ是レ憲法第二十五條ノ吾人ニ保證スル自由ニシテ吾人の住居ハ吾人の平和的ニ自由ヲ享有シ得ル不可侵的城廓ナリ是レ刑法カ人ノ住居及ヒ之ト同一視ス可キ場所ニ関シ不法ノ侵入及ヒ不退去を処罰シ以テ吾人ノ住居ノ平和ヲ保護スル所以ナリ故ニ本罪ニ於ケル法益ハ住居平和権（Hausfriedensrecht）ナリ而シテ此平和権ノ不法侵害ハ住居支配者ノ許諾ナキ場合ニ存スルモノナルカ故ニ或ハ之ヲ住居者ノ支配権及ヒ命令権ヲ侵害スル罪ナリト為スモ可ナリ（ヘルシュナー）旧刑法ハ之ヲ公ノ安寧ニ対スル罪ナリトシ其他多数ノ立法例ニ於テモ此観念ヲ認メ現行法亦此趣旨ニ従フカ如シト雖モ寧ロ吾人ノ享有スル住居平和権ヲ以テ直接ノ被害法益ナリト解スルコト適切ナリ」と。

この点について、判例は、「刑法第百三十条ニ規定セル住居侵入ノ罪ハ他人ノ住居権ヲ侵害スルヲ以テ本質ト為シ住居権者ノ意思ニ反シテ違法ニ其住居ニ侵入スルニ因リテ成立ス[14]」と判示して住居権説を採るに至った。そして、住居権が誰に帰属するかについて、判例は、「各人の住居ヲ構フルヤ或ハ単独之ヲ行フ場合アリ或ハ数人共同シテ此之ヲ行フ場合アリテ其ノ態様一ナラス而シテ数人共同シテ一個ノ住居ヲ構フル場合ニ在リテハ其ノ住居タルヤ一個不可分ノ生活利益ニシテ各人ノ共有ニ属スルモノトモ喩フヘキニ似タリサレハ其ノ住居ニ対スル侵入又ハ捜索ニ付テハ住居者全員ノ許諾ヲ要スルモノト解セサルヘカラサルカ如シト雖夫婦相寄リテ子孫ト家族的生活ヲ営ム場合ニ於テハ夫ハ即チ家長トシテ一家ヲ主宰スル者ナルカ故ニ其住居ニ対する侵入又ハ捜索ニ付テノ許諾ノ権利ハ独リ夫之ヲ有スルモノト解スヘク妻之ヲ代行スル場合ト雖夫ノ意思ニ反セサル限度ニ於テ其ノ効アルモノト謂ハサルヘカラス蓋然シ爾ク解スルニ非スンハ住居ノ安全平和ハ得テ望ムヘカラサレハナリ[15]」として、「家長として一家を主宰する者」が住居権者であると解している。しかし、現行憲法およびそれに伴う民法改正によって、戦前のような家制度を前提とした住居権説はみとめられないが、「住居権」という観念そのものは、最高裁の判例によっても維持されることとなった[16]。

4　平穏説の登場

このような住居権説に対しては、①犯罪を権利侵害として把握する古い思想の残滓である、②住居権の概念が不明確である、③住居権を誰に帰属させるかという困難な問題が生ずる、④家父長権と結びつきやすく憲法の理念に反するおそれがある、などの批判が加えられるようになった。そこで、住居権説を克服する立場として、本罪の保護法益を「単純に住居に於ける平穏[17]」、「事実上の住居の平穏[18]」、「事実としての住居の平穏[19]」に求める平穏説が提唱され、現在の通説となっている。判例も下級審において明確に平穏説を採用するものがあり、最高裁の判例にも明言こそしないがこれに好意的なものが見られた[20]。

平穏説は、住居権の帰属の問題から解放され、端的に住居における「平穏」という事実状態だけを考えるという点で、きわめて明解な立場であるといえる。そして、それは、プライヴァシーの物理的基盤である「住居」における「平穏」を保護することによって、私的な精神生活の保持に大いに役立つものとなったのである。住居権という抽象的な「権利」の世界から住居における平穏という具体的な「事実」の世界に視座の転換がなされたのは、「制度としての家族」から現実的な存在としての「家族共同体」に考察の重点が移行したからであるといえよう。つまり、共同生活をいとなんでいる「家族」（ファミリー）こそが、家庭の中心であるとする共通感覚がそこに見られるのである。

しかし、最近では、平穏説に対しても、次のような批判が加えられるようになっている。すなわち、①住居等の一定の建造物における個人の法益を共同生活者「全員」のものとして捉える考え方は、住居侵入罪を個人的法益に対する罪として把握しているのと相容れない、②「平穏」の内容が不明確である、③本罪の成立につき侵入行為の態様や目的を重視するのは妥当ではない、と批判されているのである。とくに③についていえば、住居権者の意思には反するが平穏な態様による立入り、たとえば、押売りが住居権者の明示の意思を無視して住居に立ち入ったばあいなどには、住居侵入罪は成立せず、逆に、強盗の目的を秘して立ち入るばあいは、住居権者の同意があっても住居侵入罪は成立することとなる。

しかし、居住者は、いかに平穏な態様のものであっても、「自己の住居に入ることを許さない自由」をもっており、住居権者の意思に反する立入り行為は、暴力的でなく、また暴力行為を目的とするものではなくても住居侵入罪を構成するのであり、逆に、住居等の平穏を害する態様の立入りではあるが、住居者が同意しているばあいには、住居侵入罪が成立する余地はないと考えるべきであるとされるのである。(21)

5　平穏説に対する新住居権説の登場

批判に見られるポイントは、要するに、平穏説が、住居という物理的場における共同体構成員の「全員」が形成している平穏そのものを視野の中心におき、「個々の」構成員の個別的意思をまったく見落としていることにある。ここにおいて、家族共同体的思考から「個としての同居者」のプライヴァシーの尊重という新たな思考への移行が生ずることになる。

ここにこそ、「住居侵入罪の保護法益は、住居権である。住居権とは、住居その他の建造物を管理する権利の一内容として、これに他人の立入を認めるかいなかの自由をい」い、「住居権者の意思に反して侵入すれば、住居侵入罪が成立する」とする見解(22)が改めて主張される所以がある。これは、住居侵入罪の個人的法益（＝自由）に対する罪としての性格を、プライヴァシーの権利や「自己決定権」をも視野に入れて平穏説以上に徹底するものであり、(23)最近、きわめて有力化しつつある説である。大審院の大正七年一二月六日判決によって代表される家父長の住居権を内容とする立場が旧住居権説と称されるのに対して、最近のこの有力説は新住居権説と称されている。

6　新住居権説の妥当性

人格を尊重されている個人の生活の「場」として住居が平穏に保たれていること自体は、たしかに、われわれの精神生活にとってきわめて重要である。しかし、さらにつきつめて考えてみたばあい、その「平穏」も、プライヴァシーの保護に役立っているからこそ意味を有するのであり、個人の生活の「場」の実際の侵害は、その「場」を支配・管理していることの侵害にほかならず、つまるところ、それは、個人の支配意思・管理意思の侵害にほかならないのである。ここにおいて、自己決定の自由の観念がみとめられることになる。このような支配・管理の自由ないし自己決定の自由を「住居権」と称するか否かは、用語法の問題にすぎない。現代社会において「核家族」化が進み、個としての家族構成員の「人格」的独立が広くみとめられるようになると、その個々人のプライヴァシー、自己決定権が重要性をもつことになる。このように見てくると、これを直視して法益として的確に把握している新住居権説が妥当であるとおもう(24)。

三　侵入の意義

1　平穏説・新住居権説と平穏侵害説・意思侵害説との関係

住居侵入罪における「侵入」の意義をめぐって、①侵入を住居権者(管理権者)の意思に反する立入りと解する説(意思侵害説)と②侵入を住居の平穏を害する態様の立入りと解する説(平穏侵害説)とが対立している。住居侵入罪の保護法益を住居権と解する新住居権説は、論理必然的に「住居権者の意思」を重視することとなるから、理論的には、住居権説―意思侵害説という対応関係がみとめられる(25)。ところが、平穏説と平穏侵害説は、必ずしもストレートには結びつかない。というのは、平穏説は、①事実上の住居の平穏を法益とし、「侵入」を「住居の平穏を害する態様での立入り」と解しつつ、住居権者の意思(推定的意思を含む)に反する立入りをも「住居の平穏を害する態様での立入り」と等置して、自由権的・住居権的色彩を併有させる説、②事実上の住居の平穏を法益とし、「侵害」の認定は当該行為がまさに住居の平穏を害するか否かを中心におこない、住居権者の意思は重要ではあるが判断資料の一つにすぎないとして、いわば超個人的な、脱自由権的・脱住居権的色彩を付与する説とに分かれているからである。[26]そして、平穏説の①説は意思侵害説と結びつき、平穏説の②説は平穏侵害説と結びつくことになる。①説と②説の分岐点は、住居（権）者の意思に反する立入りが「つねに」住居の平穏を害する態様による立入りとして評価することができるかどうか、にある。①説はこれを肯定し、②説は必ずしもつねにこれを肯定できるとは限らないとするのである。事実上の平穏を害する行為の「態様」の問題として純化して考えたばあい、②説の方が一貫するようにおもわれる。①説は、実質的観点から意思侵害説へ歩み寄ったものであると評することが許されるであろう。

2　平穏な立入りと「侵入」

平穏侵害説によれば、立入りが「侵入」に当たるかどうかは、それが住居の平穏を害する態様のものであるかどうかによって決定されるべきことになる。したがって、住居者・看守者の意思（推定的意思）に反してなされたかどうか、いいかえると、その承諾（推定的承諾）があったかどうかは、判断の重要な資料となるにとどまる。そして、立入りが住居の平穏を害する態様のものであるかどうかは、行為が主観＝客観の全体構造をもつものであるので、立入り行為の主観・客観の両面、すなわち、主観的要素と客観的要素とをあわせ考慮して判断されるべきであるとされる。この観点からすると、承諾を得て平穏に立ち入る行為は侵入行為とならないが、その理由は、住居者の承諾があれば、住居の平穏が害されないからであって、その重点は、被害者の承諾の有無ではなくして住居の平穏であるとされる。たとえば、家の入口に「セールスマン、保険その他の外交員の訪問はお断り」という掲示を出しておいたのにもかかわらず、その掲示を読んだうえで、入口のベルを押し、玄関内に立ち入るのは、明らかに住居者の意思に反するが、まだ住居の平穏を害する態様での立入りとはいえないから、「侵入」ではないことになる。[27]このような理解に対しては、新住居権説から、むしろ逆に考えられるべきであるとの批判がある。すなわち、平穏公然であっても、居住者の意思に反する立入りは、「侵入」に当たると解すべきであるとされるのである。[28]

3　判例と意思侵害説

判例は、最近では新住居権説の立場に立つに至っているといえる。すなわち、最高裁の判例は、「刑法一三〇条前段にいう『侵入シ』とは、他人の看守する建造物等に管理権者の意思に反して立ち入ることをいうと解すべきであるから、管理権者が予め立ち入り拒否の意思を積極的に明示していない場合であっても、該建造物の性質、使用目的、管理状況、管理権者の態度、立ち入りの目的などからみて、現に行われた立入り行為を管理権者が容認していないと合理的に判断されるときは、他に犯罪の成立を阻却すべき事情が認められない以上、同条の罪の成立を免れないというべきである」と判示しているのである（最判昭五八・四・八刑集三七巻三号二一五頁）。本判決は、「侵入」概念を「管理権者の意思に反して立ち入ること」と最高裁としては初めて明確に定義して、意思侵害説を採ることを明示しているが、住居侵入罪の保護法益については、必ずしも明確には判示していない。しかし、前述のとおり、意思侵害説は理論的に新住居権説と結びついているのであるから、本判決は住居権説の立場に立っていると解するのが妥当であろう。[29]判例のような立場に立つと、労働事件等における立入りについて処罰範囲の拡大をまねくおそれがあるので、官公庁の建物については管理者の意思を強調することは否定すべきであるとする見解もある。たしかに、プライヴァシーの保護という観点からは、住居と公共の建物との間にかなりの違いがみとめられるが、しかし、事実上の支配の客体の観点からは質的な相違はないと解される。そこで、処罰範囲の拡大の防止は、住居と公的建造物の間での保護法益の相対化ではなく、侵入の違法性の問題として対処するのが妥当であるとおもわれる。[30]

四　住居（権）者の承諾

1　住居者の一部の者の承諾の効果

住居（権）者の承諾が住居侵入罪の構成要件該当性を阻却することをみとめるばあい、①誰の承諾を必要とするのか、②錯誤に基づく承諾の効果はどうなるかが、問題となる。①の問題は、住居者が複数存在するばあいに生ずる。すなわち、住居者の一部の者が立入りを承諾したにもかかわらず、他の者が明示的にこれを拒否し、または、不在のために意思は不明であるが拒否することが推測されるばあい（推定的承諾。たとえば、夫の留守中に妻が愛人を自宅にまねき入れたようなケース）をどのように取り扱うかが問題となるのである。後者の問題は、とくに、強盗、詐欺などの犯罪目的を隠して住居者の承諾を得て立ち入る行為について論じられる。つまり、その承諾は、真意に基づくものではないと解されるので、はたして承諾としての効果をみとめてよいかが争われるのである。

①について、従来、次のように図式化されてきた。すなわち、住居権説は、現在するか不在かの区別なく、住居権者の意思または推定的意思を平等に保護するが、平穏侵害説は、事実上の住居の平穏を保護法益と解するので、共同生活者全員の意思または推定的意思が無条件に保護されるわけではなく、現在する者の承諾または推定的承諾があれば、不在中の同居者の意思または推定的意思に反するようなばあいでも、住居への立入りが、事実上、平穏な形態でなされるかぎり、本罪を構成しないとされるのである。[31] しかし、この図式には疑問が生ずる。住居権説は、たしかに「権利」の普遍性をみとめるので、住居「権」者の「意思」を最大限に保障する思考傾向を有するといえるであろう。しかし、住居権は、単なる抽象的な権利ではなくて、事実上の支配を内容とするものである。したがって、第一次的には現実に支配している者の意思が優先的に保護されることになる。つまり、不在者の意思の保護は、その限度で後退を余儀なくされるわけである。さらに、住居の現実的支配形態に即して個別的に考えようとする見

解も、住居権説の中から主張されるようになっている[32]。これは、とくにプライヴァシーの保護の観点から、住居者の意思を厳格に尊重しようとする立場であり、注目に値するといえる[33]。

2　錯誤に基づく承諾の効果

②の問題については、強盗などの犯罪目的を隠して居住者の承諾を得て立ち入るばあい、居住者の意思に反するか否かを重視する見地においては、その承諾が真意に基づかないものとして、住居侵入罪の成立をみとめることになる。現に、判例は、強盗が顧客を装って店主の承諾を得たうえで古着商の店内に入ったばあい、強盗殺人の目的で入ることの承諾を与えたとはいえず、真意に基づく承諾ではないとする（最判昭二三・五・二〇刑集二巻五号四八九頁）。このように、目的の違法性から住居侵入罪の成立を肯定する立場に立つと、違法な目的で住居に立ち入る行為は、すべて住居侵入罪を構成することになりかねず、たとえば、詐欺の目的で友人宅を訪問し、おだやかに応接室に立ち入ったばあいにも、住居侵入罪が成立することとなって不当である。行為の目的（主観的要素）は、行為の性格づけに重要な意味をもつが、しかし、これだけでは、行為の性格を規定することはできず、主観・客観の両面を考慮して判断すべきであるとする説が平穏侵害説から主張されている[34]。この説においては、その目的が平穏を害するような違法な目的か否かが重要であり、たとえば、詐欺・贈賄のような違法目的のばあいの立入り行為は、住居の平穏を侵害するとはいえないが、強盗・殺人などの違法目的のばあいの立入り行為は、主観・客観の両面から見て住居の平穏を侵害する態様のものと解されるので、住居侵入罪が成立するとされる。しかし、住居内に立ち入ることを承諾した以上、立入りの目的について錯誤があっても、それは動機の錯誤にすぎず、住居侵入罪は成立しないと解する立場が妥当であるとおもう。

第二款　建造物侵入罪における「侵入」の意義および偽計業務妨害罪における「妨害」の意義

一　はじめに

最近の重要判例として、建造物侵入罪における「侵入」の意義と偽計業務妨害罪における「妨害」の意義に関する最高裁決定がある。(35) 本決定は、現金自動預払機利用客のカードの暗証番号などを盗撮する目的でおこなった営業中の銀行支店出張所への立入りが、建造物侵入罪を構成するか否か、および、現金自動預払機利用客のカードの暗証番号などを盗撮するためのビデオカメラを設置した現金自動預払機の隣にある現金自動預払機を一般の利用客を装い相当時間にわたって占拠し続けた行為が、偽計業務妨害罪に当たるか否か、について判示した最高裁の最初の裁判例である。本件の事案は、被告人が、共犯者と共謀のうえ、前後二回にわたり、ATM機にビデオカメラを取り付け、顧客のカード情報などを盗撮する目的で、銀行の出張所に侵入したうえ、盗撮用ビデオカメラを設置したATM機に顧客を誘引するため、隣接するATM機を不正な操作をするなどして使用し続け、同ATM機による他の利用客に対する銀行業務の提供を妨害したというものである。本事件は、マスメディアでも大きく報道され、社会に重大な影響を及ぼした。本決定は、新たに生じた事態に対処したものであり、実務上も理論上も重要な意義を有する判例であるので、本款において検討を加えることにしたい。

二　本件の事実関係

本決定が是認した原判決および第一審判決の認定によれば、本件の事実関係は、以下のとおりである。

1　被告人は、共犯者らと、A銀行の現金自動預払機を利用する客のカードの暗証番号、名義人氏名、口座番号などを盗撮するため、現金自動預払機が複数台設置されており、行員が常駐しない同銀行B支店出張所（看守者は支店長）に営業中に立ち入り、うち一台の現金自動預払機を相当時間にわたって占拠し続けることを共謀した。

2　共謀の内容は、次のようなものであった。

(1)　同銀行の現金自動預払機には、正面に広告用カードを入れておくための紙箱（以下「広告用カードホルダー」という。）が設置されており、これに入れる広告用カードの束に似せたビデオカメラで現金自動預払機利用客のカードの暗証番号などを盗撮する。盗撮された映像は、受信機に無線で送られ、それがさらに受像機に送られて記録される。

(2)　被告人らは、盗撮用ビデオカメラと受信機および受像機の入った紙袋を持って、目標の出張所に立ち入り、一台の現金自動預払機の前に行き、広告用カードホルダーに入っている広告用カードを取り出し、同ホルダーに盗撮用ビデオカメラを設置する。そして、その隣の現金自動預払機の前の床に受信機などの入った紙袋を置く。盗撮用ビデオカメラを設置した現金自動預払機の前から離れ、隣の受信機などの入った紙袋を置いた現金自動預払機の前に、交替で立ち続けて、これを占拠し続ける。このように隣の現金自動預払機を占拠し続けるのは、受信機などの入った紙袋が置いてあるのを不審におもわれないようにするためと、盗撮用ビデオカメラを設置した現金自動預払機に客を誘導するためである。その間、被告人らは、入出金や払込などをおこなう一般の利用客のように装い、受信機などの入った紙袋を置いた現金自動預払機で適当な操作を繰り返すなどする。

(3)　相当時間経過後、被告人らは、再び盗撮用ビデオカメラを設置した現金自動預払機の前に行き、盗撮用ビデオカメラを回収し、受信機などの入った紙袋も持って、出張所を出る。

3　被告人らは、前記共謀に基づき、前記盗撮目的で、平成一七年九月五日午後〇時九分ころ、現金自動預払機が六台設置されており、行員が常駐しないA銀行B支店C出張所に営業中に立ち入り、一台の現金自動預払機の広告用カードホルダーに盗撮用ビデオカメラを設置し、その隣の現金自動預払機の前の床に受信機等の入った紙袋を置き、そのころから同日午後一時四七分ころまでの一時間三〇分間以上、適宜交替しつつ、同現金自動預払機の前に立ってこれを占拠し続け、その間、入出金や振込などをおこなう一般の利用客のように装い、同現金自動預払機で適当な操作を繰り返すなどした。また、被告人らは、前記共謀に基づき、翌六日にも、現金自動預払機が二台設置されており、行員が常駐しない同銀行D支店F出張所で、午後三時五七分ころから午後五時四七分ころまでの約一時間五〇分間にわたって、同様の行為に及んだ。なお、被告人らがそれぞれの銀行支店出張所で上記の行為に及んでいた間には、被告人ら以外に他に客がいない時もあった。

三　第一審判決および原判決ならびに上告趣意の内容

第一審判決は、前記の事実について建造物侵入罪および業務妨害罪の成立をみとめたうえで両者を牽連犯とし、被告人を懲役三年に処した。そして量刑理由において、「個人の財産を保全するうえで極めて重要なカード情報等を盗撮するために銀行に侵入するという行為の卑劣さ、悪質さは顕著である。また、本件犯行は、組織的かつ常習的に敢行されたもので、その犯情は非常に悪い。この犯行は、ATM機に対する社会の信頼を大きく損なうものであるだけでなく、被害銀行においては、本件を契機とした被害防止対策のための多額の支出を余儀なくされており、その影響も大きい」と判示している。

被告人側から事実誤認を理由に控訴がなされたが、原審（控訴審）はこれを棄却した。さらに被告人側から上告がなされた。上告趣意において弁護人は、第一審および原判決には罪刑法定主義（憲法三一条）に違反する旨を主張した。その論旨は、以下のとおりである。

すなわち、「⑴建造物侵入は『正当な理由なく』、建造物に侵入するものであるが、本件のA銀行B支店C出張所・同銀行D支店E出張所への立ち入りはいずれも『侵入』に該当するものではなく、原判決の認定は、刑法一三〇条の構成要件を越えるものであり、ひいては、罪刑法定主義を定める憲法三一条に背するものに他ならない。

① まず、被告人の各上記出張所に対する『侵入』態様は、ATMの一般利用者となんら異なることなく、喧騒な状態にて入るものではまったくなく、被告人と一般利用者との相違などまったく存在しない。あるいは、顔を覆うためのマスクやフェイスフルヘルメットを着用したまま入店しているものでもない。

まったく、平穏・公然と、各出張所に入っている。

② それでは、ATMを操作するという行為自体は犯罪になるかと言えば、これはならない。むしろ、ATMは不特定多数の者が誰でもいつでも（ちなみに、ATMの利用時間も延長されてきた）利用できるものとして設置されている。また、当然のことであるが、操作の上手・下手、操作時間の長短によって利用者が選別されたり、使用を拒否されるという事もない。

すなわち、被告人が、仮にどんな理由であろうとも、ATMを操作するというその行為自体は、何ら犯罪を構成しない。

さらに言うならば、口座番号というのは、公開こそされてはいないものの、相手方識別情報として住所やメールアドレスと類似のものである。そして、その口座の存否の確認行為を行う、しかも、手数料が発生する前に取り消すというのは、住所照会・アドレス照会と何ら変わることなく、何ら犯罪をも構成するものではまったくない。

③　さらに、ＡＴＭ利用者の口座番号を『盗撮』するという行為そのものが犯罪を構成するか、となると、これまた、民事上の問題は発生する可能性は否定しないものの、こと犯罪としては成立はしない。

④　すなわち、ＡＴＭの利用行為そのもの及び『盗聴』は違法だとして、かつ、そのような目的をもった立ち入りは『侵入』に該当すると論じている。

しかしこれは、建造物侵入の構成要件を極めて拡大するものであって、到底、罪刑法定主義の憲法上の要請に応えられるものではない。

各出張所への立ち入り行為、ＡＴＭの操作行為、（被告人には盗聴目的は存在しないが）『盗聴』行為そのいずれも一つ一つを考えた場合、何ら犯罪を構成するものでないにも関わらず、民事的に問題になりうる可能性のある『盗聴』目的を有していたという内心の認定のみで、建造物侵入に問擬することは憲法上許されない。

そもそも、（公訴事実及び認定事実を前提とした）本件事案を建造物侵入で立件したのは（業務妨害については訴因変更による）、上記のとおり本件各行為を分析して考えた場合、個別には刑事的に違法性がないがために、『苦肉の策』として、建造物侵入で起訴及び認定したものであり、建造物侵入罪の構成要件を著しく拡大解釈するものであり、適正手続保障・罪刑法定主義に反するものであり、原判決の破棄・自判は免れない。

(2)　業務妨害罪についても同様の批判を免れない。

第一審判決・原判決は、業務妨害罪の成立を認めたが、業務妨害罪における『妨害』が抽象的で足りる事から、『安心して』認定したものと言わざるを得ない。

しかし、本件においては、銀行業務妨害の抽象的危険すらなかったのであり、刑法二三三条の構成要件を越える認定であって、ひいては、憲法三一条にも反するものである。

すなわち、C出張所・E出張所いずれも複数のＡＴＭ機械が存在する（C出張所一二台・E出張所二台）。なるほど、一台しかＡＴＭ機械が存在しない出張所であれば、その一台を入れ替わり立ち替わり、継続使用して『占拠』するのであれば、他の客も他所のＡＴＭを利用しようということになるであろうが、そのような台数ではない。ことにC出張所など一二台もずらっとＡＴＭが存在しているのであるから、そもそも、一台ぐらい『長時間使っている』者がいたとしても、他の利用客の何らの支障になる余地もない。仮に、利用客が滞留していたとするならば、それは、元々当該出張所が混んでいただけの事に過ぎない。加えて、多少の待ち時間であれば、利用客が見切りを付けて他行に行くことは（どうせ同じように混んでいるであろうと判断して）、そうそうはない。それは、一〇台以上のＡＴＭがある出張所を利用すればたちどころに分かるところである。そもそも、本件においては、利用客が滞留していたという事実そのものが存在しない。

また、根本的には、被告人の行為によって、どのような銀行業務が妨害ないしはその危険があったというのか、第一審判決・原判決いずれも何ら明らかにしていない。窓口であれば、一人の相手のみに対応していれば、他の客の対応ができないということもあろう。しかし、ＡＴＭは機械に過ぎず、電気的・コンピューター的に作動するだけであって、銀行業務のどれを、どこを妨害するのかその特定すらもなされていない。

このような認定・判断では、あまりにも『妨害』の内容を希釈するものであり、罪刑法定主義の要請に反するといわなければならないのである」。

四　最高裁決定

本決定は、上告趣意は、違憲をいう点を含め、実質は単なる法令違反、事実誤認、量刑不当の主張であって、刑訴法四〇五条の上告理由に当たらないとして、上告を棄却した上で、次のとおり判示している。

「以上の事実関係によれば、被告人らは、現金自動預払機利用客のカードの暗証番号等を盗聴する目的で、現金自動預払機が設置された銀行支店出張所に営業中に立ち入ったものであり、そのような立入りが同所の管理権者である銀行支店長の意思に反するものであることは明らかであるから、その立入りの外観が一般の現金自動預払機利用客のそれと特に異なるものでなくても、建造物侵入罪が成立するものというべきである。

また、被告人らは、盗聴用のビデオカメラを設置した現金自動預払機の隣に位置する現金自動預払機の前の床にビデオカメラが盗聴した映像を受信する受信機等の入った紙袋が置いてあるのを不審に思われないようにするとともに、盗聴用ビデオカメラを設置した現金自動預払機に客を誘導する意図であるのに、その情を秘し、あたかも入出金や振込等を行う一般利用客のように装い、適当な操作を繰り返しながら、一時間三〇分間以上、あるいは約一時間五〇分間にわたって、受信機等の入った紙袋を置いた現金自動預払機を占拠し続け、他の客が利用できないようにしたものであって、その行為は、偽計を用いて銀行が同現金自動預払機を客の利用に供して入出金や振込等をさせる業務を妨害するものとして、偽計業務妨害罪に当たるというべきである。

以上と同旨の原判断は相当である」。

五　検討

1　本決定は、まず建造物侵入罪における「侵入」の意義に関して判示しているが、これは単なる語義の問題のように見えるけれども、保護法益の捉え方に関わる重要問題である。つまり、建造物侵入罪の保護法益の捉え方いかんによって、「侵入」の意義も異なってくるので、保護法益の根本問題に遡って考察する必要があるのであり、その意味において本決定の有する判例としての射程は、理論上も実務上もきわめて重要である。逆からいえば、侵入の意義に関する判示内容から建造物侵入罪の保護法益の把握について判例の立場を明確に推知できることになる。

周知のとおり、住居侵入罪の保護法益の把握に関して、学説・判例に変遷がある。(36)大審院の判例は、本罪の保護法益を「住居権」として把握する旧住居権説の立場に立っていた。すなわち、「住居侵入ノ罪ハ他人ノ住居権ヲ侵害スルヲ以テ本質ト為シ住居権者ノ意思ニ反シテ違法ニ其住居ニ侵入スルニ因リテ成立ス」と判示したのであった。(37)旧住居権説に対しては、本罪を住居権の侵害として解するのは、犯罪を権利侵害として把握する一九世紀初頭の古い思想の残滓にほかならず、住居権という概念は不明瞭であり、住居権が誰に帰属するのかという困難な問題が生じて議論を紛糾させるばかりでなく、結論的にも妥当性を欠くことになるという批判が加えられた。

現在の通説は、本罪の保護法益を住居における平穏であると解している。平穏説は、住居権の帰属の問題から解放され、端的に住居における「平穏」という事実状態だけを考えるという点で、明解な立場であり、プライヴァシーの物理的基盤である「住居」における「平穏」を保護することによって、私的な精神生活の保持に役立つものとなったといえる。住居権という抽象的な「権利」の世界から住居における平穏という具体的な「事実」の世界に視座の転換がなされたのは、「制度しての家族」から現実的な存在としての「家族共同体」に考察の重点が移行したからである。しかし、平穏説は、住居という物理的場における共同体構成員の「全員」が形成している平穏そのものを視野の中心におき、「個々の」構成員の個別的意思をまったく見落としていると批判されている。ところが、現在でも物的不法論（結果無価値論）の見地から平穏説は支持されている。[38] おそらく「行為態様」を重視することによって本罪の成立範囲を限定できる点が再評価されたからであろう。[39] しかし、行為態様を重視するのは物的不法論の基本的立場と相容れないと解される。

「家族共同体」思考から「個としての同居者」のプライヴァシーの尊重へという新たな視点から、「住居侵入罪の保護法益は、住居権であ」り、「住居権とは、住居その他の建造物を管理する権利の一内容として、これに他人の立入りを認めるかいなの自由をい」い、「住居権者の意思」に反して侵入すれば住居侵入罪が成立するとする新住居権説（意思侵害説）が主張されるに至っているのである。これは、住居侵入罪の個人的法益（自由）に対する罪としての性格を、プライヴァシーの権利や「自己決定権」をも視野に入れるものである。

生活の「場」として住居が平穏に保たれていること自体は、わたくしたちの精神生活に役立っているからこそ意味を有するのであり、生活の「場」の実際の侵害は、その「場」を支配・管理していることの侵害にほかならず、それは支配意思・管理意思の侵害にほかならない。このような支配・管理の自由ないし自己決定権を「住居権」と称するか否かは、用語法の問題にすぎない。わたくしは、自己決定権を直視して法益として的確に把握している新住居権説が妥当であると考えている。[40]

最高裁の判例は、建造物侵入罪における「侵入」の意義について、「刑法一三〇条前段にいう『侵入シ』とは、他人の看守する建造物等に管理権者の意思に反して立ち入ることをいうと解すべきである」とし、「管理権者が予め立入り拒否の意思を積極的に明示していない場合であっても、該建造物の性質、使用目的、管理状況、管理権者の態度、立入りの目的などからみて、現に行われた立入り行為を管理権者が容認していないと合理的に判断されるときは、……同条の罪の成立を免れない」と判示している。[41] これは、建造物の管理権者の意思を重視するものであり、管理権者が「立入り拒否の意思」を積極的に明示していないばあいであっても、その意思を合理的に推測できるときには「侵入」に当たると解するものである。合理的な推測の基盤になるのは、「建造物の性質、使用目的、管理状況、管理権者の態度、立入りの目的など」であるとされている。この判例は、新住居権説の立場を採るものであり、「立入り」の態様、つまり「行為態様」を問題視しないことを意味するが、必ずしもそのことを積極的に明らかにしているわけではない。この点につき高裁判例の中には、立入りが「平穏公然」になされたばあいであっても「侵入」に当たると判示したものがあったにとどまる。[42] この点に関する大審院および最高裁判例がないこともあって、上告趣意は正面から行為態様の問題を取り上げたと考えられる。これに対して、本決定は、「被告人らは、現金自動預払機利用客のカードの暗証番号等を盗撮する目的で、現金自動預払機が設置された銀行支店出張所に営業中に立ち入ったものであり、そのような立入りが同所の管理権者である銀行支店長の意思に反するものであることは明らかであるから、その立入りの外観が一般の現金自動預払機利用客のそれと特に異なるものでなくても、建造物侵入罪が成立するものというべきである」と判示して、立入りの態様、すなわち「立入りの外観」を問題にしないことを初めて明らかにしたのである。ここにおいて新住居権説は、最高裁判例としての確立を見たことになる。[43]

2　偽計業務妨害罪の成否に関しては、「偽計」の意義と「業務の妨害」の意義が問題となる。まず、「偽計」の意義について大審院および最高裁判例は一般的に判示していない。高裁判例の中に、「刑法第二三三条にいう『偽計ヲ用ヒ』とは人の業務を妨害するため、他人の不知或は錯誤を利用する意図を以て錯誤を生ぜしめる手段を施すことをいう[44]」とか、「刑法二三三条にいう偽計を用いるとは、……欺罔行為により相手方を錯誤におちいらせる場合に限定されるものではなく、相手方の錯誤あるいは不知の状態を利用し、または社会生活上受容できる限度を越え不当に相手方を困惑させるような手段術策を用いる場合を含むものと解するのが相当である[45]」と判示したものがある。この点につき本決定は、「盗撮用ビデオカメラを設置した現金自動預払機の隣に位置する現金自動預払機の前の床にビデオカメラが盗撮した映像を受信する受信機等の入った紙袋が置いてあるのを不審に思われないようにするとともに、盗撮用ビデオカメラを設置した現金自動預払機に客を誘導する意図であるのに、その情を秘し、あたかも入出金や振込等を行う一般の利用客のように装い、適当な操作を繰り返しながら、一時間三〇分以上、あるいは約一時間五〇分間にわたって、受信機等の入った紙袋を置いた現金自動預払機を占拠し続け、他の客が利用できないようにしたものであって、その行為は、偽計を用いて銀行が同現金自動預払機を客の利用に供して入出金や振込等をさせる業務を妨害するものとして、偽計業務妨害罪に当たるというべきである」と判示している。これは、新たな態様の「偽計」行為をみとめた最高裁の初めての事例判例としての意義を有するものである。本件行為が「偽計」に当たるとする点については、おそらく学説上も異論はほとんどないであろう。

次に、業務妨害の意義については、学説上、見解の対立がある[46]。この点につき大審院の判例は、「業務妨害罪ハ虚偽ノ風説ヲ流布シ又ハ偽計ヲ用ヒ人ノ業務ノ執行又ハ其ノ経営ニ対シ妨害ノ結果ヲ発生セシムヘキ虞アル行為ヲ為スニ依リ成立シ現実ニ妨害ノ結果ヲ生セシメタルコトヲ必要トセス[47]」と判示して、業務妨害の結果を発生させるおそれのある行為をおこなえば足り、必ずしも業務妨害の結果の発生を必要としないとする立場に立っている。この立場からは、本件行為は、ＡＴＭ機を客の利用に供して入出金や振込みなどをさせるという銀行支店の業務の妨害という結果を発生させるおそれのある行為に当たることになる。その意味において本決定は、大審院の判例を踏襲するものといえる。

わたくし自身は、偽計業務妨害罪は「具体的危険犯」であるから、業務妨害といえるためには業務を妨害するおそれのある状態の発生が必要であると解している。(48) その観点から見ても、本件においては業務妨害の具体的危険が発生していたと解する余地があるといえるであろう。

六　おわりに

最近の最高裁判例を素材にして、住居侵入罪の保護法益および偽計業務妨害罪における業務妨害の意義の問題を検討した。これについては、理論的観点からさらに考察される必要がある。本件のような事案は、形を変えて今後も生じ得ると考えられるので、本決定は、リーディング・ケースとしてきわめて重要な役割を果たすとおもわれる。

第三款　個別判例研究

一　住居侵入罪の保護法益（最判昭五八・四・八刑集三七巻三号二一五頁）

【事実】

全逓信労働組合岩手地区本部釜石支部書記長である被告人Xと同青年部長である被告人Yは、昭和四八年春闘の一環として、大槌郵便局にビラ一〇〇〇枚を貼付することとし、同年四月一八日午後九時三〇分頃、六名の組合員とともに、「合理化紛争」等とガリ版印刷したビラ多数と糊、バケツなどを携帯して同郵便局に行き、施錠されていない通用門から局構内に入り、宿直をしていた全逓大槌分会長Aに声をかけ、Aの黙認の下に郵便発着口から土足のまま局舎内に入って、備品、窓ガラス、壁等にビラ約一〇〇〇枚を貼付した。同郵便局局長Bは、組合員のビラ貼りを予想して同日午後一〇時過ぎ頃局舎前に来て、ビラ貼付の事実を現認した後、局長代理とともに局舎に入り、ビラ貼りを中止するよう注意した。BとX・Yとの間に若干のやりとりがあった後、午後一〇時四五分頃までに被告人らを含め全員が退去した。

被告人X・Yは、局舎内への立入り行為について建造物侵入罪で起訴されたが、第一審は、本罪の保護法益は「住居等の事実上の平穏」であるから、立入り行為が侵入に当たるか否かは「その行為が住居等の平穏を害する態様のものであるかによって決定されるべきもので、管理権者の意思はその判断の重要な資料にすぎない」とし、管理権者の立入り拒否の意思も客観的に強固でなく、立入り行為が平穏であったことや、立入りが勤務時間終了後で執務の妨害にならなかったことなどの諸事情を考慮し、本件立入り行為は建造物侵入罪の構成要件に該当しないとして無罪を言い渡した。

検察官からの控訴に対して原審は、「侵入」とは「当該建造物の事実上の管理支配を侵害し、もって当該建造物内の事実上の平穏を害すること」であり、管理権者の意思に反する立入りは原則として本罪を構成するが、本件立入りは宿直員の承諾の下になされ、管理権者はその立入りを拒否・禁止する十分の措置を取っていないので、立入り拒否の意思が外部に表明されたとはいえず、本罪の成立をみとめることはできないとして控訴を棄却した。

これに対して検察官から上告がなされ、最高裁は、上告趣意における判例違反の点については、引用判例は事案を異にするとしてその主張を斥け、その他は単なる法令違反の主張にすぎないとしたうえで、次のように判示して原判決を破棄して、原裁判所に差し戻している。

【判旨】

「刑法一三〇条前段にいう『侵入シ』とは、他人の看守する建造物等に管理権者の意思に反して立ち入ることをいうと解すべきであるから、管理権者が予め立入り拒否の意思を積極的に明示していない場合であっても、該建造物の性質、使用目的、管理状況、管理権者の態度、立入りの目的などからみて、現に行われた立入り行為を管理権者が容認していないと合理的に判断されるときは、他に犯罪の成立を阻却すべき事情が認められない以上、同条の罪の成立を免れないというべきである」。

【解説】

かつて判例・通説は、本罪の保護法益を「住居権」として把握していた（旧住居権説）。大審院の判例は、夫の不在中に妻の承諾を得てなされた姦通目的による立入りに関して、「刑法第一三〇条に規定せる住居侵入の罪は、他人の住居権を侵害するを以て本質と為し、住居権者の意思に反して違法に其住居に侵入するに因りて成立す」と判示した（大判大七・一二・六刑録二四輯一五〇六頁）。旧住居権説に対して、住居権という概念は不明瞭であり、住居権が誰に帰属するのかという困難な問題が生じて議論を紛糾させるばかりでなく、結論的にも妥当性を欠くとの批判が加えられた。

通説は、旧住居権説のように本罪を住居権の侵害として解するのは、犯罪を権利侵害として把握する一九世紀初頭の古い思想の残滓であり、本罪の保護法益を住居における平穏であると解する。しかし、最近では、通説である平穏説に対する批判が強く、新住居権説が有力になっている。すなわち、平穏説は、住居という物理的場における共同体構成員の「全員」が形成している平穏そのものを視野の中心におき、「個々の」構成員の個別的意思をまったく見落としていると批判され、ここにおいて、家族共同体思考から「個としての同居者」のプライヴァシーの尊重という新たな思考への移行が生じ、住居侵入罪の保護法益は、住居権であると解されるに至っている。そして、住居権は、住居その他の建造物を管理する権利の一内容として、これに他人の立入りをみとめるか否かの自由を意味し、住居権者の意思に反して侵入すれば、住居侵入罪が成立するとされるのである。これは、住居侵入罪の個人的法益（＝自由）に対する罪としての性格を、プライヴァシーの権利や「自己決定権」をも視野に入れる立場である。

最高裁判所の判例は、新住居権説の立場をとるに至っている。すなわち、本判決は、ビラ貼り目的による郵便局への立入り行為について、「刑法一三〇条前段にいう『侵入し』とは、他人の看守する建造物等に管理権者の意思に反して立ち入ることをいうと解すべきであるから、管理権者が予め立入り拒否の意思を積極的に明示していない場合であっても、該建造物の性質、使用目的、管理状況、管理権者の態度、立入りの目的などからみて、現に行われた立入り行為を管理権者が容認していないと合理的に判断されるときは、他に犯罪の成立を阻却すべき事情が認められない以上、同条の罪の成立を免れないというべきである」と判示しているのである。そして、「特段の事情の認められない本件においては、被告人らの本件局舎内への立入りは管理権者である右局長の意思に反するものであり、被告人らもこれを認識していたものと認定するのが合理的である。局舎の宿直員が被告人らの立入りを許諾したことがあるとしても、右宿直員は管理権者から右許諾の権限を授与されていたわけではないから、右宿直員の許諾は右認定に影響を及ぼすものではない」と判示して建造物侵入罪の成立を肯定している。その後、この立場が堅持されている。

銀行の現金自動預払機の利用客のカードの暗証番号、名義人氏名、口座番号等を盗撮する目的で、行員が常駐しない出張所に立ち入る行為に関して、最高裁の判例は、「被告人らは、現金自動預払機利用客のカードの暗証番号等を盗撮する目的で、現金自動預払機が設置された銀行支店出張所に営業中に立ち入ったものであり、そのような立入りが同所の管理権者である銀行支店長の意思に反するものであることは明らかであるから、その立入りの外観が一般の現金自動預払機利用客のそれと特に異なるものでなくても、建造物侵入罪が成立するものというべきである」

と判示している（最決平一九・七・二刑集六一巻五号三七九頁）。さらに、ビラを投函する目的で集合住宅敷地等に立ち入る行為に関して、最高裁の判例は、「刑法一三〇条前段にいう『侵入し』とは、他人の看守する邸宅等に管理権者の意思に反して立ち入ることをいうものであるところ（最高裁昭五五年（最判昭五八・四・一八刑集三七巻三号二一五頁）第九〇六号同五八・四・一八第二小法廷判決・刑集三七巻三号二一五頁参照）、立川宿舎の管理権者は、前記……のとおりであり、被告人らの立入りがこれらの管理権者の意思に反するものであったことは、……事実関係から明らかである。そうすると、被告人らの本件立川宿舎の敷地及び各号棟の一階出入口から各室玄関前までへの立入りは、刑法一三〇条前段に該当するものと解すべきである」と判示しているのである（最判平二〇・四・一一刑集六二巻五号一二一七頁）。すなわち、最決平一九・七・二は、「現金自動支払機利用客のカードの暗証番号などを盗撮する目的で、現金自動支払機が設置された銀行支店出張所に営業中に立ち入った」行為は「同所の管理権者である銀行支店長の意思に反するものである」から、建造物侵入罪が成立すると判示し、最判平二〇・四・一一は、ビラを投函する目的で集合住宅敷地などに立ち入る行為に関して、「『侵入し』とは、他人の看守する邸宅などに管理権者の意思に反して立ち入ることをいうものであ」り、「被告人らの立入りがこれらの管理権者の意思に反するものであった」から、本件立入りは、刑法一三〇条前段に該当する」と判示しているのである。

二　建造物侵入罪の客体としての囲繞地の意義——東大地震研事件——（最判昭五一・三・四刑集三〇巻二号七九頁）

【事実】

被告人XおよびYは、東京大学地震研究所（以下、地震研と略記する）の一非常勤職員を常勤職員とすることを要求していた全学闘争委員会に所属する百数十名の学生らとともに、昭和四五年一一月三〇日午後一時三八分ごろ、正門を閉鎖し通路を金網柵で遮断したうえ部外者の立入りを禁止していた、東京都文京区弥生一丁目一番一号所在の地震研構内へ、同所南側通路の金網柵（高さ二・二四メートル、幅一六・三メートル）を引き倒して乱入した。

第一審裁判所は、右の事実につき建造物侵入罪の成立をみとめ、被告人両名を各懲役三月、二年間の執行猶予の刑に処した。ところが、控訴裁判所は、次のように判示して被告人らを無罪としたのである。すなわち、「一般に建物の敷地であつて門塀を設け、外部との交通を制限し、守衛、警備員を置き、外来者がみだりに出入することを禁止した場所は、その建物に附属する囲繞地として刑法一三〇条にいう人の看守する建造物に当たる」が、本件土地は「東京大学構内全体におけるその客観的位置関係、本件土地とその周辺の地形地物の状況、外界との関係、本件土地の利用及び管理の状況等を洞察すれば、到底地震研の建物の固有の敷地とは認め難」い。そして「本件当時にあつては、金網柵が構築されていたとはいえ、右金網柵は、通常、建物の敷地と外部とを区劃するに用いられる門塀等とは異り、性質上一時的に本件土地への立入を阻止するためのものに過ぎない」から、「右金網柵が構築されたからといつて、それまでの本件土地の前記性質が変わり、地震研の建物の固有の敷地になつたとまでは認めることはできず、したがつて、本件土地を地震研の建物に附属する囲繞地と見ることはできない」とされたのである。

最高裁は、次のように判示して原判決を破棄し原裁判所に差し戻した。

【判旨】

「刑法一三〇条にいう『人の看守する建造物』とは、単に建物を指すばかりでなく、その囲繞地を含むものであつて、その建物の附属地として門塀を設けるなどして外部との交通を制限し、外来者がみだりに出入りすることを禁止している場所に故なく侵入すれば、建造物侵入罪が成立するものであることは、当裁判所の判例（昭和二四年（れ）第三四〇号同二五年九月二七日大法廷判決・刑集四巻九号一七八三頁、昭和四一年（あ）第一一二九号同四四年四月二日大法廷判決・刑集二三巻五号六八五頁）の示すところである。そして、このような囲繞地であるためには、その土地が、建物に接してその周辺に存在し、かつ、管理者が外部との境界に門塀等の囲障を設置することにより、建物の附属地として、建物利用のために供されるものであることが明示されれば足りるのであつて、右囲障が既存の門塀のほか金網柵が新設付加されることによつて完成されたものであつたとしても、右金網柵が通常の門塀に準じ外部との交通を阻止し得る程度の構造を有するものである以上、囲障の設置以前における右土地の管理、利用状況等からして、それが本来建物固有の敷地と認め得るものかどうか、また、囲障設備が仮設的構造をもち、その設置期間も初めから一時的なものとして予定されていたかどうかは問わないものと解するのが相当である。けだし、建物の囲繞地を刑法一三〇条の客体とするゆえんは、まさに右部分への侵入によつて建造物自体への侵入若しくはこれに準ずる程度に建造物利用の平穏が害され又は脅かされることからこれを保護しようとする趣旨にほかならないと解されるからである。この見地に立つて本件をみると、地震研建物の西側に設置された東京大学構内を外部から区画する塀、通用門（第一審判決のいう正門）及び南側に設置されたテニスコートの金網など既存の施設を利用し、これら施設相互間及び地震研建物との間の部分に、前記金網柵を構築してこれらを連結し、よつて完成された一連の障壁に囲まれるに至つた土地部分は、地震研建物のいわゆる囲繞地というべきであつて、その中に含まれる本件土地は、建造物侵入罪の客体にあたるといわなければならない」。

【解説】

刑法一三〇条の保護法益の理解をめぐって、今なお見解の対立がある。「住居権」を住居侵入罪の保護法益とする見解が、かつて支配的であった（大判大七・一二・六刑録二四輯一五〇六頁、最判昭二三・五・二〇刑集二巻五号四八九頁、泉二・増訂刑法大要四四二—五頁、江家・増補刑法各論二三五頁等）。しかし、住居権の内容が不明確であること、その帰属主体の決定が困難であること、犯罪をつねに権利侵害として把握しようとする態度は妥当でないことやこの見解によると住居侵入罪の成立が不当に狭められることなどを理由として、「事実としての住居の平穏」を保護法益とすべきであるとする見解が、現在の通説となっている（小野・新訂刑法講義各論二〇八頁、木村・刑法各論六九―七一頁、団藤・刑法綱要各論四〇四頁、佐伯・刑法各論一二五頁、藤木・刑法講義各論二三二頁、大塚・刑法概説各論一〇〇頁、福田・新版刑法各論二二八頁など）。ところが、最近、平野教授が、住居の「平穏」とは何をいうのか必ずしも明らかでないとして通説を批判し新住居権説を主張されるに至っているのである（平野・刑法概説一八二―三頁）。本判決は、建造物侵入罪につき「建造物利用の平穏」を保護法益と解する口吻を見せている。

　このように、保護法益について争いはあるが、一三〇条の建造物に囲繞地が含まれる点についてはまったく異論がない。本判決が援用している判例は、「刑法一三〇条に所謂建造物とは、単に家屋を指すばかりでなく、その囲繞地を包含」し、「工場の附属地として門塀を設け、外部との交通を制限し守衛警備員等を置き、外来者が、みだりに出入することを禁止していた場所である」工場敷地は同条の建造物に含まれるとした（最［大］判昭二五・九・二七刑集四巻九号一七八三頁）。この判例は、外来者がみだりに出入することを禁止している態様の例示として「門塀」の設置を挙げていると解される（最［大］判昭四四・四・二刑集二三巻五号六八五頁（六九九頁）参照）。本件では「金網柵」の構築を門塀の設置と同様に取り扱うべきかどうか、が争点となった。いいかえると、本件土地は地震研の建造物の囲繞地か、それとも軽犯罪法一条三二号にいう「入ることを禁じた場所」にすぎないのか、ということが問題となったのである（もっとも、実際には軽犯罪法の点は議論されていないが、理論的には当然問題となり得る）。

　さて、この問題について第一審判決は、金網柵の構築により地震研の周囲の通路が遮断され、「東京大学の敷地の一部であるとともに、客観的には研究所の構内と見られる土地」への部外者の立入りが禁止されるのであるから、本件土地は建造物の囲繞地であると解した。これに対して原判決は、本件土地は、金網柵の構築前はもとより、構築後も東京大学の構内の一部にすぎず、地震研の固有の敷地とはいえないので、建造物の囲繞地には当たらないとしたのである。両者の結論の違いは、金網柵の性質の捉え方の差異に由来する。すなわち、第一審判決が金網柵によって地震研の周囲の通路が遮断され立入りが制限されていることを重視しているのに対して、原判決は、「金網柵は、通常、建物の敷地と外部とを区劃するに用いられる門塀等とは異り、性質上一時的に本件土地への立入を阻止するためのものに過ぎない」（傍点筆者）と見ているのである。原判決のように解すると、建造物の囲繞地といえるためには、建物の固有の敷地の存在とその敷地と外部とを区画するための囲障の存在が必要であることになる。これは、そもそも建造物に囲繞地が含まれるとする理由は何か、という根本問題に遡ることを要求する論点なのであった。

そこで本判決は、建造物に囲繞地が含まれるとする前出の大法廷判決を踏襲しつつ、囲繞地の要件を明確に判示し、そのように解すべき根拠として「建造物利用の平穏」の確保を挙げているのである。本判決は、囲繞地であるためには、①その土地が建物に接してその周辺に存在すること、②管理者が外部との境界に門塀等の囲障を設置することにより、建物の附属地として建物利用のために供されるものであることが明示されていること、が必要であり、かつ、これで足りるとしている点に特徴がある。したがって、㋑囲障設置前から建造物固有の敷地であったかどうか、㋺囲障設備が仮設的構造をもち、その設置期間も始めから一時的なものとして予定されていたかどうか、が考慮に値しないとされるのは当然であるといえる。②の要件に関して本判決が本件金網柵を「通常の門塀に準じ外部との交通を阻止し得る程度の構造を有するものである」としている点は、注意されるべきである。というのは、建物の付属地として建物利用のために供されるものであることを明示するには、囲障が右のような構造をもっている必要があると解されるからにほかならない。

囲繞とは、元来、「かこいめぐらすこと」(広辞苑第二版)を意味するにとどまるが、学説は、一般に、通常の歩行では越えられない囲障(生け垣、堀、塀、石垣など)で囲まれ、看守者をおくなどして外部との交通を制限された場所を囲繞地と解している。これは、この囲障によって立入りを許さないことが明示されているにもかかわらず、それに反して立ち入ることが住居の平穏ないし住居権を侵害すると解されることを理由とするものであろう。本判決も、学説と同じ立場に立つことを明らかにしているといえる。しかし、本判決の意義は、㋑と㋺の問題を囲繞地の概念から排除した点にあると見るべきである。

(1) 宮城浩藏『刑法正義』(明26年・一八九三年)翻刻明治大学創立百周年記念学術叢書第四巻(昭59年・一九八四年)四五一頁[引用は後者による]。
(2) 大塚仁『刑法概説〔各論〕』(改訂増補版、平4年・一九九二年)一〇八―九頁。
(3) 大塚・前掲注(2)一〇八頁。
(4) 平野龍一「刑法各論の諸問題」法学セミナー二〇一号(昭47年・一九七二年)六七頁。住居の保護法益に関するドイツの学説の状況については、関哲夫「住居侵入罪の保護法益・ドイツの学説状況(一)～(四)」法研論集三〇号(昭58年・一九八三年)、三二号(昭59年・一九八四年)、三五号(昭60年・一九八五年)、四〇号(昭62年・一九八七年)〔同『住居侵入罪の研究』(平7年・一九九五年)収録〕が最も詳細である。
(5) 平野・前掲注(4)六七頁。
(6) その意味において、この立場は「制度的法益概念に裏打ちされた権利説」といえるであろう、関哲夫「住居侵入罪の保護法益・序説」法研論集二四号(昭56年・一九八一年)一六二頁、同・前掲注(4)二七六頁。
(7) 東京控訴院判昭一七・一二・二四刑集二一付録一〇四頁。
(8) 大谷實『刑法各論の重要問題(上)』(昭57年・一九八二年)一六五頁。
(9) 泉二新熊『日本刑法論下巻』(増訂第三五版、大13年・一九二四年)一八八頁。
(10) 岡田庄作『刑法原論』(大3年・一九一四年)五一一頁。

(11) 島田武夫『日本刑法新論各論』(大14年・一九二五年) 二一九頁。
(12) 山岡万之助『刑法原理』(訂正増補第一五版、大12年・一九二三年) 四二六頁。
(13) 泉二・前掲注 (9) 一八八―九頁。
(14) 大判大七・一二・六刑録二四輯一五〇六頁。同旨、大判大一五・一〇・五刑集五巻四三八頁など。
(15) 大判昭一四・一二・二二刑集一八巻五六五頁。大判大七・一二・六刑録二四輯一五〇六頁、大判昭一三・二・二八刑集一七巻一二五頁なども、夫が住居権者であると判示している。
(16) 最判昭二三・五・二〇刑集二巻五号四八九頁。
(17) 小野清一郎『刑法講義各論』(新訂版、昭24年・一九四九年) 二〇八頁。
(18) 団藤重光『刑法』(昭27年・一九五二年) 三四七頁、同『刑法綱要各論』(第三版、平2年・一九九〇年) 五〇一頁、福田平『刑法各論』(全訂第三版、昭27年・一九九六年) 二〇三頁、団藤編『注釈刑法(3)』(昭40年・一九六五年)〔福田〕二三五頁、香川達夫『刑法講義各論』(第二版、平8年・一九八九年) 三九一頁、岡野光雄『刑法要説各論』(第二版、平元年・一九八九年) 五一頁、前田雅英『刑法各論講義』(第二版、平7年・一九九五年) 一二四―五頁など。なお、佐久間修『刑法各論』(平2年・一九九〇年) 七七頁参照。
(19) 大塚・前掲注 (2) 一〇九頁。
(20) 最判昭五一・三・四刑集三〇巻二号七九頁。
(21) 墨谷葵「住居侵入罪の保護法益」平野＝松尾＝芝原編『刑法判例百選Ⅱ各論』(第三版、平3年・一九九一年) 三五頁。
(22) 平野龍一『刑法概説』(昭52年・一九七七年) 一八二―三頁。
(23) 前田雅英「建造物侵入罪における『侵入』の意義」『昭和五八年度重要判例解説』(昭59年・一九八四年) 一六一頁参照。
(24) 新住居権説 (自由権説) を採る最近の学説として、中山研一『刑法各論』(昭59年・一九八四年) 一四〇頁、内田文昭『刑法各論』(第二版、昭59年・一九八四年) 一七〇―一頁、生田勝義＝上田寛＝名和鉄郎＝内田博文『刑法各論講義』(昭62年・一九八七年) 六八頁、大谷實『刑法講義各論』(第四版補訂版、平7年・一九九五年) 一二三頁、中森喜彦『刑法各論』(第二版、平8年・一九九六年) 七六頁、平川宗信『刑法各論』(平7年・一九九五年) 二四五頁、町野朔「被害者の承諾」『判例刑法研究(2)』(昭56年・一九八一年) 二一一―二頁、木藤繁夫「刑法一三〇条前段にいう『侵入』の意義等」警察学論集三六巻七号 (昭58年・一九八三年) 一四三頁、頃安健司「刑法一三〇条前段の『侵入』の意義」研修四二〇号 (昭58年・一九八三年) 七三頁、山口厚「刑法一三〇条前段にいう『侵入』の意義」警察研究五六巻二号 (昭60年・一九八五年) 七八頁、日高義博「住居侵入罪の保護法益」植松＝川端

＝曽根＝日高『現代刑法論争Ⅱ』（昭60年・一九八五年）八一頁以下、森岡茂「刑法一三〇条前段にいう『侵入』の意義……」法曹時報三八巻七号（昭61年・一九八六年）一八九頁、毛利晴光「住居ヲ侵ス罪」大塚＝河上＝佐藤編『大コンメンタール刑法第五巻』（平2年・一九九〇年）二五二頁、墨谷・前掲注（21）三五頁など。なお、曽根威彦『刑法各論』（新版、平7年・一九九五年）七七頁は、プライヴァシーに対する罪とされる。

(25) 墨谷・前掲注（21）三五頁。

(26) 伊東研祐『現代社会と刑法各論・第一分冊』（平元年・一九八九年）一一四頁。

(27) 福田・前掲注（18）注釈刑法二四二頁、二四五頁。

(28) 平野・前掲注（4）六八頁。

(29) 墨谷・前掲注（21）三五頁。

(30) 山口・前掲注（24）七九頁、墨谷・前掲注（21）三五頁、毛利・前掲二注（24）二五二―三頁など。

(31) 名和鉄郎「住居侵入罪」西原＝藤木＝森下編『刑法学4』（昭52年・一九七七年）一九九―二〇〇頁。

(32) 伊東・前掲書三注（2）一一七―八頁。

(33) 時武英男「刑法におけるプライバシーの保護」中山＝西原＝藤木＝宮澤編『現代刑法講座(4)』（昭57年・一九八二年）一三三頁以下は、端的にプライヴァシー侵害に対する罪として住居侵入罪を性格づけておられる。

(34) 福田・前掲注（18）注釈刑法二四五頁。

(35) 最決平一九・七・二刑集六一巻五号三七九頁、判時一九八六号一五六頁。本件評釈として、伊藤栄二「現金自動預払機利用客のカードの暗証番号等を盗撮する目的で、営業中の銀行支店出張所へ立ち入った行為について、その立入りの外観が一般の現金自動預払機利用客のそれと異なるものでなくても、建造物侵入罪が成立するとした事例」『研修』七一二号（平19年・二〇〇七年）一五頁以下がある。

(36) 拙稿「住居侵入罪」芝原邦爾・堀内捷三・町野朔・西田典之編『刑法理論の現代的展開〔各論〕』（平8年・一九九六年）一〇二頁以下。住居侵入罪の保護法益に関する包括的研究として、関哲夫『住居侵入罪の研究』（平9年・一九九七年）、同『続・住居侵入罪の研究』（平13年・二〇〇一年）がある。

(37) 大判大七・一二・六刑録二四輯一五〇六頁。

(38) 曽根威彦『刑法各論』三版補正三版（平18年・二〇〇六年）八五頁、前田雅英『刑法各論講義』第四版（平19年・二〇〇七年）一三五頁。

(39) 前田・前掲注（4）一三八頁参照。
(40) 拙著『刑法各論講義』（平19年・二〇〇七年）一六三―四頁。
(41) 最判昭五八・四・八刑集三七巻三号二一五頁。
(42) 東京高判昭二七・四・二四高刑集五巻五号六六八頁、仙台高判平六・三・三一判時一五一三号一七五頁など。
(43) なお、伊藤・前掲注（1）二三―四頁参照。
(44) 大阪高判昭二九・一一・一二高刑集七巻一一号一六七〇頁。
(45) 東京高判昭四八・八・七高刑集二六巻三号三二二頁。
(46) 学説の状況については、坪内利彦・松本裕「信用毀損及び業務妨害」大塚仁・河上和雄・佐藤文哉・古田佑紀編『大コンメンタール刑法第一二巻』第二版（平15年・二〇〇三年）一〇一―二頁参照。
(47) 大判昭一一・五・七刑集一五巻五七三頁。
(48) 拙著・前掲注（40）二〇五頁。

〈参考文献〉

福田平「住居侵入」総合判例研究叢書刑法(24)、同「住居侵入罪」刑事法講座四巻、西山富夫「住居侵入の問題点」刑法講座五巻、中義勝「住居侵入罪――住居者の承諾」福田＝大塚編・演習刑法各論、八木国之「住居侵入罪」下村＝八木編・刑法各論（法学演習講座）

第五章　名誉および信用に対する罪

序節　総　説

名誉および信用に対する罪は、いずれも個人に対する社会的評価を保護法益とする。同じく社会的評価といっても、名誉が個人の人格的側面についての評価であるのに対して、信用は個人の経済的側面（支払意思・支払能力）に関する評価である。名誉および信用に対する罪として刑法は、名誉に対する罪（第二編三四章）と信用および業務に対する罪（同三五章）とを規定している。

第一節　名誉に対する罪

第一款　意　義

本罪の保護法益は「名誉」である。その名誉の観念については、一般につぎの三つの意味がみとめられている。すなわち、①内部的名誉（客観的に存在する人の人格価値そのもの・真価）、②外部的名誉（人の人格価値に対する社会的評価）、③名誉感情（人の人格価値に対する自己評価の意識）の三つがそれである。①内部的名誉は、侵害され得ないので、刑法的保護の対象からはずされる。判例・通説は、③名誉感情も本罪の保護法益から除外する（大判大一五・七・五刑集五巻三〇五頁）。その理由は、名誉は社会的評価という意味での客観性を有するものでなければならず、仮に名誉感情を法益と解するならば、名誉感情をもち得ない小児や重篤な精神病者に対する犯罪が成立しなくなって不当である、という点に求められている。しかし、名誉感情も保護の対象とされるべきであるとおもう。名誉毀損罪と侮辱との間には、法文上の表現、法定刑の相違から見て、かなりの差異が存在する。したがって、前者の保護法益は②の外部的名誉であるのに対して、後者の保護法益は③の名誉感情であると解するのが妥当である。判例・通説の立場においては、名誉毀損罪と侮辱罪は事実の摘示の有無によって区別される。

名誉に対する罪として刑法は、名誉毀損罪（二三〇条）と侮辱罪（二三一条）を規定し、名誉毀損罪については、表現の自由との調和をはかって事実証明に関する規定（二三〇条ノ二）を設けている。

第二款　生存者の名誉毀損罪

本罪は、公然と事実を摘示して人の名誉を毀損する罪で、その事実の有無を問わない。法定刑は、三年以下の懲役もしくは禁錮または五〇万円以下の罰金（二三〇条一項）。

本罪の客体は、人の名誉である。本罪における名誉とは、人に対する社会的評価（外部的名誉）をいう。人に対する社会一般の評価は、必ずしも真価に合致するものではないが、真価そのものの確定はきわめて困難であるので、刑法は社会的評価を保護するのである。真価のない名声（いわゆる虚名）であっても、それが社会的評価であるかぎり、保護の対象となる。虚名をいちいち暴きたてることは、個人の社会生活における活動に重大な支障をもたらすので、刑法上、禁止されるのである。社会的評価は、倫理的評価に限られない。職業、身分、血統、健康状態、政治的・

学問的・芸術的能力などの社会生活においてみとめられる価値に対する評価であればよい。名誉の主体としての人は、生存する自然人・法人をいう。自然人には、幼児・重度の精神病者も含まれる。

本罪の行為は、公然と事実を摘示して人の名誉を毀損することである。「公然と」とは、不特定または多数の者が認識できる状態をいう（大判昭三・一二・一三刑集七巻七六六頁。通説）。したがって、特定人であってもそれが多数であるばあいは、「公然と」であるといえることになる（最判昭三六・一〇・一三刑集一五巻九号一五八六頁）。逆に、多数人でも、その数または集合の性質上、よく秘密が保たれ、絶対に「伝播の可能性」がないときは、公然とはいえないとされる（大判昭一二・一一・一九刑集一六巻一五一三頁）。判例は、特定の少数の者に対して事実を摘示しても、それが伝播して不特定多数人に認識される可能性があるばあいには、公然性があると解している（大判大八・四・一八新聞一五五六号二五頁、前掲大判昭一二・一一・一九、最判昭三四・五・七刑集一三巻五号六四一頁。いわゆる伝播性の理論）。しかし、これでは「公然と」の概念が不当に拡大されすぎるであろう。直接に不特定または多数の人になされる必要があると解する立場が妥当である。「公然と」といえるためには、不特定または多数人が認識できる状態であれば足り、現実に認識されたことを要しない（大判明四五・六・二七刑録一八輯九二七頁。通説）。

「事実を摘示する」とは、人の社会的評価を低下させるに足りる事実を告知することである。摘示される「事実」は、要するに、人の社会的評価を低下させるに足りるものであれば足り、必ずしも悪事醜行に限られないし（大判大七・三・一刑録二四輯二一六頁）、公知のものであってもよい（大判昭九・五・一一刑集一三巻五九八頁）。事実が真実であっても、二三〇条ノ二のばあいを除いて本罪が成立する。事実の「摘示」は、特定の人の名誉が害される程度に具体的でなければならない。しかし、被害者の氏名が明示される必要はなく、表現の趣旨全体およびその他の事情を総合して被害者が誰であるかを推知させ得る程度のものであれば足りる（最判昭二八・一二・一五刑集七巻一二号二四三六頁）。摘示の方法には制限がない。口頭・文書または図画によると、その他の方法によるとを問わない。

人の名誉を「毀損する」とは、事実を摘示することによって人の社会的評価を低下させるおそれのある状態を作り出すことを意味し、必ずしも社会的評価を害されたことを要しない（大判昭一三・二・二八刑集一七巻一四一頁）。

本罪は、摘示された事実の真否を問わず成立するとするのが原則である。その結果、虚名も保護されることになる。しかし、公共の利益のために真実を摘示する必要があるばあいも多い。とくに民主主義社会においては、公正な判断の基礎となるべき真実の解明が不可欠の前提となる。それを確保するものとして憲法上、表現の自由が保障されているのである（憲二一条）。これは、表現・言論の受け手の側から見れば「知る権利」の問題である。このように、名誉毀損罪は名誉の保護と言論の自由・知る権利との対立・衝突する局面である。両者の調和をはかるために規定されたのが、二三〇条ノ二の「事実証明」による免責の制度にほかならない。

二三〇条ノ二第一項は、名誉毀損行為が公共の利益に関する事実にかかり、その摘示がもっぱら公益をはかるためであるとみとめられるばあいには、事実の真否を判断し、真実であることの証明があったとき、これを罰しない、と規定している。すなわち、事実証明による免責の要件は、①公共の利害に関する事実にかかること、②事実の摘示がもっぱら公益をはかる目的によるものであること、③摘示事実の真実性の証明があること、の三つである。これらの三要件の内容を見ていくことにしよう。

① 公共の利害に関する事実にかかること

「公共の利害に関する事実」とは、多数人一般の利害に関係する事実をいい、国家ないし社会全体に対するものであることを要せず、社会の一部に関するものであってもよい（通説）。私行に関する事実もこれに含まれ得る。まだ公訴の提起されていない人の犯罪行為は、公共の利害に関する事実とみなされる（二三〇条ノ二第二項）。そもそも犯罪行為に関する事実は公益と重大な関係を有しているといえるのであるが、公訴提起前の犯罪行為を公表することによって、捜査機関への協力が得られ、また、不当に捜査が懈怠されることを防止できるようにするために、擬制がなされたと一般に解されている。公訴提起前の犯罪事実であれば、捜査着手前のものであれ、不起訴処分にされたものであれ、二項の適用があるが、法律上、公訴提起の可能性がなくなったもの（たとえば、時効・恩赦のばあい）は除外される。

②　事実の摘示がもっぱら公益をはかる目的によるものであること

名誉毀損行為をおこなった動機がもっぱら公益に資することにあったことを要する。法文上、「専ら」と規定されているが、これは、他の動機の介入をまったく許さないのではなくて、ほとんど大部分が公益目的によるものであれば足りると解されている。たんに他人をおとしいれる目的や読者の好奇心を満足させる目的でなされたばあいは、事実の証明は許されない。

③　摘示事実の真実性の証明があること

事実の真否の判断の結果、摘示事実が実体的に真実であることが証明されなければならない。細部においては多少真実と一致しなくても、事実の重要部分が真実に合致していれば全体として「真実」と見てよいと解されている。法文上、「真実なるとき」ではなくて「真実なることの証明ありたるとき」と規定されているので、本条項には手続法的性格も包含されている。その「証明」は、証拠の優越では足りず合理的疑いを容れない程度のものであることを要し、その証明責任は被告人が負担する（挙証責任の転換）と解するのが、通説となっている。なお、真否の判断は、①・②の要件が具備された後になされるべきであるとされる。というのは、いきなり事実の真否を審査すると、かえって被害者の名誉を毀損するおそれがあるので、①・②の要件を具備した後で審査する方が妥当であると解されるからである。

公務員・公選による公務員の候補者については、特別規定がある。すなわち、人の名誉を毀損する行為が、公務員または公選による公務員の候補者に関する事実にかかるばあいには、事実の真否を判断し、真実であることの証明があったときは、これを罰しない、と規定されている（二三〇条ノ二第三項）。これは、公務員または公選による公務員の候補者に関する事実については、右の①・②の要件を不要とし、たんに③の要件さえ具備すれば免責されることを意味する。このような特別規定が設けられたのは、これらの者の公僕的性格を重視し、国民の批判にさらすことを容易にするためである。すなわち、全体の奉仕者としての公務員の選定・罷免についての国民の権利を実効的にするため、これらの者に関する事実は、広く国民の監視のもとにおくことにしたのである。①・②の要件がはずされる結果、公務員のまったくの私行に関する事実でも、たんに私怨をはらす目的で事実の摘示がなされたばあいでも、真実性の証明があれば免責されることになる。しかし、これではかえって本条項の本来の趣旨にもとることになるであろう。そこで、「公務員又は公選に依る公務員の候補者に関する事実」とは、公務員または公選による公務員の候補者のその地位における行動や、能力、識見、品性などの諸面にわたっての、その責任および適格性に関する事項に限られると解する説が妥当である。

ところで、真実性の証明があったときは、行為者は「罰」されないのであるが、その法的性質・意味をいかに解するかについては争いがある。すなわち、①構成要件該当性阻却事由と解する説、②違法性阻却事由と解する説、③処罰阻却事由と解する説などが主張されている。判例は、かつて③説を採っていたが（最判昭三四・五・七刑集一三巻五号六四一頁）、その後、見解を変更し②説の立場を採るに至っている。①説は、表現の自由を保障するという点では優れているが、真実性の証明は定型的な判断としての構成要件該当性の問題になじまない。③説は、名誉の保護という観点からは一貫した立場といえるが、表現の自由・知る権利の側面を軽視するものといえる。たんに処罰阻却事由とするのではなくて、犯罪不成立をみとめるものと解するのが妥当である。表現の自由・知る権利と名誉の保護という二つの観点を調和させ、実質的な判断という性質にも適合するものとして、違法性阻却事由と解する②説が最も妥当である。②説が通説となっている。

真実性に錯誤があったばあいの取扱いはどうなるのであろうか。これは、事実証明の法的性質に関する見解（右の①②③）の何れを採るかによって結論が異なる。さらに、「証明ありたるとき」を実体法的にいかに理解するのか、いいかえると、何が阻却事由となるのか、ということも影響を及ぼす。③説は、事実が真実であることの証明がされたことが処罰阻却事由であると解し、刑罰阻却事由に関する錯誤は犯罪の成否とはまったく無関係であるから、刑法上、重要性がないとする。①説は、事実が証明の可能な程度に真実であったことを構成要件該当性阻却事由と解し、証明可能な程度の資料・根拠をもって事実を真実と誤信したばあいには、構成要件的故意が阻却されるとする。②説においては、事実が真実であったことが違法性阻却事由であるとする見解と証明の可能な真実性が違法性阻却事由であるとする見解とに分かれる。さらに、その錯誤を事実の錯誤（構成要件的錯誤）または法律の錯誤（違法性の錯誤）と解するのか、責任要素としての故意を阻却する独自の錯誤と解するのか、ということが争われており、前者と後者の組合せにより、種々の見解が主張されている。通説は、真実の証明があったことが違法性阻却事由であり、真実性についての錯誤は事実の錯誤であるから故意を阻却すると解する。しかし、この立場を貫くと、単なる噂や風聞を軽率に信じて名誉毀損行為に出たばあいにも故意阻却がみとめられることとなって、被害者の保護に欠けることになる。そこで判例は、真実性の誤信につき「確実な資料、根拠に照らし相当の理由があるときは、犯罪の故意がな（い）」とする（前掲最大判昭和四四・六・二五）。これは、正当化事情の錯誤（違法性阻却事由の事実的前提に関する錯誤）の問題にほかならないので、その点についての一般理論によって解決されるべきである。わたくしは、事実が真実であることが違法性阻却事由であり、真実性の錯誤が確実な資料・根拠に基づいているばあい、すなわち相当の理由があるばあいには、違法性が阻却され、相当の理由がないばあいには違法性の錯誤として処理されるべきであると解している。

第三款　死者の名誉毀損罪

本罪は、虚偽の事実を摘示することによって死者の名誉を毀損する罪である。法定刑は、三年以下の懲役もしくは禁錮または五〇万円以下の罰金（二三〇条二項）。

名誉毀損罪は、死者に対しても成立する。その保護法益をどのように解するか、について見解が分かれる。すなわち、①死者自身の名誉が法益であるとする説、②遺族の名誉と解する説、③遺族が死者に対して抱いている敬虔感情であるとする説、④死者に対する社会的評価（追想）という公共利益であるとする説などが主張されている。遺族がなくても本罪は成立し得るので②・③説は妥当でなく、本罪は親告罪とされているので、本罪の法益を公共的利益と解するのは妥当でないといえる。歴史的存在者としての死者の名誉を保護するのが、本罪の趣旨と解するのが妥当である。つまり、刑法は、ある者が生存中に有していた名誉を死後においても保護しようとしているのである。このようにして①説が支持されるべきことになる。

本罪の行為は、虚偽の事実を摘示することによって死者の名誉を毀損することである。虚偽の事実を摘示すること以外は、生存者に対する名誉毀損罪の構成要件とまったく同じである（法定刑も同一である）。生存者に対する名誉毀損罪については摘示事実の真否を問わないのに対して、死者に対する名誉毀損罪は、摘示事実が真実でないばあいにのみ成立する。歴史的存在としての死者については、真実の事実を摘示することを許すことによって、客観的な史実の叙述をみとめる必要があるので、摘示事実が真実であるばあいには名誉毀損罪を構成しないとされたのである。

本罪の故意は確定的であることを要するとするのが通説である。すなわち、死者の名誉を毀損する意思で、摘示事実が虚偽であることを確定的に認識している必要があるとされる。

死者の名誉に対する侵害がさらに遺族の名誉をも侵害するばあいには、真実を摘示したものであっても、なお一般の名誉毀損罪が成立する。それが虚偽の事実を摘示したものであれば、死者の名誉毀損罪と観念的競合となる。

第四款　侮辱罪

本罪は、事実を摘示しなくても、公然と人を侮辱する罪である。法定刑は、拘留または科料（二三一条）。

本罪の法益については争いがある。前述のように、判例・通説は、本罪の保護法益も名誉毀損罪と同じく外部的名誉であると解し、名誉感情をもたない幼児・重度の精神病者・法人・法人格のない団体についても本罪の成立をみとめる。これに対して、本罪の法益を名誉感情と解する説によると、名誉感情をもち得ない者については侮辱罪は成立しないことになる。

本罪の行為は、公然と人を侮辱することである。公然の意義は、名誉毀損罪のばあいと同じである。「侮辱」の意義については、判例・通説と少数説との間に相違が存在する。判例・通説は、名誉毀損罪と侮辱罪とは保護法益を同じくし、ただ行為態様が異なるだけであると解する。すなわち、前者が事実を摘示して名誉を害するものであるのに対して、後者は事実を摘示せずに名誉を害するものであるとされる。したがって、「侮辱」とは、事実を摘示せず、たんに抽象的に人格を蔑視するような言語・動作をすることを意味するわけである。たとえば、「馬鹿野郎」と怒鳴ったり、不浄な物に対するように塩をまいたりするのが、侮辱行為の典型例として挙げられる。これに対して、本罪の保護法益を名誉感情と解する立場によれば、侮辱とは他人の名誉感情を害するに足りる軽蔑の表示を意味する。表示の内容は、他人の能力・徳性・身分・身体の状況などの何れでもよいとされる。表示の方法には制限がなく、口頭、文書、動作の何れによるものであってもよい。そして、侮辱行為は、事実を摘示してなされると否とを問わないとされる。相手方の名誉感情を害すべき方法で行為がなされれば足り、事実を摘示したか否かは、格別、意味をもたないことになる。そこで、たとえば、身体障害者に向かって「ちんば」などと呼ぶことは、事実を摘示するものではあるが、それが相手方の社会的地位に関する評価を害するものとはいえないので、侮辱罪に当たるのであって、名誉毀損罪を構成しないとされている。また、本罪が成立するためには、侮辱行為によって現実に名誉感情が害されたことを要しないとされる。

侮辱の言辞を交えて事実を摘示することによって他人の名誉を毀損したばあいには、名誉毀損罪と侮辱罪とは罪質を同じくするので刑の重い名誉毀損罪だけが成立すると解するのが、判例・通説である（大判大三・一一・二六刑録二〇輯一二六五頁）。侮辱罪の保護法益を名誉感情と解する説も、侮辱罪と名誉毀損罪は人の名誉に対する犯罪として共通の性格を有するということを理由に、法条競合により名誉毀損罪だけの成立をみとめるが、観念的競合とされるべきであろう。二三〇条の二による事実証明の結果、名誉毀損罪が成立しないばあい、判例・通説は侮辱罪の成立も否定する（大判大五・一一・一刑録二二輯一六四四頁）。これに対して反対説は、被害者の名誉感情を害するときには侮辱罪の成立をみとめる。

第五款　親告罪

生存者に対する名誉毀損罪、死者の名誉毀損罪および侮辱罪は、親告罪である（二三二条一項）。すなわち、これらの罪は、告訴がなければ公訴を提起することができないのである。告訴権者が、天皇、皇后、太皇太后、皇太后または皇嗣であるときは内閣総理大臣が、外国の君主または大統領であるときはその国の代表者が、それぞれ代って告訴をおこなう（同条二項）。

これらの罪が親告罪とされたのは、被害者の意思を無視してまで訴追する必要性がないこと、訴追することによって、かえって被害者の名誉を侵害するおそれがあることを考慮したためであると解されている。

私人の私生活上の行状は刑法二三〇条ノ二第一項の「公共の利害に関する事実」に当たるか

事実の証明による免責がみとめられるためには、「事実の公共性」と「目的の公益性」の要件を備えている必要がある。私生活における私行は「公共」の利害に関する事実といえるであろうか。

プライヴァシーの保護を過度に強調するならば、私行については「事実の公共性」は否定されることになろう。逆に、国民の知る権利という観点からは、広く私行についても「公共」性がみとめられることになる。私人の私生活上の行状に関して、最高裁の判例は、つぎのように判示している。すなわち、「私人の私生活上の行状であっても、そのたずさわる社会的活動の性質及びこれを通じて社会に及ぼす影響力の程度などのいかんによっては、その社会的活動に対する批判ないし評価の一資料として、刑法二三〇条ノ二第一項にいう『公共ノ利害ニ関スル事実』にあたる場合がある」のであり、それに当たるか否かは「摘示された事実自体の内容・性質に照らして客観的に判断されるべきもの」であるとされた（最判昭五六・四・一六刑集三五巻三号八四頁。いわゆる「月刊ペン事件」）。この判決は、名誉毀損罪における事実証明の問題を、知る権利・知る必要性の理論に近い立場からとらえるものであるとして、高い評価を受けている。今後、私人の私生活上の行状にどこまで公共性がみとめられるかは、重要な問題となってくるであろう。

第二節　信用および業務に対する罪

第一款　意　義

信用および業務に対する罪として刑法は、信用毀損罪（二三三条前段）と業務妨害罪（二三三条後段・二三四条）を規定している。いずれも人の経済生活を保護することを内容とする犯罪であると解するのが通説的見解である。すなわち、信用毀損罪は人の経済的地位、つまり財産上の義務履行に関する社会的評価を保護するものであり、業務妨害罪は経済生活における活動を直接的に保護するものであるとされるのである。しかし、それぞれの罪質の捉え方については見解が分かれている。

信用毀損罪については、①財産罪の一種であるとする説、②名誉毀損罪の一種と解する説、③その何れでもない独自の犯罪と解する説がある。これらの説の対立は、同一の行為によって名誉と信用を毀損したばあいの罪数に差をもたらす。②説が法条競合により信用毀損罪だけの成立をみとめるのに対して、①③説は名誉毀損罪と信用毀損罪との観念的競合と解することになる。信用毀損は人の社会的評価の侵害という点において名誉毀損罪と共通性を有し、その評価が経済面に限られている点で財産罪と共通性を有する特殊な犯罪（独自の犯罪）と見る③説が妥当である。

業務妨害罪については、①財産罪の一種であるとする説、②人の社会的地位における活動の自由ないし安全を害する罪であるとする説、③財産罪的性格とともに人格罪的性格を併有する罪であるとする説が主張されている。

第二款　信用毀損罪

本罪は、虚偽の風説を流布し、または偽計を用いて人の信用を毀損する罪である。法定刑は、三年以下の懲役または五〇万円以下の罰金（二三三条前段）。

本罪の客体は、人の信用である。信用とは、人の経済的面における価値、すなわち、支払能力または支払意思を有することに対する社会的な信頼・評価を意味する（大判大五・六・一刑録二二輯八五四頁参照）。信用の主体である「人」には、自然人・法人はもとより、法人格のない社団も含まれる。

本罪の行為は、虚偽の風説を流布し、または偽計を用いて人の信用を毀損することである。「虚偽の風説を流布する」とは、真実でない事実を不特定または多数の人に伝播させることをいう。ここにいう真実は、客観的な真実ではなくて、相当の根拠をもって行為者が真実と認識した事実に反することを意味する。「偽計を用いる」とは、他人を錯誤に陥らせるに足りる計略を用いることをいう。信用を「毀損する」とは、人の信用を低下させるおそれのある状態を作り出すことをいい、必ずしも信用が現実に低下したことを要しない（大判大正二・一・二七刑録一九輯八五頁）。つまり、名誉毀損罪における毀損と同じである。

本罪は、右の何れかの手段によって人の信用を毀損したばあいに成立する。二つの手段をともに用いたばあいには、包括して信用毀損の一罪が成立する。一個の行為で名誉と信用を毀損したばあいについては、前にも触れたが、名誉毀損罪と信用毀損罪の観念的競合と解すべきである。

第三款　業務妨害罪

本罪は、虚偽の風説を流布し、または偽計もしくは威力を用いて人の業務を妨害する罪である。法定刑は、三年以下の懲役または五〇万円以下の罰金（二三三条後段・二三四条）。

本罪の客体は、人の業務である。「業務」とは、精神的であると経済的であるとを問わず、広く職業その他継続して従事する事務または事業を総称する（大判大一〇・一〇・二四刑録二七輯六四三頁）。公務が業務に含まれるか、については見解が分かれている。なぜ見解が分かれるのかというと、公務の妨害については別に公務執行妨害罪が規定されており、個人的法益と国家的法益とを混同すべきではないのではないか、との疑問が生ずるからである。学説は、①すべての公務が含まれるとする説、②公務は一切含まれないとする説、③非公務員のおこなう公務は含まれるとする説、④非権力的公務のみが含まれるとする説、⑤非権力的公務はつねに含まれ、権力的公務も非公務員によって執行されるばあいには含まれるとする説などに分かれている。刑法九五条（公務執行妨害罪）が公務妨害の手段を暴行・脅迫に限定しているのは、本罪の本質を国家の権力的作用に対する反抗に求めているからにほかならない。公務の妨害を私人の業務妨害よりも重く処罰しているのは、国民主権における公務の公益性・重要性を重視したからである。これに対して業務妨害罪は、本来、人の経済的面における社会的活動に対する妨害を内容とするものであるから、権力的公務は本罪の保護の対象から除外されると解するのが妥当である。しかし、私人のおこなう事務と同性質の非権力的公務（たとえば、国公立学校・国公立病院などの事務）は、事務それ自体に本質的違いはないので、これに対する妨害行為を区別する合理的根拠は存せず、これを業務妨害罪に含ませるべきである。業務の主体である「人」には、自然人・法人はもとより、法人格のない団体も含まれる（大判大一五・二・一五刑集五巻三〇頁）。

本罪の行為は、虚偽の風説を流布し、または偽計もしくは威力を用いて人の業務を妨害することである。虚偽の風説の流布と偽計の施用が行為の手段としてあげられている点は信用毀損罪のばあいと同じであるが、さらに「威力を用いる」ことが付加されている点で異なる。前二者の意義については、信用毀損罪の項を参照されたい。「威力を用いる」とは、人の意思を制圧するに足りる勢力を用いることである（最判昭二八・一・三〇刑集七巻一号一二八頁、最判昭三二・二・二一刑集一一巻二号八七七頁など）。暴行・脅迫を用いるばあいはもとより、社会的地位や経済的優越による権勢を利用するばあいを含む（前掲最判昭和二八・一・三〇）。判例における具体例を二、三あげると、家屋明渡請求のため修繕に名を借りて、営業中の商家の表に板囲をして室内を暗黒にして執務を不能にするばあい（大判大九・二・二六刑録二六輯八二頁）、顧客満員の営業食堂で蛇数十匹を配膳部に向かってまき散らして顧客および営業者に嫌忌畏怖の念を生じさせるばあい（大判昭七・一〇・一〇刑集一一巻一五一九頁）、電車の運転手を殴打して電車の操縦を妨げるばあい（大判大一四・二・一八刑集四巻五四頁）などがある。「妨害する」とは、業務の運営を阻害することをいう。判例・多数説は、妨害といえるためには妨害の結果を発生させるおそれのある行為をすれば足りると解しているが（大判昭一一・五・七刑集一五巻五七三頁）、業務を妨害するおそれのある状態を生じたことを要するとする説や業務の運営が害されるという結果の発生が必要であるとする説も主張されている。

威力業務妨害罪は、とくに労働争議との関連で問題となる。争議行為（とくに同盟罷業、すなわちストライキ）は、経営者側に経済的圧力を加え正常な業務の遂行を妨害する争議手段であるから、形式上、本罪の構成要件に該当する。しかし、正当な労働争議行為の範囲内にあるかぎり、正当行為として違法性が阻却される。判例・学説上、生産管理が違法性を阻却されない点では一致しているが（最判昭二七・二・二二刑集六巻二号二八八頁）、ピケッティングについては争いがある。

一個の行為によって、他人の信用を毀損すると同時にその業務をも妨害したばあいは、信用毀損罪と業務妨害罪の観念的競合となる。

いやがらせ電話と業務妨害罪の成否

Aは、B経営の中華そば店に、約三か月の間に、約九七〇回にわたって、昼夜を問わず、電話をかけ、Bが顧客からの電話かもしれないと考えて電話口に出ると、無言のまま相対した。Bが電話を切っても、Aは約五分間ないし三〇分間そのまま切らずに放置して、その間、Bの電話の発着信を不可能にした。Bは、これが原因で心身に疲労を覚え、営業に支障をきたした。Aの行為は業務妨害罪に当たるであろうか。これに当たるとすれば、右行為は、「偽計」または「威力」の何れを用いたことになるのであろうか。

この点について見解は分かれるが、判例は、つぎのように解している。すなわち、偽計を用いるというのは「欺罔行為により相手方を錯誤におちいらせる場合に限定されるものではなく、相手方の錯誤あるいは不知の状態を利用し、または社会生活上受容できる限度を越え不当に相手方を困惑させるような手段術策を用いる場合をも含む」として、Aの行為は偽計を用いたものであって業務妨害罪を構成するとする（東京高判昭四八・八・七高刑集二六巻三号三二二頁）。本判決が偽計の概念を拡張して、「社会生活上受容できる限度を超え不当に相手方を困惑させるような手段術策を用いる」ばあいをも含めているのは妥当ではないとおもわれる。偽計には「錯誤」に陥らせる要素が必要であろう。このように解しても、Aの行為は、Bに顧客からの電話かもしれないとの錯誤を生じさせているので、なお偽計を用いたものとして業務妨害罪を構成するといえるのである。

第四款　電子計算機損壊等業務妨害罪

一　総説

近時、電子情報処理組織（コンピュータシステム）が急速に普及し、国および地方公共団体の諸機関や、民間の諸企業がこれを採用し、各種の事務処理に威力を発揮している。電子計算機（コンピュータ）は、大量の情報処理を可能にするので、これまで人によってなされていた業務の大部分がコンピュータにとって代わられ、広い範囲にわたって重要な役割を果たすようになっている。このような状況において、電子計算機を使用しておこなわれる業務を電子計算機に加害する方法によって妨害する行為に対して、現在の偽計または威力による業務妨害罪の規定によって十分に対応できるかどうかが問題とされるに至った。電子計算機による業務は、人の遂行する業務よりも業務処理の及ぶ範囲がきわめて広くなり、その妨害によって広範囲にわたる国民生活に重大な支障をきたすおそれが大きい。そこで、本罪が新たに規定され、法定刑も従来の業務妨害罪よりも重くなっている。このような事情に鑑み、本罪は、基本的には、電子計算機を設置・管理している業務主体の個人的法益に対する犯罪であるが、副次的には、右の意味での社会的法益に対する保護をも意図するものと解すべきであるとされる。

二　電子計算機損壊等業務妨害罪の内容

本罪は、人の業務に使用する電子計算機もしくはその用に供する電磁的記録を損壊し、もしくは人の業務に使用する電子計算機に虚偽の情報もしくは不正な指令を与え、またはその他の方法で、電子計算機をして使用目的に沿うべき動作をさせず、または使用目的に反する動作をさせて、人の業務を妨害する罪である。法定刑は五年以下の懲役または一〇〇万円以下の罰金（二三四条の二第一項）。未遂を罰する（同条二項）。

1　客体

本罪の客体は、電子計算機による人の業務である。本罪の業務は、とくに電子計算機を使用しておこなわれるものに限られ、また、電子計算機も、それ自体が独立に情報処理能力を備えているものであることを要し、他の機器に組み込まれてその構成部分とされているものは除かれる。

2　行為

本罪の行為は、⑴(i)人の業務に使用する電子計算機もしくはその用に供する電磁的記録を損壊し、もしくは(ii)人の業務に使用する電子計算機に虚偽の情報もしくは不正な指令を与え、または(iii)その他の方法で、⑵(i)電子計算機をして使用目的に沿うべき動作をさせず、または(ii)使用目的に反する動作をさせて、(iii)人の業務を妨害することである。これを分説すると、次のようになる。

⑴　行為の手段には次の三種がある。

(i)　電子計算機または電磁的記録を「損壊」すること。これは、電子計算機または電磁的記録を物理的に毀損することだけでなく、磁気ディスクなどに記録されているものを消去することも含むと解されている。なお、この行為類型は、物理的攻撃の手段を用いていわゆる「動作障害」をもたらすものである。

(ii)　電子計算機に「虚偽の情報」または「不正な指令」を入力すること。「虚偽の情報」とは、真実に反する内容を包含する情報をいい、「不正な指令」とは、当該業務過程においては本来予期されない指令をいう。なお、この行為類型は、ソフトに関する侵害によっていわゆる「不正動作」をもたらすものである。

(iii)　その他の方法によるもの。「その他の方法」は、(i)(ii)の例示との関係から、その方法によることが電子計算機自体の動作に直接影響を及ぼす性質のものにかぎられるべきであり、たとえば、電子計算機の電源の切断、動作環境の変更、通信回路の切断などのように、電子計算機への直接的な物理的攻撃をともなわない侵害行為や、入出力装置などの付属設備の損壊などのように、物理的攻撃ではあるが(i)に包含されない侵害行為がこれに当たるとされる。

(2)(i)　電子計算機をして使用目的に沿うべき動作をさせないこと。「使用目的」とは、電子計算機の設置管理者が、一定の具体的な業務の遂行に当たり、当該電子計算機の情報処理によって実現しようとしている目的をいい、「使用目的に沿うべき動作」とは、電子計算機設置管理者の使用目的に適合した電子計算機の機械としての活動をいい、「動作をさせない」とは、電子計算機の活動を停止させることをいう。

(ii)　電子計算機をして「使用目的に反する動作をさせる」とは、電子計算機の設置管理者が意図している使用目的に対して実質的に矛盾することとなる活動をさせることをいう。

(3)　(1)・(2)の結果として、他人の業務を妨害したことが必要である。「業務を妨害する」とは、業務妨害罪のばあいと同様、業務を妨害するおそれのある状況を生じさせれば足り、現実に妨害の結果を発生させたことを要しないと解する立場が優勢である。

第三節　個別判例研究

第一款　名誉棄損罪における公然性の意義（最判昭三四・五・七刑集一三巻五号六四一頁）

【事実】

被告人Xは、昭和三一年四月六日午後一〇時頃、自宅寝室の窓ガラスに火が反射したことに不審を抱き外を見たところ、その場所から南側に約一〇m離れた自宅庭先において、燻炭囲の菰が燃えているのを発見したので消火しようと駆けつけた。その際、たまたまその付近で男の姿を見て、これを近所のAだと思い込んだXは、同年五月二〇日頃、自宅において、Aの弟Bおよび火事見舞いに来ていた村会議員Cに対して、さらに同年六月一〇日頃には、A宅においてAの妻D、Aの長女Eおよび近所のF、G、Hらに対して、問われるまま「Aの放火を見た」、「火が燃えていたのでAを捕えられることは出来なかった」旨を述べた。その結果、Aが放火したという噂は、村中に相当広まった。

第一審は、「刑法二三〇条にいう公然たるには必ずしも事実摘示をした場所に現在した人員の衆多であることを要せず、二、三人に対して事実を告知した場合でも他の多数人に伝播すべき事情があれば公然というべく、本件被告人の事実を摘示した場所に居合せた者から他の多数人に伝播すべきことは自ら明かである」として名誉棄損罪の成立をみとめた。

原審は、「被告人は特殊の関係により限局せられた者に対してのみ事実を摘示したものではなく不定の人に対してなしたものというべく要するに被告人の行為は事実の摘示を不定多数の人の視聴に達せしめうる状態において行われたものとなすべき」とし、事実の摘示が質問に対する答えとしてなされたか否かという点は犯罪の成立に消長を来さないとして同罪の成立を肯定したが、第一審判決の量刑は重きに失し不当であるとしてこれを破棄し、罰金四〇〇〇円、執行猶予二年を言い渡した。被告人側から上告がなされ、上告趣意において、個人の住居内で対談相手からの質問に答えたにすぎず、とくに被告人の弟、妻子から被告人の放火に関する真否を問われたことに対する答えでしかなく、積極的な事実の発表でもないので、これをもって公然事実を摘示したとはいえないなどとの主張がなされた。

本判決は、次のように判示して上告を棄却した。

【判旨】

「原判決は第一審判決の認定を維持し、被告人は不定多数の人の視聴に達せしめ得る状態において事実を摘示したものであり、その摘示が質問に対する答としてなされたものであるかどうかというようなことは、犯罪の成否に影響がないとしているのである。そして、このような事実認定の下においては、被告人は刑法二三〇条一項にいう公然事実を摘示したものということができる」。

【解説】

本件においては、個人の住居内での発言が、不特定または多数の人が知り得る状態でなされたばあい、公然といえるか、が問題となった。名誉棄損罪の構成要件的行為は、公然と事実を摘示して人の名誉を毀損することである。「公然と」とは、判例・通説によれば、不特定または多数の者が認識できる状態をいう（大判昭三・一二・一三刑集七巻七六六頁）。したがって、特定人であってもそれが多数であるばあいは、公然である（最判昭三六・一〇・一三刑集一五巻九号一五八六頁）。逆に、多数人でも、その数または集合の性質上、よく秘密が保たれ、絶対に伝播の可能性がないときは、公然とはいえないことになる（大判昭一二・一一・一九刑集一六巻一五一三頁）。「公然性」の要件は、情報を直接に社会に流通させる行為を可罰的にするための要件と解すべきであり、私的・個人的に、すなわち、特定かつ少数人に対して情報を伝達する行為を除外するためのものであるから、「公然と」とは、不特定または多数人が認識できる状態であると解する判例・通説の立場は妥当である。

判例は、特定の少数の者に対して事実を摘示しても、それが伝播して不特定多数人に認識される可能性があるばあいには、公然性があるとする（大判大八・四・一八新聞一五五六号二五頁、前掲大判昭一二・一一・一九、最判昭三四・五・七刑集一三巻五号六四一頁）。このような考えは、伝播可能性の理論と称される。大審院の大正8年4月18日判決は、「刑法第二三〇条の罪の成立に必要なる公然たることは、必ずしも事実の摘示を為したる場所に現在せし人員の衆多なることを要せず。関係を有せざる二三の人に対して事実を告知したる場合と雖も、他の多数人に伝播すべき事情あるに於ては之を公然と称するに妨な」しと判示している。そして、最高裁の本判決もこれと同じ立場に立つに至っている。すなわち、本判決は、「被告人は不定多数の人の視聴に達せしめ得る状態において事実を摘示したものであり、その摘示が質問に対する答としてなされたものであるかどうかというようなことは、犯罪の成否に影響がないとしているのである。そして、このような事実認定の下においては、被告人は刑法二三〇条一項にいう公然事実を摘示したものということができる」と判示している。

判例の見解を支持する学説も有力である。しかし、これでは「公然」の概念が不当に拡大されすぎるので、事実の摘示は、直接に不特定または多数の人に対してなされる必要があると解すべきである。すなわち、公然とは、一般の人が直接に認識できる状態を意味すると解すべきであるから、特定かつ少数の者に情報を伝達しただけでは足りず、それが現実に不特定または多数の者に知らされるなど、社会一般に知れわたり得る状態に達することが必要であると解する。そうでなければ、個人的な噂話なども公然と事実を摘示したことになる虞があるからである。

第二款　公共の利害に関する事実―月刊ペン事件―（最判昭五六・四・一六刑集三五巻三号八四頁）

【事実】

月刊ペン社の編集局長であった被告人Xは、宗教法人A会を批判するため、同社が発行する『月刊ペン』誌上で特集記事を組み、Aにおける象徴的存在とみられるB会長（当時）の私的な行動も取り上げ、同誌・昭和五一年三月号で、B会長が女性関係において、きわめて華やかで、しかも、その雑多な関係が「病的であり色情狂的でさえあるという情報」があるなどの記事を掲載し、さらに、次号では、同会長には赤坂に妾がいるほか、A会夫人部の幹部であるC子とD子を「お手付き情婦」として国会に送り込んだなどの記事を掲載して、B会長、女性幹部C子・D子およびA会の名誉を毀損すべき事実を摘示した。

第一審および原審は、前記の摘示事実が刑法二三〇条の二第一項にいう「公共の利害に関する事実」に当たらないとして、摘示事実の真実性の証明に入らずに名誉棄損罪の成立をみとめた。これに対して被告人側から上告がなされたが、最高裁の本判決は、これを適法な上告理由に当たらないとしたうえで、職権によって、次のように判示して、第一審判決および原判決を破棄し、本件を第一審裁判所へ差し戻している。

【判旨】

「私人の私生活上の行状であっても、そのたずさわる社会的活動の性質及びこれを通じて社会に及ぼす影響力の程度などのいかんによっては、その社会的活動に対する批判ないし評価の一資料として、刑法二三〇条ノ二第一項にいう『公共ノ利害ニ関スル事実』にあたる場合があると解すべきである」。

「被告人が執筆・掲載した前記の記事は、多数の信徒を擁するわが国有数の宗教団体であるA会の教義ないしあり方を批判しその誤りを指摘するにあたり、その例証として、同会のB会長（当時）の女性関係が乱脈をきわめており、同会長と関係のあった女性二名が同会長によって国会に送り込まれていることなどの事実を摘示したものであることが、右記事を含む被告人の『月刊ペン』誌上の論説全体の記載に照らして明白であるところ、記録によれば、同会長は、同会において、その教義を身をもって実践すべき信仰上のほぼ絶対的な指導者であって、公私を問わずその言動が信徒の精神生活等に重大な影響を与える立場にあったばかりでなく、右宗教上の地位を背景とした直接・間接の政治的活動等を通じ、社会一般に対しても少なからぬ影響を及ぼしていたこと、同会長の醜聞の相手方とされる女性二名も、同会婦人部の幹部で元国会議員という有力な会員であったことなどの事実が明らかである」。「このような本件の事実関係を前提として検討すると、被告人によって摘示されたB会長らの前記のような行状は、刑法二三〇条ノ二第一項にいう『公共ノ利害ニ関スル事実』にあたると解するのが相当であって、これを一宗教団体内部における単なる私的な出来事であるということはできない」。

「『公共ノ利害ニ関スル事実』にあたるか否かは、摘示された事実自体の内容・性質に照らして客観的に判断されるべきものであり、これを摘示する際の表現方法や事実調査の程度などは、同条にいわゆる公益目的の有無の認定等に関して考慮されるべきことがらであって、摘示された事実が『公共ノ利害ニ関スル事実』にあたるか否かの判断を左右するものではない」。

【解説】

本件においては、二三〇条の二第一項の事実証明による免責の要件の一つである「公共の利害に関する事実にかかること」の意義が問題となった。具体的には、①「私人の私生活上の行状」（私行）であっても、そのたずさわる社会的活動の性質およびこれを通じて社会に及ぼす影響力の程度などの如何によっては、その社会的活動に対する批判ないし評価の一資料として、「公共の利害に関する事実」に当たるばあいがあるかどうか、②それに当たるか否かは、摘示された事実自体の内容・性質に照らして客観的に判断されるべきなのかどうか、が問題とされたのである。

「公共の利害に関する事実」とは、多数人一般の利害に関係する事実をいう。その事実の摘示は、公共の利益の増進に役立つものであり、それは、公衆の批判にさらすことが公共の利益の増進に役立つとみとめられる事実を意味するとされる。その事実は、国家ないし社会全体に対するものであることを必要とせず、社会の一部に関するものであってもよい。そのばあいには、事実の公共性は、事実を公表する相手方の範囲との関連において決まるから、その地方の住民ないし小範囲の社会の構成員に公表するばあいに限られる。

私行に関する事実も、公共の利害に関する事実に含まれ得る。この点について、本判決は、「私人の私生活上の行状であっても、そのたずさわる社会的活動の性質及びこれを通じて社会に及ぼす影響力の程度などのいかんによっては、その社会的活動に対する批判ないし評価の一資料として、刑法二三〇条ノ二第一項にいう『公共の利害に関する事実』にあたる場合があると解すべきである」と判示したのである。これは、通説によって支持されている。

本件におけるB会長の私的行状が「公共の利害に関する事実」に当たるかどうか、について、本判決は、次のように判示してこれを肯定している。すなわち、①同会長は、同会において、その教義を身をもって実践すべき信仰上のほぼ絶対的な指導者であって、公私を問わずその言動が信徒の精神生活などに重大な影響を与える立場にあったこと、②宗教上の地位を背景とした直接・間接の政治的活動などを通じ、社会一般に対しても少なからぬ影響を及ぼしていたこと、③同会長の醜聞の相手方とされる女性二名も、同会婦人部の幹部で元国会議員という有力な会員であったことなどの事実を根拠にして、前記のような行状は、「公共の利害に関する事実」に当たり、これを一宗教団体内部における単なる私的な出来事であるということはできないと判断したのである。

次に、「公共の利害に関する事実」に当たるか否かの判断方法について、本判決は、「摘示された事実自体の内容・性質に照らして客観的に判断されるべきものであ」ると判示している。そしてその事実を「摘示する際の表現方法や事実調査の程度」などは、「公益目的の有無の認定等に関して考慮されるべきことがらであって、摘示された事実が『公共の利害に関する事実』にあたるか否かの判断を左右するものではない」と判示している。これは、判断方法として妥当であり、表現方法や事実調査の程度などは公益目的の有無などに関連するにすぎないことを明示したことの意義も大きいといえる。

第三款　名誉棄損罪における事実の真実性に関する錯誤（最［大］判昭44・6・25刑集二三巻七号九七五頁）

【事実】

和歌山時事新聞社を経営していた被告人Xは、その発行する昭和三八年二月一八日付『夕刊和歌山時事』に、「吸血鬼Aの罪業」と題し、A本人または同人の指示のもとに同人経営の「和歌山特だね新聞」の記者が和歌山市役所土木部の某課長に向かって「出すものを出せば目をつむってやるんだが、チビリくさるのでやったるんや」と聞こえよがしの捨てせりふを吐いたうえ、今度は上層の某主幹に向かって「しかし魚心あれば水心ということもある、どうだ、お前にも汚職の疑いがあるが、一つ席を変えて一杯やりながら話をつけるか」と凄んだ旨の記事を掲載し頒布した。

第一審は、記事の内容に真実性の証明がなく、真実と誤信したことに相当の理由もないとして、名誉棄損罪の成立をみとめた。被告人側から控訴がなされ、原審は、「被告人は証明可能な程度の資料、根拠をもって事実を真実と確信したから、被告人には名誉棄損の故意が阻却され、犯罪は成立しない」との弁護人の主張に対して、「被告人の摘示した事実につき真実であることの証明がない以上、被告人において真実であると誤信していたとしても、故意を阻却せず、名誉棄損罪の刑責を免れることができないことは、すでに最高裁判所の判例（昭和三四年五月七日第一小法廷判決、刑集一三巻五号六四一頁）の趣旨とするところであ［る］」と判示して、上記主張を排斥し、真実であると誤信したことにつき相当の理由があったとしても名誉棄損の罪責を免れ得ないとした。

被告人側からの上告に対して、最高裁の本判決は、適法な上告理由に当たらないとしたうえで、職権で次のように判示し、原判決および第一審判決を破棄して本件を第一審の和歌山地裁に差し戻した。

【判旨】

「刑法二三〇条ノ二の規定は、人格権としての個人の名誉の保護と、憲法二一条による正当な言論の保障との調和をはかったものというべきであり、これら両者間の調和と均衡を考慮するならば、たとい刑法二三〇条ノ二第一項にいう事実が真実であることの証明がない場合でも、行為者がその事実を真実であると誤信し、その誤信したことについて、確実な資料、根拠に照らし相当の理由があるときは、犯罪の故意がなく、名誉棄損の罪は成立しないものと解するのが相当である。これと異なり、右のような誤信があったとしても、およそ事実が真実であることの証明がない以上名誉棄損の罪責を免れることがないとした当裁判所の前記判例（昭和三三年(あ)第二六九八号同三四年五月七日第一小法廷判決、刑集一三巻五号六四一頁）は、これを変更すべきものと認める。したがって、原判決の前記判断は法令の解釈適用を誤ったものといわなければならない」。

「本件においては、被告人が本件記事内容を真実であると誤信したことにつき、確実な資料、根拠に照らし相当な理由があったかどうかを慎重に審理検討したうえ刑法二三〇条ノ二第一項の免責があるかどうかを判断すべきであったので、右に判示した原判決の各違法は判決に影響を及ぼすことが明らかであり、これを破棄しなければいちじるしく正義に反するものといわなければならない」。

【解説】

行為者が、摘示した事実が真実であると誤信していたが、裁判においてその真実性を証明できなかったばあいの取扱いについて学説は、①錯誤論によるアプローチ、②違法性論によるアプローチ、および③過失論によるアプローチに分かれている。判例・通説は、錯誤論によるアプローチをとっており、真実性の誤信の問題を、故意阻却ないし責任阻却の問題として捉えている。すなわち、行為者が「証明可能な程度の資料・根拠」をもって事実を真実と誤信したばあいには、故意（ないし責任故意）が阻却されると解しているのである。わたくしは、事実が可能的真実であることが違法性阻却事由であり、真実性の錯誤が「確実な資料・根拠」に基づいているばあい、すなわち、「相当の理由」があるばあいには違法性が阻却され、「相当の理由」がないばあいには違法性の錯誤として処理されるべきであると解する。これは、二元的厳格責任説に従った結論である。

従来の最高裁の判例は、事実証明による免責規定（刑二三〇条の二）の法的性格についてこれを処罰阻却事由であると把握し、したがって、事実の真実性に関する錯誤は犯罪の成否に影響を及ぼさず、かりに行為者が信頼し得る資料・根拠に基づいて事実を真実と誤信したとしても、真実性の証明ができなかったばあいには、名誉棄損罪が成立すると解してきたのである（最判昭三四・五・七刑集一三巻五号六四一頁）。このような見解によると、憲法の保障する言論の自由が不当に制限されることになるとの批判が強かった。そこで、最高裁の本判決は、「たとい刑法二三〇条ノ二第一項にいう事実が真実であることの証明がない場合でも、行為者がその事実を真実であると誤信し、その誤信したことについて、確実な資料、根拠に照らし相当な理由があるときは、犯罪の故意がなく、名誉棄損の罪は成立しないものと解するのが相当である」と解して、昭和34年5月7日判決を変更したのである。これは、通説によって支持されている。

第四款　法人に対する侮辱罪（最決昭五八・一一・一刑集三七巻九号一三四一頁）

【事実】

本件の事実関係は、次のとおりである。

被告人は、かねてより知人の交通事故に関し、相手方から損害賠償交渉の委任を受けているN火災海上保険株式会社の顧問弁護士Iと交渉を続けていたが、同人およびN火災海上保険関係者に圧迫を加えて交渉を有利に進めようと企てていたところ、ほか数名と共謀のうえ、昭和五七年七月三〇日午前二時三〇分ころから午前三時三〇分ころまでの間、大阪市所在のT不動産株式会社所有管理にかかるSビル一階北側玄関柱に、管理者の許諾を受けないで、「T海上の関連会社であるN火災は、悪徳I弁護士と結託して被害者を弾圧している、両社は責任を取れ！」と記載したビラ一二枚を糊で貼付し、もって公然N火災海上保険株式会社およびIを侮辱するとともに、みだりに他人の所有する工作物にはり札をした。

第一審判決（大阪簡判昭五八・二・二八刑集三七巻九号一三五一頁参照）は、N火災海上保険株式会社およびIに対する侮辱罪と工作物にはり札をした点につき軽犯罪法一条三三号の成立をみとめ、被告人を拘留二五日に処した。これに対して被告人側は量刑不当を理由に控訴したが、原判決（大阪高判昭五八・六・二三前掲刑集一三五二頁参照）はこれを棄却した。そこで被告人側から上告がなされ、最高裁は、上告趣意は量刑不当の主張であるとして上告を棄却したが、次のように判示した。


【決定要旨】

「なお、刑法二三一条にいう『人』には法人も含まれると解すべきであり（大審院大一四年（れ）第二一三八号同一五・三・二四判決・刑集五巻三号一一七頁参照）、原判決の是認する第一審判決が本件N火災海上保険株式会社を被害者とする侮辱罪の成立を認めたのは、相当である。」
本決定には、中村治朗裁判官の補足意見、団藤重光裁判官および谷口正孝裁判官の意見が付されている。

【解説】

一　問題の所在

本決定は、最高裁がはじめて法人に対する侮辱罪の成立を肯定したものである。従来、法人に対して侮辱罪が成立するか否かをめぐって学説上、対立があったのであるから、最高裁の判例が明確な立場を示したことの意義はきわめて大きい。法人に対して侮辱罪が成立するか否かという問題は、名誉毀損罪と侮辱罪の関係ないし侮辱罪の保護法益の理解に関わる重要問題である。

二　学説の状況

1　通説

周知のように通説は、名誉毀損罪と侮辱罪の区別を刑法二三〇条の「公然と事実を摘示し」という文言を根拠にして、事実を摘示したばあいが名誉毀損罪であるのに対して、事実を摘示しなかったばあいは侮辱罪であると解している（大谷實『刑法講義各論〔新版第二版〕』〔二〇〇七〕一五二頁、中森喜彦『刑法各論〔第二版〕』〔一九九六〕八五頁、山口厚『刑法各論〔補訂版〕』〔二〇〇五〕一四八頁、斎藤信治『刑法各論〔第二版〕』〔二〇〇三〕七〇頁、林幹人『刑法各論〔第二版〕』〔二〇〇七〕一一三頁、曽根威彦『刑法各論〔第三版補正三版〕』〔二〇〇六〕一〇五頁、山中敬一『刑法各論Ⅰ』〔二〇〇四〕一七八頁、西田典之『刑法各論〔第四版〕』〔二〇〇七〕一一四頁、佐久間修『刑法各論』〔二〇〇六〕一四二頁、松宮孝明『刑法各論講義〔補訂版〕』〔二〇〇六〕

一四二頁など）。したがって、通説によれば、名誉毀損罪と侮辱罪は構成要件的行為によって区別されるのであって、保護法益の相違によって区別されるものではないことになる。いずれも社会的名誉を保護法益としていることに違いはないのである。

通説は、名誉毀損罪と侮辱罪の保護法益は異なると解する区別説を次のように批判する（山口・前掲一四七頁）。すなわち、①区別説によると、名誉毀損罪が成立するばあいには侮辱罪も観念的競合として成立することになるが、このようなことをみとめる必要性に乏しい。②区別説によると、名誉感情を有しない幼児、法人などについて侮辱罪が成立しなくなるが、それらの者を保護範囲から除外することには疑問がある。③区別説によると、名誉毀損罪の成立が真実性の証明（刑二三〇条の二）によって否定されても、依然として侮辱罪が成立して処罰されることになり、免責規定の実際上の意味がなくなる。④区別説によると、「公然」性が侮辱罪の成立要件とされていることが十分に説明できない。つまり、面前での侮辱がもっとも侵害性が高いはずであるにもかかわらず、それは要件とされていないのである。より根本的には、主観的名誉（名誉感情）のように人によって相当異なるものが刑法による保護に値するかには疑問があるとされている。

2　区別説

区別説は、名誉毀損罪と侮辱罪の区別を保護法益の違いに求めている（小野清一郎『刑法講義各論〔新訂版〕』〔一九四九〕二一四頁、団藤重光『刑法綱要各論〔第三版〕』〔一九九〇〕五一二頁。福田平『全訂刑法各論〔第三版増補〕』〔二〇〇二〕一八七頁・一九五頁）。これによれば、名誉毀損罪は社会的名誉を保護することにほかならないが、侮辱罪は個人の名誉感情が保護法益であるとされる。その根拠として、両罪の法定刑が著しく違い（「三年以下の懲役若しくは禁錮又は五〇万円以下の罰金」か「拘留又は科料」）、事実の摘示の有無ではなく、罪質がまったく異なると解する方が解釈論としては妥当であることが挙げられる。そして区別説に従うと、侮辱罪は名誉感情をもたない法人は「侮辱」され得ず、法人に対する名誉毀損罪は成立しても、侮辱罪は成立しないことになる。

前述のように、法人に対する侮辱や幼児・高度の精神障害者などに対する侮辱罪の成立をみとめないのは、実質的に見て妥当でないと批判されている。このような批判に対しては、名誉感清を有し得ない者について侮辱罪を観念することができない以上、侮辱罪の成立をみとめなくても実際上、不都合は生じないとの反論が可能であろう。また、幼児などや法人に向けられた行為が事実の摘示を包含するばあいにはその家族に対する名誉毀損罪や法人やその構成員に対する名誉毀損罪の成立を肯定し得るのであり、そのことによって当罰要求を満たすことができるのである。

また、名誉感情は個人差が著しいので刑法的保護になじまないとの批判もある。たしかに、主観的感情であるかぎり、個人によって差が生ずるが、しかし、それが人格の根源に由来し個人の精神生活にとってきわめて重要であるから刑法的保護に値すると解し得るとおもわれる。

このようにして、わたくしは区別説が妥当であると解する。

3　その他の学説

①名誉に対する罪の保護法益は第一次的には外部的名誉であるが、副次的には被害者の名誉感情であるとする説（大塚仁『刑法概説各論〔第三版増補版〕』〔二〇〇五〕一三四～五頁、前田雅英『刑法各論講義〔第四版〕』〔二〇〇七〕一五〇頁、佐久間・前掲一三二頁）、②名誉に対する罪の保護法益は「普遍的名誉」（人間の尊厳が保持されている状態）であるとする説（平川宗信『刑法各論』〔一九九五〕二二二頁）が主張されている。

三　本決定の評価

大判大一五・三・二四（刑集五巻三号一一七頁）は、「名誉毀損罪又ハ侮辱罪ハ或特定セル人又ハ人格ヲ有スル団体ニ対シ其ノ名誉ヲ毀損シ又ハ之ヲ侮辱スルニ依リテ成立スル」としていたが、これは傍論に過ぎず、正面からこの問題を取り扱ったものではなかった。これに対して本決定は、最高裁が真正面からこの問題に取り組み法人に対する侮辱罪の成立を肯定した点においてきわめて重要な意義を有することになる。

本決定には三人の裁判官の意見が付されている。本決定は、たんに結論を示すにとどまっているので、これらの意見は、本件における問題点とそれぞれの立場についての詳細な論拠づけをおこなっており、本決定の内容を補充する役割を果たしているといえる。

中村裁判官は、法人に対する侮辱罪の成立を肯定する法廷意見を支持する立場から、法人に対する侮辱罪の成立を否定する団藤裁判官および谷口裁判官の「意見の説くところにも傾聴すべき点が少なからず存していることを認めるのに吝かでないが、前記大審院判例の見解を否定しなければならないほどの強い理由を見出すことができない」としたうえで、法が、「客観的な存在」である社会的評価と「主観的な存在」である名誉感情を独立した法益としてとらえ、これを保護する目的で法的規制を施しているとみる特段の理由はなく、むしろ、刑法二三一条が公然性を要求し、事実の摘示の有無のみを区別の要点とするにとどめていることからは、「侮辱罪も名誉毀損の場合と同じく人の社会的名誉を保護法益として眼中に置いているとみるのが妥当である」としている。そして、法定刑の差については、侮辱罪の「社会的名誉の毀損の程度が事実の摘示を伴う名誉毀損罪の場合に比して遥かに抵いために前記のような法定刑の隔差を設けたものと解することも十分に可能であり、それがしかし合理性を欠くものとは思われない」とされている。なお、名誉と名誉感情の関係について、「両者の間にはいわば楯の両面というに近い密接な関係があることに加えて、名誉感情は、人の人格と深いつながりをもつ感情ないし意識であるとはいえ」、「客観的な存在である社会的評価の反映としていわば後者を前提として成立するという性格を多分に帯有する」ことが指摘されている。

これに対して団藤裁判官は、かねてから侮辱罪の保護法益を主観的な名誉感情とみる説を支持しているとしたうえで、名誉毀損罪と侮辱罪の法定刑が著しく異なるのは「事実摘示の有無というような行為態様の相違だけでは説明が困難であって、より本質的な保護法益そのものの相違にその根拠を求めなければならない」とし、さらに、法廷意見が事実の摘示の有無を両罪の区別の基準とすることについて「侮辱罪の規定では『事実を摘示せずして』ではなく『事実を摘示せずと雖も』とされているのであるから、行為態様の相違としての事実摘示の有無ということも、文理上どこまで強く主張されうるか、疑問の余地がないわけではない」のであり、「『他人の社会的地位を軽蔑する抽象的判断』の公然発表という行為は、社会的名誉そのものを保護法益とみるかぎり、保護法益の侵害に対して遠い危険性を有するだけの、きわめて間接的な関係に立つにすぎないことになる」と指摘する。そして、「名誉感情を侮辱罪の保護法益と解するのであって、この見地からすれば、法人を被害者とする侮辱罪の成立は当然に否定されるべき」とし、判例（大判大一五・七・五刑集五巻三〇三頁、前掲大判大一五・三・二四）は、変更されるべきものとしている。

谷口裁判官は、「名誉毀損罪が人の社会的価値に関する社会的評価といういわば客観的なものであるのに対し、侮辱罪が名誉感情・名誉意識という主観の問題と解することによって、両罪の間に可罰性の程度のちがいがあり、そのことが両罪の法定刑の右の如きちがいを導いているのだと考える」として、団藤裁判官の意見に賛成している。谷口裁判官は、括弧書きで「幼者等に対する同罪の成立も否定される場合がある。このような場合こそはモラルの問題として解決すればよく、しかも、侮辱罪は非犯罪化の方向に向うべきものであると考える」と述べている。

その後、東京地判平成九・九・二五（判タ九八四号二八八頁）が、被告人の行為は、法人の社会的評価を害するに足るべき具体的事実を摘示しておらず、たんに社会的評価を軽侮する抽象的評価・判断を示したものに過ぎないとして、法人に対する名誉毀損罪の成立を否定し、侮辱罪の成立を肯定している。法人に対する名誉毀損罪の成立を肯定した裁判例は多いが、本判決は、名誉毀損罪の成立を否定し、侮辱罪の成立を肯定した数少ない裁判例となっているとされる（小名木・後掲四一頁）。本判決は、法人に対する侮辱罪の成立については、従来の判例に従って肯定説を採っており、今後、判例においてこのような傾向が続くことになるであろう。

【参考文献】

佐伯仁志・警研五六巻一二号四五頁、斉藤豊治・法セ三六三号一五〇頁、龍岡資晃・最判解刑事篇昭和五八年度四〇三頁、山本輝之・本百選Ⅱ〈第四版〉四二頁、小名木明宏・本百選Ⅱ〈第五版〉四〇頁。

判例索引

大判明40・9・26刑録13輯1002頁……260
大判明42・12・7刑録15輯1749頁………52
大判明43・9・30刑録16輯1569頁
……………………………………………208,244
大判明43・10・3刑録16輯1589頁………59
大判明43・11・17刑録16輯2010頁……222
大判明43・12・9刑録16輯2139頁………58
大判明44・3・3刑録17輯497頁…………209
大判明44・3・13刑録17輯345頁…………58
大判明44・4・28刑録17輯712頁………227
大判明44・6・29刑録17輯1330頁………227
大判明44・7・28刑録17輯1477頁………218
大判明44・11・16刑録17輯2002頁……210
大判明44・12・8刑録17輯2182頁………98
大判明44・12・8刑録17輯2168頁………210
大判明44・12・25刑録17輯2328頁……258
大判明45・6・27刑録18輯927頁………303
大判大2・1・31刑録19輯147頁…………199
大判大2・9・22刑録19輯884頁…………59
大判大2・11・19刑録19輯1255頁………223
大判大3・4・24刑録20輯619頁…………93
大判大3・6・20刑録20輯1300頁………257
大判大3・11・26刑録20輯2265頁………310
大判大4・2・10刑録21輯90頁……34,104
大判大4・5・21刑録21輯670頁
……………………………………22,101,102
大判大4・12・11刑録21輯2088頁………228
大判大5・2・12刑録22輯134頁…………104
大判大5・5・4刑録22輯685頁……………39
大判大5・6・1刑録22輯854頁…………313
大判大5・6・15刑録22輯1111頁………113
大判大5・11・1刑録22輯1644頁………310
大判大7・3・1刑録24輯116頁…………303
大判大7・4・17刑録24輯329頁…………58
大判大7・12・6刑録24輯1506頁
…………………………254,289,293,268,283
大判大8・4・18新聞1556号25頁‥303,321
大判大8・6・30刑録25輯820頁…………201
大判大8・11・13刑録25輯1081頁………91
大判大8・12・13刑録25輯1367頁………32
大判大9・2・16刑録26輯46頁…………206
大判大9・2・26刑録26輯82頁……256,315
大判大9・3・31刑録26輯223頁…………210
大判大10・10・24刑録27輯643頁……314
大判大11・1・24評論11刑法9頁…………70
大判大11・10・23評論11刑法400頁……52
大判大11・11・28刑集1巻705頁…………98
大判大11・12・16刑集1巻799頁…………52
大判大11・12・16刑集1巻793頁…………58
大判大12・8・1刑集2巻9号673頁……91
大判大12・12・3刑集2巻915頁…208,209
大判大13・2・12刑集3巻871頁…………211
大判大13・10・22刑集3巻749頁…………68
大判大14・2・18刑集4巻54頁…………315
大判大14・5・26刑集4巻325頁……85,192
大判大14・12・23刑集4巻780頁…………60
大判大15・2・15刑集5巻30頁…………314
大判大15・3・24刑集5巻3号117頁
……………………………………………329,333
大判大15・5・14刑集5巻175頁………228
大判大15・7・5刑集5巻305頁…………302
大判大15・7・5刑集5巻303頁…………334
大判大15・9・28刑集5巻387頁………104
大判大15・12・3刑集5巻558頁……36,50
大判昭2・2・27評論16刑法26頁…………70
大判昭2・6・17刑集6巻208頁……………98
大判昭2・9・9刑集6巻343頁……………60
大判昭2・10・16刑集6巻413頁…………89
大判昭3・4・6刑集7巻291頁…………104
大判昭3・12・13刑集7巻766頁…303,321
大判昭4・12・24刑集8巻688頁………208
大判昭7・2・1刑集11巻15頁……………98
大判昭7・2・12刑集11巻75頁…………204
大判昭7・2・29刑集11巻141頁……70,203
大判昭7・4・21刑集11巻407頁………257
大判昭7・7・20刑集11巻1104頁………201
大判昭7・10・10刑集11巻1519頁……315
大判昭7・11・11刑集11巻1572頁……200
大判昭7・11・14刑集11巻1611頁……200
大判昭8・4・15刑集12巻427頁…………70
大判昭8・6・5刑集12巻736頁……………52
大判昭9・5・11刑集13巻598頁………303
大判昭10・5・1刑集14巻454頁………209
大判昭10・6・6刑集14巻625頁………210

大判昭10・6・24刑集14巻728頁……199
大判昭10・11・16刑集14巻18号1114頁……91
大判昭10・11・22刑集14巻1240頁……199
大判昭11・3・24刑集15巻307頁……261
大判昭11・5・7刑集15巻573頁……286,315
大判昭11・5・30刑集15巻705頁……206
大判昭12・3・5刑集16巻254頁……213
大判昭12・11・19刑集16巻1513頁……303,321
大判昭13・2・28刑集17巻141頁……304
大判昭14・11・4刑集18巻497頁……205
大判昭16・2・27刑集30巻6頁……200
東京控訴院判昭17・12・24刑集31付録104頁……266
最判昭23・5・8刑集2巻5号478頁……58
最判昭23・5・20刑集2巻5号489頁……254,260,275,293,268
最判昭23・11・16刑集2巻12号1535頁……228
最判昭23・11・25刑集2巻12号1638頁……89
最判昭23・11・25刑集2巻12号1649頁……257
最判昭24・5・10刑集3巻6号711頁……68,223
最判昭24・7・9刑集3巻8号1174頁……225
最判昭24・7・12刑集3巻8号1237頁……228
最判昭24・12・24刑集3巻12号2114頁……224
最判昭25・3・31刑集4巻3号469頁……60
最判昭25・9・27刑集4巻9号1736頁……292
最［大］判昭25・9・27刑集4巻9号1783頁……257,294
最［大］判昭25・10・11刑集4巻10号2037頁……38
最判昭25・11・9刑集4巻11号2239頁……52,53
最［大］判昭26・1・17刑集5巻1号20頁……89
最判昭26・2・27刑集5巻3号466頁……88
最判昭26・3・20刑集5巻5号794頁……67
最決昭26・6・7刑集5巻7号1236頁……93
最判昭26・9・20刑集5巻10号1937頁……65
最決昭27・2・21刑集6巻2号275頁……34
最判昭27・2・22刑集6巻2号288頁……315
東京高判昭27・4・24高刑集5巻5号668頁……285
最判昭27・7・25刑集6巻8号941頁……199
仙台高判昭27・9・25高刑集5巻11号1820頁……37
最判昭28・1・30刑集7巻1号128頁……315
最判昭28・3・13刑集7巻3号529頁……224
最［大］判昭28・6・17刑集7巻6号1289頁……203,204,205
最判昭28・11・27刑集7巻11号2344頁……70,206
最判昭28・12・15刑集7巻12号2436頁……303
最決昭29・4・1裁判集刑94号49頁……93
広島高判昭29・6・30高刑集7巻6号944頁……50
最判昭29・8・20刑集8巻8号1277頁……70
大阪高判昭29・11・12高刑集7巻11号1670頁……285
大阪高判昭30・5・16高刑集8巻4号545頁……124
広島高岡山支判昭30・6・16裁特2巻12号610頁……208,245
札幌地判昭30・7・4裁時188号128頁、判時55号3頁……164
最決昭31・8・22刑集10巻8号1237頁……259
最判昭31・10・25刑集10巻10号1455頁……228
東京高判昭32・1・22高刑集10巻1号10頁……222
最判昭32・2・21刑集11巻2号877頁……315
最判昭32・2・26刑集11巻2号906頁……60
名古屋高金沢支判昭32・3・12高刑集10巻2号157頁……220
最判昭32・4・4刑集11巻4号1327頁……257
最決昭32・4・23刑集11巻4号1393頁……51,52
最判昭32・4・25刑集11巻4号1431頁……70
旭川地判昭32・7・27判時125号28頁……114
最決昭32・12・24刑集11巻14号3349頁……205
仙台高判昭33・3・13高刑集11巻4号137頁……65
最決昭33・3・19刑集12巻4号636頁……204
津地判昭33・3・28判時156号11頁……150
最判昭33・4・18刑集12巻6号1090頁……91,92,132,160

東京地判昭 33・5・28 判時 159 号 50 頁‥120
最判昭 33・11・21 刑集 12 巻 15 号 3519 頁
……37,170
最判昭 34・5・7 刑集 13 巻 5 号 641 頁
……303,306,319,321,326,328
最判昭 34・7・24 刑集 13 巻 8 号 1163 頁
……104
岡山地津山支判昭 34・10・13 下刑集 1 巻 10 号 2174 頁……150
最判昭 35・3・18 刑集 14 巻 4 号 416 頁
……199,201,239
東京高判昭 35・12・12 高刑集 13 巻 9 号 648 頁……92
名古屋高判昭 36・1・24 判時 263 号 7 頁
……143
名古屋高金沢支判昭 36・5・2 下刑集 3 巻 5 = 6 号 399 頁……221,251
最判昭 36・10・13 刑集 15 巻 9 号 1586 頁
……303,321
最決昭 37・3・27 刑集 16 巻 3 号 326 頁……84
最決昭 37・11・8 刑集 16 巻 11 号 1522 頁
……39
最決昭 37・11・21 刑集 16 巻 11 号 1570 頁
……210
最決昭 39・1・28 刑集 18 巻 1 号 31 頁……70
東京高判昭 39・3・18 東時 15 巻 3 号 40 頁
……93
多治見簡判昭 40・2・12 下刑集 7 巻 2 号 146 頁……157
最決昭 40・3・30 刑集 19 巻 2 号 125 頁‥224
宮崎地判昭 43・4・30 判時 522 号 13 頁‥158
最決昭 43・11・7 判時 541 号 83 頁……102
最判昭 44・4・2 刑集 23 巻 5 号 685 頁……292
最［大］判昭 44・4・2 刑集 23 巻 5 号 685 頁……294
最［大］判昭 44・6・25 刑集 23 巻 7 号 975 頁……326
最決昭 44・7・25 刑集 23 巻 8 号 1068 頁
……222
最判昭 45・1・29 刑集 24 巻 1 号 1 頁
……221,249
札幌高判昭 45・7・14 高刑集 23 巻 3 号 479 頁……65
最決昭 45・7・28 刑集 24 巻 7 号 585 頁‥224
最決昭 45・12・3 刑集 24 巻 13 号 1707 頁
……85,86,87,186
最決昭 46・9・22 刑集 25 巻 6 号 769 頁‥227
京都地判昭 47・1・26 刑月 4 巻・1 号 189 頁……130
最判昭 47・3・14 刑集 26 巻 2 号 187 頁
……86,190
最［大］判昭 48・4・4 刑集 27 巻 3 号 265 頁……38
東京高判昭 48・8・7 高刑集 26 巻 3 号 322 頁……285,316
最判昭 51・3・4 刑集 30 巻 2 号 79 頁
……257,291,269
熊本地判昭 54・3・22 月報 11 巻 3 号 168 頁
……56
熊本地判昭 54・3・22 判時 931 号 6 頁……174
東京高判昭 56・4・1 判時 1007 号 133 頁
……129
最判昭 56・4・16 刑集 35 巻 3 号 84 頁
……311,322
福岡高判昭 57・9・6 高刑集 35 巻 2 号 345 頁……56
福岡高判昭 57・9・6 判時 1059 号 17 頁‥174
大阪簡判昭 58・2・28 刑集 37 巻 9 号 1351 頁……329
最判昭 58・4・8 刑集 37 巻 3 号 215 頁
……273,287,284
最判昭 58・4・18 刑集 37 巻 3 号 215 頁‥291
最決昭 58・11・1 刑集 37 巻 9 号 1341 頁
……28,329
最判昭 58・11・22 刑集 37 巻 9 号 1507 頁
……84
最決昭 59・3・27 刑集 38 巻 5 号 2064 頁…34
最決昭 59・7・6 刑集 38 巻 8 号 2793 頁……60
最決昭 62・3・24 刑集 41 巻 2 号 173 頁‥246
東京地判昭 62・9・16 判時 1294 号 143 頁
……221
最決昭 63・1・19 刑集 42 巻 1 号 1 頁
……105,192
最決昭 63・2・29 刑集 42 巻 2 号 314 頁
……55,56,172,181
福岡高宮崎支判平元・3・24 高刑集 42 巻 2 号 103 頁……50
最決平 2・11・20 刑集 44 巻 8 号 837 頁……60
東京地判平 4・6・19 判タ 806 号 227 頁‥249
仙台高判平 6・3・31 判時 1513 号 175 頁
……285
東京地判平 9・9・25 判タ 984 号 288 頁‥335
最決平 15・3・18 刑集 57 巻 3 号 371 頁‥243
最決平 17・3・29 刑集 59 巻 2 号 54 頁……184

最決平 17・12・6 刑集 59 巻 10 号 1901 頁
……………………………………………242
最決平 19・7・2 刑集 61 巻 5 号 379 頁
……………………………………291,276
最決平 20・10・16 刑集 62 巻 9 号 2797 頁
……………………………………………74

著者紹介

川端　博（かわばた・ひろし）

昭和19年生。昭和42年明治大学法学部卒業，司法修習修了，東京大学大学院法学政治学研究科修士課程修了

現職　明治大学法科大学院教授・法学博士，法制審議会（総会）委員。放送大学客員教授，旧司法試験考査委員（昭和63年度～平成9年度刑法担当）・日本学術会議員（第18期・第19期），新司法試験考査委員（平成18年度～同22年度刑法担当）等歴任。

主要著書

『正当化事情の錯誤』，『違法性の理論』，『錯誤論の諸相』，『財産犯論の点景』，『正当防衛権の再生』，『定点観測・刑法の判例』，『共犯論序説』，『事実の錯誤の理論』，『共犯の理論』，『風俗犯論』，『責任の理論』，『法学・刑法学を学ぶ』，『司法試験』，『集中講義刑法総論』，『集中講義刑法各論』，『刑法総論講義』，『刑法各論講義』，『刑事訴訟法講義』，『刑法』，『刑法各論概要』，『疑問からはじまる刑法Ⅰ（総論）・Ⅱ（各論）』，『刑法講話Ⅰ総論・Ⅱ各論』（以上，成文堂），『刑法総論25講』（青林書院），『通説刑法各論』（三省堂），『文書偽造罪の理論』（立花書房），『事例式演習教室刑法』（勁草書房），『刑法判例演習教室』（一粒社），カウフマン＝ドルンザイファー著『刑法の基本問題』（翻訳・成文堂），『論点講義刑法総論』（弘文堂），『刑法入門』（共著・有斐閣），『リーガルセミナー刑法1総論・2各論』（共著・有斐閣），『レクチャー刑法総論・各論』，『刑法基本講座（全6巻）』（共編著）（以上，法学書院），『刑事訴訟法』（共著・創成社），『刑法総論』・『刑法各論』・『刑事訴訟法』〔編著・八千代出版〕，リューピング『ドイツ刑法史綱要』（共訳・成文堂）ほか

人格犯の理論
　刑事法研究　第14巻

平成26年5月10日　初　版　第1刷発行

著　者　川　端　　博
発行者　阿　部　耕　一

〒162-0041　東京都新宿区早稲田鶴巻町514番地
発行所　株式会社　成　文　堂
電話 03(3203)9201(代)　Fax (3203)9206
http://www.seibundoh.co.jp

製版・印刷　三報社印刷　製本　佐抜製本

ISBN978-4-7923-5111-3　C3032　検印省略
定価（本体7000円＋税）

川端　博著　**刑事法研究**

第１巻	正当化事情の錯誤	本体3500円
第２巻	違法性の理論	品　切
第３巻	錯誤論の諸相	品　切
第４巻	財産犯論の点景	本体5000円
第５巻	正当防衛権の再生	本体5500円
第６巻	定点観測　刑法の判例〔1996年度～1998年度〕	本体6000円
第７巻	共犯論序説	本体6000円
第８巻	定点観測　刑法の判例〔1999年度～2000年度〕	本体7000円
第９巻	事実の錯誤の理論	本体6000円
第10巻	共犯の理論	本体5000円
第11巻	風俗犯論	本体5000円
第12巻	定点観測　刑法の判例〔2001年度〕	本体6000円
第13巻	責任の理論	本体6000円
第14巻	人格犯の理論	本体7000円